인생 반환점에서
되짚어 봐야 하는 것

인생 반환점에서 되짚어 봐야 하는 것

발행일   2016년 11월 15일

지은이   김 성 훈
펴낸이   손 형 국
펴낸곳   (주)북랩
편집인   선일영   편집   이종무, 권유선, 안은찬, 김송이
디자인   이현수, 이정아, 김민하, 한수희   제작   박기성, 황동현, 구성우
마케팅   김회란, 박진관
출판등록   2004. 12. 1(제2012-000051호)
주소   서울시 금천구 가산디지털 1로 168, 우림라이온스밸리 B동 B113, 114호
홈페이지   www.book.co.kr
전화번호   (02)2026-5777   팩스   (02)2026-5747

ISBN   979-11-5987-290-7 03320(종이책)   979-11-5987-291-4 05320(전자책)

이 도서의 국립중앙도서관 출판예정도서목록(CIP)은 서지정보유통지원시스템 홈페이지(http://seoji.
nl.go.kr)와 국가자료공동목록시스템(http://www.nl.go.kr/kolisnet)에서 이용하실 수 있습니다.
(CIP제어번호 : CIP2016027123)

(주)북랩 성공출판의 파트너

북랩 홈페이지와 패밀리 사이트에서 다양한 출판 솔루션을 만나 보세요!
홈페이지 book.co.kr   1인출판 플랫폼 해피소드 happisode.com
블로그 blog.naver.com/essaybook   원고모집 book@book.co.kr

인생 반환점에서
되짚어 봐야 하는 것

김성훈 지음

북랩 book Lab

프롤로그

요즘 길어진 인생에서 인생 반환점에 해당되는 나이는 40대 중반 정도인 것 같다. 이때가 되면 보통 지난 살아온 날을 되돌아본다. 그리고 앞으로의 미래를 어떻게 헤쳐 나갈지를 많이 고민한다. 인생 반환점이라는 단어는 그동안 제대로 살아왔는지, 현재 즐겁고 행복한지, 앞으로 어떻게 살아갈지에 대한 생각으로 보통 연결된다.

나의 인생 전반부를 되돌아보면 나름대로 열심히 살아왔다고 자부한다. 하지만 내 인생의 주인으로서 주체적으로 능동적으로 살지 못했다는 생각이 든다. 인생 전반부 성찰을 통해 한 가지 깨달은 점은 세상의 성공기준을 좇아서 떠밀려 살았고, 내 삶에 대한 근원적인 질문과 내면을 들여다보는 데 소홀했다는 것이다. 이런 상황에서 인생 후반부에 내가 무엇을 하고 싶은지, 미래를 어떻게 준비할지에 대한 해결책이 쉽게 떠오르지 않는 것은 당연했다. 오히려 인생의 반환점에서 위기감을 느꼈고, 회사 일이나 주변 상황이 내 뜻대로 흘러가지 않으면 짜증만 늘어날 뿐이었다.

현 상황의 돌파구를 찾기 위해 선배들을 만나서 조언을 구하고, 친구들과 술 한 잔하며 진지하게 얘기도 해봤지만 별다른 진전은 없었다. 지금 당장 해결책을 찾기보다는 시간적 여유를 가지며 천천히 생각하기로 했다. 이때 떠오른 것이 책 읽기였다. 나와 같은 고민을 먼저 한 사람들은 어떻게 이런 상황을 헤쳐 나갔는지를 책을 통해서 해법을 찾을 수 있을 것으로 생각했다.

인생 반환점에서 나의 삶에 큰 영향을 준 것이 무엇인지 생각해보면 그중 하나는 바로 책 읽기다. 책을 통해 다양한 지식을 쌓을 수 있었고, 생각의 폭도 늘어났고, 사물과 현상을 다른 관점에서 볼 힘도 얻었다. 그리고 앞으로의 삶을 어떻게 준비하고 어떻게 헤쳐 나갈지에 대한 실마리도 얻게 됐다. 이 책이 나오게 된 것도 책을 꾸준히 읽고 정리하다 보니 어느 순간 책을 쓰고 싶다는 생각이 들었고, 이렇게 시작한 것이 지금 결실을 맺게 됐다.

많은 생각과 고민을 통해 내린 한가지 결론은 '인생 반환점에서 후반부는 전반기와는 반대로 살자'라고 결심했다. 인생 전반부는 세상이 정한 성공기준을 좇고 남과 끊임없이 비교하느라 내 인생 주인으로서의 삶을 살지 못했다. 하지만 인생 후반부는 세상의 평가나 남의 시선을 의식하지 않고 내가 하고 싶은 일은 반드시 하기로 마음먹었다. 내가 하고 싶은 일을 하고, 세상에서 추구하는 성공과 상관없이 스스로 만족하는 삶을 살아갈 때, 후회 없는 인생을 살 수 있다고 생각한다. 남이 시켜서 일하면 힘들고 생산성이 떨어지고 결과도 보통이다. 내가 좋아서 하는 일은 쉽게 지치지 않고 집중도 잘되고 성과도 높다. 좋아서 일하면 과정도 즐길 수 있고 몰입을 통해 행복을 느낄 수 있다.

책 내용은 인생 반환점에서 되짚어 볼 필요가 있는 것 중심으로 정리했다. 살아가면서 변화하는 주변 환경에 맞게 주기적으로 의미를 되새겨보는 것들이다. 살면서 느끼고 경험한 것, 책을 통해 얻은 지식과 사색을 바탕으로 글을 썼다. 책 쓰기는 죽기 전에 하고 싶은 버킷 리스트(Bucket List) 상위 5가지 중의 하나이다. 원래 회사 은퇴 후 시간이 많을 때 책을 쓰려고 했다. 책 읽은 내용을 정리하다 즉흥적으로 글을 쓰기 시작했고 첫 번째 책이라 생각보다 시간도 오래 걸렸다. 하지만 꼭 한번 해보고 싶었던 것이었기에 힘들고 시간은 많이 걸렸지만 과정을 즐기면서 재미있게 써내려 갔다.

인생은 마라톤에 비유되곤 한다. 우리 모두는 인생이라는 마라톤을 뛰는 선수다. 마라톤은 출발점에서 멀리 나아갔다 반환점을 돌아서 다시 출발점으로 돌아온다. 내 인생 전반부는 채우고 늘리고 끌어모으는 삶이었다. 하지만 후반부는 반대로 비우고 줄이고 나누어주는 삶을 살려고 한다. 이에 맞게 사는 방식도 바꾸어 가고 있다.

이 책이 인생 반환점에서 전반부를 성찰하고 후반부를 준비하는 사람들에게 도움을 주었으면 하는 바람이다.

2016년 11월
김성훈

Contents

PART 1

진정한 나를 찾아서

자유 :
어떠한 것에도 얽매이지 않고 벗어나는 것이 진정한 자유다

인간은 항상 자유로운 삶을 꿈꾼다. 어디에도 얽매이지 않는, 어떠한 속박과 구속도 없는 진정한 자유로움을 원한다. 사상, 제도, 법, 관습, 체면 등에 얽매이지 않고 자유롭게 살 수 있다면 얼마나 좋을까? 니코스 카잔차키스의 소설 『그리스인 조르바』에 나오는 주인공 조르바의 삶이 자유인에 가장 가까울 것 같다. 소설 『그리스인 조르바』의 야생마 같은 주인공 조르바는 실존 인물이다. 카잔차키스도 조르바를 자기 삶에 깊은 골을 남긴 사람 중의 한 명으로 꼽았는데 그의 묘비명을 봐도 알 수 있다.

"나는 아무것도 바라지 않는다. 나는 아무것도 두려워하지 않는다. 나는 자유다."

소설 첫 부분에 조르바가 주인공인 카잔차키스를 처음 만났을 때, 함께 일하자는 주인공에게 이렇게 말한다. "처음부터 분명히 말해놓겠는데, 마음이 내켜야 해요. 당신은 내가 인간이라는 걸 인정해야 한다 이겁니다." 주인공이 묻는다. "인간이라니 무슨 뜻이지요?" 조르바는 아주 간단하고도 단호하게 말한다. "자유라는 거지!"

조르바는 편견이나 선입관, 도덕관념에 얽매이지 않고, 자유롭고,

원시적이고 본능적으로 살며 현재를 즐긴다. 일할 때는 일에만, 먹을 때는 먹는 것에, 사랑할 때는 사랑에만 집중한다. 어제의 일은 어제로 끝내고 잊어버리고 내일 닥칠 일은 미리 신경 쓰지 않는다. 그러나 우리는 스스로를 얼마든지 즐겁게 만들 수 있는 상황에서도 체면이나 타인의 시선을 의식해 우리를 제어하곤 한다. 친절해 보여야 한다는 의무감, 상냥하게 대접받고 싶다는 욕망으로 우리는 사람 사이의 가식을 만들어낸다. 그렇게 내가 아닌 나를 만들어 낸다. 우리 자신의 정체성, 진짜 나를 서서히 잊어가는 것이다. 빠르게 변화하고 복잡해져, 도저히 단순하고 느긋하게 살 수 없는 상황 속에서 우리는 답답함을 느끼고 자유와 일탈을 꿈꾼다. 그래서 우리는 더욱 조르바에 끌리는 것인지도 모른다.

대학 졸업 후 직장을 구하고 부모님에게서 경제적으로 독립했다. 회사 생활을 통해 월급을 받게 되면서 경제적으로 여유가 생겼다. 그동안 돈과 시간이 없어 못 했던 취미생활, 여행, 갖고 싶었던 것들을 사면서 어느 정도 삶의 여유와 자유로움이 생겼다. 하지만 이것도 잠시뿐, 결혼하고 생계를 책임지니 이제는 영원히 자유로운 삶을 꿈꿀 수 없을 것 같다. 나이 들면서 인생을 좀 더 여유롭고 자유롭게 즐기길 원하지만 현실은 정반대로 흘러가고 있다. 왜 우리는 이토록 자유로운 삶을 누리기 힘든 것인가? 삶은 왜 이다지도 힘든 것인가? 내 머리로 해결할 수 있는 간단한 문제는 아니다. 책을 통해 알게 된 것은 문명이 가지고 있는 본질적 한계이기 때문이란다. 문명과 사회는 인간의 본능적 욕구를 억압하는 것을 기초로 생성되었기 때문에 본질에 있어 인간을 행복하고 자유롭게 만들어 줄 수 없다는 것이다. 즉 우리가 자유롭지 못하고 행복하기 힘든 것은 문명의 문제라는 이야기다.

우리는 인생에서 자유를 누리며 살지만 정작 자유에 대해 깊이 생각하지는 않는다. 사람들이 생각하는 자유는 대부분이 '내가 하고 싶은 것을 하는 것'이다. 하지만 진정한 자유란 원하는 것을 하는 것이라기보다는 '어떠한 것에도 얽매이거나 구속되지 않고 벗어나는 것'이라고 생각한다. 우리가 자유에 대해 이야기할 때 꼭 등장하는 인물이 존 스튜어트 밀이다. 그는 유명한 저서인 『자유론』의 저자이며 공리주의자이다. 그의 작품인 『자유론』은 말 그대로 자유에 관한 그의 생각이 반영된 책이다. 자유에 대해 깊이 고민하고 사색한 철학자들의 사상을 중심으로 자유의 의미에 대해 정리해 봤다.

첫째, 개인의 자유는 어디까지 가능할까? 존 스튜어트 밀이 그의 저서 『자유론』에서 사회와 자기 자신에게 던진 질문이다. 다르게 표현하면 "사회 속에서 개인의 자유는 어디까지 인정받을 수 있는가?" 이다. 밀은 '사회와 개인'이라는 관계성 속에서 타당한 자유, 바람직한 자유의 모습을 생각하고 다음과 같이 제시했다.

- 전체 인류 가운데 단 한 사람이 다른 생각을 가지고 있다고 해서, 그 사람에게 침묵을 강요하는 일은 옳지 못하다. 그것은 마치 어떤 한 사람이 자기와 생각이 다른 나머지 사람 전부에게 침묵을 강요하는 것만큼이나 용납될 수 없다.
- 개인의 자유는 자신의 사고와 말, 행위가 다른 사람들을 해치지 않는

모든 범위에서 절대적이다. 국가의 법률이나 일반적인 도덕적 판단은 개인의 자유를 제한해서는 안된다.

- 사회는 의무를 행하기 위해 만들어진 계약에 따라 성립된 것이 아니다. 사회의 보호를 받는 이상은 그 은혜를 갚을 의무가 있으며, 애초에 사회 속에서 살아간다는 사실 자체가 개인은 다른 모든 사람에 대해 일정한 행위를 지켜야 한다

개인 자유의 범위는 "다른 사람에게 해를 주지 않는 한"이라는 사회적 제약이 반드시 들어간다. 사회 속에서의 나, 그 속에서의 타인과의 관계를 고려했을 때 무한한 자유를 누리는 것은 불가능하다. 나의 자유가 소중한만큼 다른 사람의 자유도 소중하게 여겨야 한다. 나의 자유를 보장받고 누리기 위해서는 다른 사람의 자유도 그만큼 인정해 줘야 한다. 개인의 자유는 다른 사람에게 해를 끼치지 않는 범위에서만 가능하다.

둘째, 끊임없이 갈구하는 자유를 우리는 온전히 누리고 즐기고 있는가? 철학자이자 심리학자인 에리히 프롬은 그의 저서 『자유로부터의 도피』에서 "인간은 자유로부터 도피하는 존재다"라고 주장했다. 자유는 인간이라면 누구나 당연히 추구하는 본능이지만, 자유를 누리기 위해서는 상당한 번거로움과 비용을 감수해야 한다. 게다가 무거운 책임이 수반되기도 한다. 특히 책임에는 항상 두려움과 외로움이 함께한다. 그가 "인간은 자유로부터 도피한다"라고 말한 이유는 인간은 자유를 손에 넣을수록 불안해지고 고독해진다고 생각했기 때문이다.

그의 말을 빌리면 결혼도 대부분은 자유로부터의 도피, 그 차체다.

혼자 살면 다른 사람의 간섭을 받지 않고 마음껏 자유를 누릴 수 있다. 하지만 친하게 지내던 친구나 동료들이 결혼해서 같이 보내는 시간이 줄어들면 외로움을 느끼기 시작한다. 결혼한 친구들이 더 즐겁고 행복해 보이고 부모님들도 결혼하라고 부추긴다. 결혼하면 아내와 가족을 부양해야 할 책임도 생기고 자신의 자유도 상당 부분 사라진다. 자유로운 삶을 계속 영위하고 싶지만 혼자 계속 살자니 외로움을 견딜 자신이 갈수록 없어진다. 결국 외로움을 견디다 못해 자유를 포기하고 가족이라는 울타리로 들어간다.

진정한 독립, 진정한 자유를 실현할수록 인간은 점점 고립되고 타인과의 유대를 잃는다. 많은 사람은 그 고독을 견디지 못하고 자유를 내던져서라도 타인과의, 사회와의 유대를 추구하게 된다. 프롬이 볼 때는 사랑도 의무도 양심도 애국심도 결국은 고독으로부터 도피하기 위한 수단이다. 인간은 끊임없이 자유를 갈구하고 추구하나 막상 그 자유가 주어지면 불안과 고독으로 그 자유를 온전히 즐기지 못하고 결국 도망가고 만다. 그토록 갈구하던 자유가 갑자기 계륵처럼 느껴지는 것이다.

셋째, 내가 믿고 있는 선택과 판단이 진정으로 나의 자유 의사에서 나온 것인가? 칸트의 자유에 대한 생각을 들여다보면 우리가 일상에서 하는 선택 행위들의 대부분은 자율이라고 부를 수 있는 것이 별로 없다. 칸트는 인간이 다른 동물처럼 생존과 번식만을 추구한다면 진정으로 자유롭게 행동하는 것이 아니라 본능의 노예로 행동하는 것으로 보았다. 초원의 사자를 생각해보자. 드넓은 초원에서 적수가 없는 사자를 보면 자유롭게 사냥을 하는 것처럼 보이지만 사실 사자에게는 아무런 자유도 없다. 사자는 '허기짐'을 채워야 한다'라는 본능과 생존욕에 종속되어 평생을 살아가는 것이다. 사자뿐만 아니라 우리 인간도 마찬가지가 아닐까?

사람은 대부분 하루하루 자유롭지 못한 삶을 살아가고 있다. 칸트의 자유론에 비춰보면 우리가 자유를 가지고 선택하고 있다고 느끼는 대부분의 행위는 사실 본능과 쾌락에 의해 지배를 받는 행위들임을 알 수 있다. 술이 좋아서 술을 먹는 자유를 행사한다고 하는 많은 남성은 사실 술이 없으면 불행해진다. 대부분의 사람은 '돈을 벌기 위해서' '생계유지를 위해서' 살아간다. 이러한 삶이 반복되면서 느끼지도 못하는 사이에 어느덧 돈의 노예, 욕망의 노예가 되어 살아가고 있다. 이러한 행위들은 본능과 생존에의 굴종이지 진정한 의미의 자유는 아니다. 칸트가 생각하는 본능적 욕구 충족이 아닌 진정한 자유로운 행위는 어떤 것일까? 칸트는 자율적인 행동을 본능이나 사회적 관습에 따라서가 아니라 '반드시 실천해야 하는 의무로서의 도덕규범'에 따라 행동하는 것이라고 보았다. 의무로서 반드시 실천해야 하는 도덕규범이란 올바른 방향으로, 올바르게 통제되고, 올바르게 행동하는 것을 말한다. 칸트는 이것을 정언명령이라고 불렀다. 예를 들면 당신은 담배 가게가 있는 왼쪽 길로도 갈 수 있고, 친구를 만나기 위해 타고 갈 전철역이 있는 오른쪽 길로도 갈 수 있다. 여기엔 어떤 제약도 없다. 하지만 당신은 애연가라 몹시 담배가 피고 싶다. 그러나 담배 가게로 가면 전철을 제때 탈 수가 없어 친구와 만날 약속시간을 지킬 수 없게 된다. 칸트의 자유론에 의하면 스스로 이성적 판단을 통해 올바른 방향으로 행동하는 것이 자유의 완성 그 자체다. 담배를 향한 욕구를 완벽히 제어하고 친구를 만나러 가는 순간 당신은 자유로워지는 것이다.

정치 평론가 월터 리프먼은 그의 저서 『여론』에서 고정관념에 대해 이렇게 말했다. "대부분 경우 우리는 먼저 보고 나중에 정의를 내리지 않고 반대로 정의를 내리고 나중에 본다. 외부 세계의 크고 소란스러운 혼돈 상태 속에서 이미 우리의 문화가 우리를 위해 정의해 준 것을 취하는, 고정관념(Stereotype)화된 형태 그대로 이해하려는 경향이 있다." 이 비평을 조금 더 알기 쉽게 풀이하면 "우리 대부분은 사회 규범이나 관습에 의해 학습되고 주입된 고정관념화된 정보를 받아서 그 정보가 의도하는 대로 이해한다"라는 뜻이다.

정보가 의도적으로 조작되고 나 자신의 사고나 의사 결정에 타인이 관여하고 있다고 생각해 본 적이 있는가? 모든 사람이 일정한 방향으로 생각하고 행동하도록 정치인이나 선전가들에 의해 이용된다면 이것은 큰 불행이라 할 수 있다. 솔직히 사람들은 이성적으로 생각하고 행동하기 보다는 고정관념이나 감성적인 문구에 더 쉽게 휘둘린다. 또한 자신의 이해관계에 집착한다. 정치적, 사회적인 사안을 접하는 것도 미디어를 통해서 간접적으로 바라본다. 결국 미디어의 논조에 영향을 받게 되고 그것이 자신의 고정관념이나 이해관계에 부합하게 되면 그것을 철석같이 믿어버리게 되는 것이다. 고정관념이 형성되는 과정도 지속적으로 일정한 정보에 노출되게 되면 가랑비 옷 젖듯이 고정관념은 어느새 그 사람의 내부에 자리잡는다. 인간의 뇌가 외부의 반복되는 자극에 얼마나 취약한지는 이미 실험 심리학을 통해 검증됐다. 결국 외부의 일방적 정보에 휘둘리지 않으려면 그 이면까지

꿰뚫어 볼 수 있는 통찰력을 키워야 한다. 이러한 통찰력은 어느 날 갑자기 가질 수 있는 것은 아니며 많은 공부와 고민, 넓고 깊은 생각과 사고를 통해서만이 가능하다.

통찰력을 키우는 데는 시간이 걸리고 그동안 외부에서 정보를 받아들이는 것은 피할 수 없는 일이다. 그러나 이때 명심해야 하는 것은 '이것은 원래 나의 생각이야'라고 믿으며 의사 결정을 하는 것과 '이것은 외부에서 주어진(어쩌면 편향된) 정보야'라고 의식한 다음 의사 결정을 하는 것은 큰 차이가 있다는 것이다. 즉 '무엇을 모르는지 모르는 상태에서 행동하는 것'과 '무엇을 모르는지 아는 상태에서 행동하는 것' 사이에는 차이가 있다는 얘기다. 알고 모르고의 차이는 행동에 영향을 미치기 마련이다. 정리하면 우리가 진정한 의미의 자유를 획득하려면 '어떻게 정보를 받아들일 것인가?' '어떻게 인식할 것인가?'에 대해 진지하게 고민해야 한다. 그리고 외부의 정보나 여론에 휘둘리거나 조정 당하지 않으려면 사물이나 현상의 본질을 파악할 수 있는 통찰력을 키워야 한다.

넷째, 나의 자유 추구가 사회 속에서 궁극적으로 지향하는 점은 무엇인가? 사회 속에서 주어진 자유를 잘 활용하여 큰 성공과 이익을 얻을 수 있다. 남에게 해를 끼치지 않고 자유롭게 사고하고 일해서 얻은 성공과 부는 나의 것이고, 다른 사람과는 관계가 없으며, 나를 위해서만 쓰면 된다고 생각할 수 있다. 존 스튜어트 밀은 이 부분에 대해 다음과 같이 말했다.

"자기 자신의 이익과 관련이 없는 타인의 선행이나 행복과 관계를 가지지 않아도 된다고 나의 주장을 해석하는 사람이 있는데, 이것은 잘못된 생각이다. 타인의 행복을 증진하려고 하는 사심 없는 노력은 크게 늘어나야 한다."

개인의 자유는 사회라는 틀 속에서 보장되는 것이다. 사회 제도 하에서 보장된 자유를 통해 남들보다 더 많은 성공, 부, 행복을 얻을 수 있다. 개인의 성공과 부는 사회가 자유를 잘 보장해 주었기 때문에 가능할 수 있다. 아무리 개인의 능력이 뛰어나더라도 사회가 자유를 제대로 보장해 주지 않으면 원하는 성공과 부를 얻을 수 없다. 따라서 개인의 성공과 부는 자신의 능력에 의한 것도 있지만 사회 제도와 보장된 자유에서 기인한 부분도 크다고 할 수 있다. 워렌 버핏 같은 위대한 투자자가 자본주의 자유가 최대한 보장되는 미국이 아닌 동양 문화권에서 태어났으면 어땠을까? 현재와 같은 엄청난 부와 명성을 이루는 것은 아마도 불가능했을 것이다. 워렌 버핏은 한때 빌 게이츠와 세계 자산가 순위 1위를 놓고 다퉜다. 그의 총 자산은 50조 원이며 이중 20조를 사회단체에 이미 기부를 했다. 나머지 재산도 죽기 전에 모두 사회에 환원하겠다고 발표했다. 그가 힘들게 모은 재산을 이렇게 사회에 환원하게 결심한 이유는 그의 부와 명성이 사회에서 나왔기 때문이고 그는 단지 운이 좋아서 현재의 부와 명성을 얻게 되었다고 생각하기 때문이다. 그의 모든 부와 명성이 사회에서 나왔기 때문에 다시 사회에 환원해서 힘든 사람들에게 베풀겠다는 것이다. 이런 그의 행동이 많은 사람으로부터 그가 진정한 존경을 받는 이유다. 인간은 남에게 해를 끼치지 않는 범위 내에서 마음껏 자유를 누려야 한다. 자유를 통해 개인의 이익을 추구하고 원하는 성공, 부, 명예를 얻을 수 있으면 최선일 것이다. 개인의 자유를 통해 이익을 추구하면서 타인에게 베풀고 타인의 행복을 증진할 수 있는 노력을 기울이는 것이 사회 속에서 궁극적으로 추구해야 하는 자유라고 생각한다.

다섯째, 진정한 자유란 무엇인가? 우리가 보통 생각하는 '내가 원하는 것을 하는 자유'는 자유 욕망에 가깝고 이것은 본능이라고 볼 수 있다. 인간이 자유 욕망의 만족을 위해 살아간다면 그것은 본능의 만족을 위해 살아가는 것과 별로 다를 바가 없게 된다. 자유는 본능이면서 동시에 위대한 가치라는 사실을 기억해야 한다. 가치로서의 자유 추구는 본능의 충족과는 정반대되는 행위, 요컨대 본능의 억제를 요구한다. 그것은 스스로의 주인이 되는 것, 무엇에도 휘둘리지 않을 정도로 자아를 완벽하게 통제하는 것을 의미한다. 이 상태에 도달하기 위해서는 끊임없는 많은 노력이 필요하다. 자유 욕망의 충족은 생존의 조건이다. 하지만 우리가 생존을 넘어 의미 있는 삶을 살고자 한다면 자유 욕망뿐만 아니라 가치로서의 자유를 추구해야 한다.

불교에서는 진정한 자유를 누리기 위해서는 "집착으로부터 벗어나라"고 말한다. 법륜 스님은 진정한 자유에 대해 다음과 같이 말했다. "대부분 자신이 하고 싶은 대로 할 수 있는 게 자유라고 생각합니다. 내 마음대로 하는 것은 주어진 상황에 따라 가능할 때가 있고 불가능할 때가 있습니다. 이 때문에 늘 반쪽 자유에 불과합니다. 진정한 자유는 어떠한 조건에서도 자유로워야 합니다. 파도가 쳐서 바다에 빠지면 빠진 김에 조개를 주울 자유를 누리고, 빠지지 않으면 배를 타고 놀 자유를 누리면 됩니다. 내가 바라는 대로 되어야 한다는 생각을 놓아야 걸림 없는 자유를 누릴 수 있습니다. 주변 상황이 나를 억압하는 것이 아니라 '좋다' '싫다'라는 내 생각이 나를 자유롭지 못하게 속박하는 것입니다. 여기에 휩싸여 있는 한 자유로울 수 없습니다. 언제나 지금 이대로 좋은 삶이어야 합니다. 지금 이대로의 인생 자체가 훌륭하고 가치 있다고 생각하면 진정한 자유를 얻을 수 있습니다."

프랑스의 사상가이자 교육철학자 루소는 "인간의 자유는 '원하는 것을 할 수 있는데' 있는 것이 아니라, '원하지 않는 것을 하지 않아도 되는 데' 있다"라고 말했다. 루소의 말처럼 진정한 자유란 무엇을 할 수 있는 능력이라기보다는 원하지 않는 일을 하지 않을 수 있는 능력이다. 다른 사람 눈치 보거나 체면 차릴 필요 없다. 내가 편해야 남의 눈도 편한 법이다.

자유를 갈망하는 사람들에게 막상 원하는 자유를 주면 갈팡질팡한다. 스스로 그 자유를 누릴 능력을 갖추지 못했기 때문이다. 회사에서 꽉 짜인 생활을 하다가 갑자기 휴가라도 얻으면 무엇을 해야 할지 몰라서 집에서만 지내는 경우가 있다. 회사에서처럼 자신을 통제하도록 도와줄 아무런 장치가 없으니 당황하게 되는 것이다. 원하는 자유가 주어졌을 때 제대로 즐길 수 있도록 미리 준비할 필요가 있다. 나에게 자유란 어떤 의미인지, 내가 원하는 자유가 궁극적으로 무엇인지, 내가 자유를 통해서 결국 이루려고 하는 것은 무엇인지에 대해 평소에 고민하고 생각을 하자. 자유를 누릴 준비를 하고 하나씩 실행해 나가면 진정한 자유에 한 발짝 다가가게 될 것이다.

혼자 있는 시간 :
혼자 잘 설 수 있어야 함께 잘 설 수 있다

최근 기사를 보다 보면 '혼밥' '혼술'이라는 말을 많이 접하게 된다. '혼밥'이란 '혼자 먹는 밥'이고 '혼술'이란 '혼자 마시는 술'을 말한다. 불과 몇 년 전만 해도 혼자 밥을 먹거나 술을 마시는 풍경은 낯선 것이었다. 하지만 대학가를 중심으로 혼자 밥 먹는 문화가 확산되면서 '혼밥'이라는 단어가 생겨났고 최근에는 자연스러운 흐름으로 자리 잡아가고 있다. 정부에서 발간한 최근 보고서에 따르면 한국의 1인 가구 수는 30년 사이 8배 가까이 늘어났다. 1985년 66만 가구였던 1인 가구는 2015년 506만 가구로 증가해서 네 가구중 한 가구가 1인 가구다. 고령화가 가속화된 2030년에는 1인 가구가 부모와 자녀로 이루어진 2세대 가구에 육박할 것으로 예상된다. 최근 한국사회의 가구 변화 추세와 문화의 흐름은 '혼자'를 더 이상 '극복해야 할 과제'가 아니라 '자연스럽게 받아들여야 할 현상'이 됐다는 것을 보여준다. MBC에서 방송하는 '나 혼자 산다'라는 프로그램은 이러한 사회적 추세를 반영하고 있다. 독신남, 상경 후 고군분투 중인 청년, 주말 부부, 기러기 아빠 등 각기 다른 이유로 싱글족이 된 스타들이 등장한다. 그들의 일상을 다큐멘터리 기법으로 촬영하여 싱글라이프에 대한 진솔한 모습, 지혜로운 삶의 노하우, 혼자 사는 삶에 대한 철학 등을 허심탄회한 스토리로 이어가고 있는데 꾸준히 인기를 끌고 있다. '나 혼자 산다'가 1인 가구가 트렌드이자 대세가 되어 가고 있는 현 시점에서 사회적 공감대를 형성해 나가고 있다.

　방송뿐만 아니라 출판물에서도 '혼자'와 '고독'을 주제로 한 책들이 꾸준히 인기를 끌고 있다. 『가끔은 격하게 외로워야 한다』(김정운), 『혼자 있는 시간의 힘』(사이토 다카시), 『나는 왜 혼자가 편할까』(오카다 다카시), 『혼자 행복해지는 연습』(와다 히데키) 등은 모두 '혼자'와 '고독'을 강조한 책들이다. 이들 책에서는 '혼자'와 '고독'은 더 이상 부정적인 것이 아니라 오히려 긍정적인 가치를 지니고 있다고 역설한다.

　한국사회는 예로부터 '우리'라는 집단과 가족주의를 중시했다. '혼자'는 고립과 단절을 연상시키며 부정적인 것으로 인식됐다. '혼자'는 가족해체를 불러일으키고 고독사와 같은 사회문제에까지 연결됐다. 김정운 교수는 그의 저서 『가끔은 격하게 외로워야 한다』에서 한국사회를 '고독 저항 사회'로 정의한다.

　"한국사회는 고령화가 가파르게 진행되고 있고 1인 가구가 대세 트렌드가 되고 있다. 하지만 한국에서는 아직 혼자와 고독은 낯선 단어다. 외롭지 않은 척 폭탄주 돌리고, SNS에는 '좋아요'가 넘쳐나고, 산악회, 동창회 쫓아다니며 억지로 공통 관심사를 만든다. 이게 다 외로움을 인정하고 싶지 않아서다. 성공한 사람들이 이 사람 저 사람 네트워크를 만드는 것도 사실은 외로움을 숨기기 위한 것이다. 고독해서는 안 되기 때문이다. 우리 문화에서 고독은 실패한 인생의 특징일

따름이다. 우리가 그토록 바쁜 이유는 고독을 인정하지 않는 '고독 저항 사회'인 까닭이다."

한국보다 고령화가 빨랐던 일본은 고독의 긍정적인 가치를 일찌감치 받아들이는 분위기가 자리 잡았다. 고독을 혼자 있는 능력, 즉 자기 내면을 느끼고 표현하는 능력이자 창조적인 삶의 동력으로 보고 있다. 한국사회도 일본을 따라 이제는 고독이 개인이 길러야 할 능력 중 하나가 되어 가고 있다.

한국사회에서는 소속된 집단이나 가까운 친구가 없으면 자신을 낙오자라 여기는 경향이 있기 때문에 관계 맺기에 필요 이상으로 힘쓴다. 하지만 사람들과 함께 있을 때는 온전한 내가 될 수 없다. 왜냐하면 다른 사람을 의식하게 되어 자신의 개성과 성격을 전부 드러내지 못하고 자연스럽게 상대방에 맞추기 때문이다. 이제는 '혼자'라는 말이 갖는 긍정적 기능에 주목할 필요가 있다. 친구들에게 혼자 여행을 가고, 혼자 영화를 보고, 혼자 카페에서 책을 읽는다고 하면 대부분 놀라는 표정을 지을 것이다. 사람들은 혼자 있다고 하면 불쌍하게 여기거나, 외로워서 어떡하냐, 사회성이 없는 거 아니냐는 식으로 쉽게 생각을 한다. 하지만 고독을 견디지 못하고 관계에 휘둘리는 사람은 평생 다른 사람의 기준에 끌려다닐 뿐이다. 내 안의 고독을 잘 다스리고 혼자 있는 시간을 잘 감당하는 게 중요하다. 혼자 있는 시간을 통해 자기 자신과 관계를 잘 맺어야 타인과도 관계를 잘 맺을 수 있다. 자기를 아는 건 혼자 있을 때다. 그리고 사람은 혼자일 때 성장한다. 다른 사람 때문에 자기만의 시간을 빼앗기는 경우를 가장 경계해야 한다.

'군중 속 고독'이라는 말이 있다. 아무리 주변에 사람이 많고 친구가 많아도 외로움이라는 감정을 벗어날 수 없다는 얘기다. 가족이나 친구들이 아무리 나를 잘 이해한다고 해도 나를 완전히 이해할 수는 없다. 하나의 현상을 보고 그것을 100% 동일하게 인식하는 사람이 없는 것과 마찬가지다. 외로움은 인간이 본질적으로 가지는 속성이다. 우리는 외로움을 인간이 가지는 본능적, 본질적 속성이라는 것을 이해하지 못하고 예외적 상황, 일탈적 상황으로 간주하고 없애야 하는 것으로 보는 측면이 있다. 하지만 외로움을 인간의 본질적 속성으로 본다면 그 속성이 무엇인가에 대해 탐색하는 게 필요하다. '나는 외롭지 않아, 외로울 수 없어'라는 식으로 외로움을 억압하고 옆으로 치워버리는 게 아니라 자기를 인식하는 과정의 하나로 외로움이 자리잡아야 한다. 자신의 내면을 인식하고 성찰할 수 있다는 점에서 외로움은 결핍이 아니라 능력이다. 김정운 교수는 "외롭다고 관계로 도피하는 것처럼 어리석은 일은 없다. 모든 문제는 외로움을 피해 생겨난 어설픈 인간관계에서 시작된다. 외로움을 감내하는 것, 그것이 바로 내 삶의 주인으로 사는 방법이다"라고 말한다.

바빠서, 편해서, 혼자 있고 싶어서 등 다양한 이유로 혼자만의 시간을 갖는 사람이 많아졌다. 하지만 여전히 혼자서 무언가를 하기가 두려운 사람, 혼자 있는 시간을 어떻게 보내야 할지 모르는 사람이 많다. '혼자 있는 시간' 관련 책이 인기를 끄는 이유는 역설적으로 '혼자 있는 시간'을 잘 보내지 못하는 현실을 보여준다. 인생에는 승부를 걸어야 할 때가 있다. 이를 위해 어느 시기에는 고독 속에 있어야 한다.

사이토 다카시의 『혼자 있는 시간의 힘』은 인생의 중요한 시기에 혼자가 되어야 하는 이유와 혼자 있는 시간을 효율적으로 보내는 방법을 제시한다. 사이토 다카시는 일본 메이지대학교 인기 교수이자 유명 저자이다. 그는 무리 지어 다니면서 성공한 사람은 없다고 잘라 말한다. 목표를 이루기 위해서는 오히려 혼자 있는 시간이 필요하다고 강조한다. 그는 학생들을 가르치면서 흥미로운 사실을 발견했다. 혼자 수업 받는 학생이 친구들과 함께 몰려다니는 학생보다 학습 에너지와 몰입도가 높았다. 그도 같은 경험을 했다. 대입에 실패한 18살부터 첫 직장에 얻은 32살까지 철저히 혼자였다. 혼자 있는 시간 동안 그는 자기 자신과 마주하며 자신의 내면과 대화하며 목표 달성에 몰입했다. 누구도 알아주지 않았지만 묵묵히 쌓아온 내공이 지금의 그를 만들었다. 사이토 다카시 교수는 우리에게 말한다. "혼자 잘 설 수 있어야 함께 잘 설 수 있습니다. 사람은 혼자일 때에 성장하기 때문입니다." 누구에게도 휘둘리지 않는 내가 되고 싶은 사람은 혼자만의 시간에 자신을 단련하는 데 집중해야 한다.

'혼자 있는 시간'은 양의 개념이 아니라 질의 문제이다. '얼마나'가 아니라 '어떻게'의 문제라는 이야기다. 즉 '혼자 있는 시간' 동안 무엇을 하는지에 따라 그 사람의 미래가 결정된다고 할 수 있다. 서울대 종교학 배철현 교수는 "생각의 힘은 고독에서 나온다"라고 말한다. 배철현 교수는 '자발적 고독'을 자처한다. 혼자만의 시간을 갖기 위해 경기도 가평군 호수가 있는 조용한 곳으로 이사했다. 이곳에서 일주일에 3~4일간 혼자 몰입하는 시간을 갖는다. 아침에 일어나 그가 제일 먼저

하는 일은 골방 한가운데 반가좌를 틀고 앉아 그날 할 일을 깊이 생각하는 것이다. 혼자 있는 시간은 그에게 놀라운 생산성을 안겨다 줬다. 2015년에 그는 『신의 위대한 질문』과 『인간의 위대한 질문』이라는 책 두 권을 동시에 냈다. 두 권 분량을 합치면 1,000쪽이 넘는다. 한 월간지에 3년간 연재한 글에 3분의 2를 새로 써서 완성했는데 이를 위해 그는 철저히 혼자만의 시간과 공간을 확보했다. 그는 월간지와의 인터뷰에서 혼자 생각하는 시간의 중요성을 다음과 같이 강조했다. "생각의 근육을 키워야 한다. 그러기 위해서 꼭 필요한 것이 혼자 생각하는 시간이다. 우리가 다음 단계로 도약하기 위해서는 고독할 줄 알아야 한다. 혼자 있는 시간 동안 마음속으로 생각하면서 자기 자신을 깊게 들여다봐야 한다. 일상에서 말과 행동의 99%는 과거의 습관을 따른다. 혼자만의 시간을 갖는다는 것은 과거의 습관을 벗어나 각자가 할 일을 확인하는 거다. 어제와는 다른 새로운 내가 되기 위해 제3자의 눈으로 나를 쳐다보는 거다. 외롭게 혼자 있다고 다 혼자만의 시간을 보낸다고 할 수는 없다. 혼자만의 시간에 게임을 하거나 멍하니 있다면 의미가 없다. 혼자만의 시간을 어떻게 보내냐에 따라 그 사람의 인생이 달라진다. 새로운 시각에서 나를 볼 수 있어야 한다. 그러기 위해서는 묵상과 몰입을 해야 한다. 묵상하다 보면 자기 자신에게 몰입하게 되어 있다."

김정운 교수는 2012년, 만으로 오십이 되던 해에 '이제부터 하고 싶은 일만 한다'는 계획을 세웠다. 그리고 교수라는 사회적으로 인정받는 직업을 버리고 오랜 꿈이었던 그림을 본격적으로 그리기 위해 일본으로 건너갔다. 그는 일본에서 보낸 4년 동안 참 많이 외로웠다고 밝혔다. 하지만 이 기간 동안 얻은 것이 너무 많다고 말한다. 먼저 그는 교토에 있는 예술전문대학에서 일본화 학위를 땄다. 그가 정말 좋아서 한 공부였기 때문에 독일의 박사 학위보다 일본의 전문대 학위가 너무 신나고 자랑스럽다고 말한다. 그리고 일본에서의 4년 생활 동안 세 권의 책도 썼다. 그는 일본에서의 4년이 그의 인생에서 가장 생산적인 시간이었다고 말한다. 모두 외로움을 담보로 얻어낸 성과물이다. 그는 '외로운 시간을 갖고 외로움에 익숙해지라'고 말한다. "격하게 외로운 시간을 가져야 합니다. 외로움이 '존재의 본질'이기 때문입니다. 바쁘고 정신없을수록 자신과 마주하는 시간을 가져야 합니다. 우리는 너무 바쁘게들 삽니다. 그렇게 사는 게 성공적인 삶이라고 생각합니다. 착각입니다. 바쁠수록 마음은 공허해집니다. '인간은 어쩔 수 없이 외로운 존재'임을 깨닫는 방법밖에 없습니다. 외로워야 성찰이 가능합니다. 외로움에 익숙해야 외롭지 않게 되는 겁니다."

세계적 정신과 의사인 와다 히데키는 그의 저서 『혼자 행복해지는 연습』에서 외로움을 적극적으로 대면하여 성장의 기회로 활용하라고 조언한다. 어떻게 하면 분주한 일상에서 고독의 힘을 키울 수 있을까? 와다 히데키가 제안하는 혼자의 힘을 키우는 9가지 습관을 참고하면 도움이 될 것이다.

1. 세상의 기준에 이별을 고하라
이미 만들어진 세상의 기준에 맞춘다는 것은 남의 뒤를 쫓아가는 것에 불과하다. 인생의 절대 기준과 진정한 자신을 찾기 위해서는 고독과 정면으로 마주해야 한다. 인생의 기준 축이 분명한 사람은 외로움을 즐기며, 외로움으로 더 강해진다. 그 결과 외적으로도 내적으로도 존재감이 분명한 인간으로 거듭난다. 충만한 인생, 자유로운 삶은 나 자신이라는 기준에서 시작된다.

2. 무리에서 떨어져라

남들과 어울리느라 외로움을 포기한다면 자신의 잠재력과 가능성을 깨닫지 못한 채 생을 마감하게 될 것이다. 나는 나, 남은 남이라고 마음먹는 게 중요하다. 좋아하는 일을 즐기고 자신만의 세계를 구축하면 무리와의 관계에 연연하지 않게 된다. 남에게 맞추기 위해 애쓸 시간에 자신을 기쁘게 할 방법을 찾아라. 자신에게 충실한 삶을 사는 것, 그것이 나라는 '단 하나의 존재'가 세상에 나온 이유다.

3. 인간관계는 심플하게

삶을 구원하는 것은 수많은 인맥이 아니라 단 한 명의 내 사람이다. 고독을 방해하는 얕은 인맥에 시간과 에너지를 쏟는 대신 삶의 은인이라 할 수 있는 소중한 존재를 찾고 그와의 관계를 두텁게 만들어야 한다. 깊이 있는 관계를 만들기 위해서는 자신의 본 모습을 드러내고 약점까지 보일 수 있어야 한다. 마지막으로 의지해야 하는 것은 자기 자신이다. 아무리 든든한 지지자가 있어도 내 인생에 대한 책임은 나 자신에게 있다.

4. 미움받기를 두려워 말라

남들에게 사랑받고 인정받아야 '가치 있는 나'라고 생각한다. 남들의 평가와 남들의 기대에 자신을 맞추다 보면 '거짓 자아'만이 남는다. 미움받더라도 자신을 드러내고 내가 하고 싶은 대로 살아야 자신의 인생을 즐길 수 있다. 타인의 기대를 충족시켜야 한다는 어설픈 의무감 따위는 버리자. 자기 스스로 잘 살고 있다고 느낀다면 정말 잘 살고 있는 것이다. 남이 인정하든 안 하든 그 사실은 변하지 않는다.

5. 책과 가까워지는 연습을 하라

자신에 관한 스스로의 질문, 자기다움, 내가 가장 잘할 수 있는 것에 대해 감을 잡을 수 있도록 힌트를 주는 것이 독서다. 외로움에 강한 사람을 만드는 데에도 독서는 효과적이다. 책을 읽는 동안 끊임없이 자기 머리로 이해하고 판단하기를 요구받는다. 외로움이 사색을 낳고 그로 인해 하나의 인격체로서 발전하게 된다면, 홀로 책을 읽는 시간의 즐거움은 형언할 수 없을 정도다. 독서를 통한 사색과 고독은 정말 환상적인 조합이다. 책은 고독의 벗이다.

6. 아무것도 하지 않는 시간을 확보하라

현대인의 삶은 과거에 비해 복잡하고 분주해졌다. 치열한 생존경쟁 속에서 먹고 살기 위해 자신을 몰아세우다 보면 녹초가 되기에 십상이다. 삶에도 여백이 필요하다. 요즘 같은 시대는 외로움이 그러한 여백이 되고, 지친 정신에 기운을 주는 약이 될 수 있다. 시간을 잘게 쪼개 쓰고 분주하게 사는 데만 집착하면 삶의 질을 높일 수 없다. 상상력과 창의력은 비어있는 시간에 발휘된다. 혼자 아무것도 하지 않는 시간이 있어야 자기다움을 찾을 수 있다.

7. 언제든 도망칠 준비하라

문제 상황은 소용돌이와 같아서 발을 담그면 담글수록 빠져든다. 일상의 문제, 매일 마주치는 사람들로부터 잠시 떨어져 마음을 환기시킬 수 있는 공간을 확보하자. 특히 문제 상황으로부터 떨어져 나와 홀로 생각을 정리할 수 있는 혼자의 공간을 가지는 것이 중요하다. 이러한 혼자의 공간은 일상 속 심리적 피난처가 되어 준다. 자신이 평소 어떤 공간에서 가장 심리적으로 안정을 느끼는 지 알고 동선 안에 그러한 공간을 확보해두자.

8. 성실함이라는 속박에서 벗어나라

주변으로부터 좋은 사람으로 평가를 받을수록 성실함에 대한 강박감이 강하다. 자신에게 좋은 사람이 되기 위해서는 스스로 편안하고 자유롭다고 느껴야 한다. 성실하지 않게 비칠까 봐 불안한 것이 아니라, 남이 뭐라고 생각하든 내가 최선을 다했으면 된다는 마음으로 느긋해지도록 노력하자. 성실함과 완벽함이라는 속박에서 벗어나면 자유로운 인생을 살 수 있다. 가끔은 빈둥거려도, 약점이 있어도, 때론 남에게 도움을 청하고 의지해도, 당신은 괜찮은 사람이다. 약간의 불성실을 허용해도 그 사실은 변하지 않는다.

9. 자신의 세계를 구축하라

자신의 세계를 넓고 단단하게 구축하는 것은 혼자 있는 시간에 할 수 있는 가장 훌륭한 일이다. 취미활동, 공부, 여행, 운동, 독서 등 혼자 즐기는 일들 모두가 자신을 닦아가는 과정이 될 수 있다. 다람쥐 쳇바퀴 돌 듯 일상이 변화 없이 반복된다면 새로운 세상으로 한 걸음 나가보자. 재능은 도전을 통해 발굴되고, 능력은 재능이 발전되어 완성된다. 따라서 우리가 먼저 해야 할 것은 도전하는 일이다. 아주 사소한 것이라도 매일 작은 시도가 나 자신의 세계를 구축하는 첫걸음이다.

관계의 분주함에서 벗어나 스스로 고립할 수 있는 환경을 찾아내 고독을 추구해보라. 이때 고독은 '위안과 새로운 활력, 내적 평온'이라는 선물을 준다. 게다가 오로지 고독한 자신의 내면과 대면하게 되니 내적 힘을 기를 수 있다. 위대한 예술가의 창작원천은 바로 고독의 힘이다. 창의성의 발현과 개인 자아의 발달은 자기 내면을 돌아보는 혼자 있는 능력 속에서 길러지기 때문이다.

사람이 살다 보면 외로움과 고독이 찾아온다. 외로움과 고독의 차이는 무엇일까? 외로움은 사람을 그리워하는 감정의 상태이다. 누군가를 만나고 싶은 마음이 드는 것이다. 쓸쓸함을 건디다 못해 술 한 잔 하고 싶은 것이 외로움이다. 고독은 어떠한 어려움이 닥쳤을 때 혼자서 조용히 자기 성찰의 시간을 가질 수 있는 상태다. 자기 자신을 위해 투자하는 것이며, 인생을 정교하게 살면서 인생의 본질을 맞닥뜨리고 싶은 것이다.

우리 인생 자체는 혼자 가는 길이다. 지금은 주변에 부모, 아내, 가족, 친구들이 있지만 그 누구도 나의 인생을 대신해 줄 수는 없다. 내 인생의 가치는 주변 사람들의 평가에 좌우되지 않는다. 나 자신과의 대화를 통해, 나의 가치를 최대한 이끌어내면서, 스스로에게 후회 없는 삶을 살았다는 자부심이 중요하다. 자신의 가치를 알아보고 자신이 원하는 것 그리고 자신의 욕망에 충실한 것이 중요하다. 내가 행복하고 즐거워야 내 주변의 사람들이 즐겁고 행복할 수 있다. 인본주의적 심리학을 대표하는 칼 로저스는 말년에 쓴 글을 통해 책임감이 강한 사람으로 살아가는 것도 중요하지만, 자신을 돌보는 데 죄책감을 느끼지 않는 것도 중요하다고 주장하면서 이렇게 쓰고 있다. "나는 나를 좋아한다. (……) 내가 살아남기 위해서는 나 자신의 삶을 살 필요가 있다고 깨달았고, 비록 아내가 아프지만 내가 내 삶을 사는 것이 우선되어야 한다는 사실을 깨달았다."

　우리나라 노인의 자살률이 높다고 한다. 우리나라 노인의 자살률이 높은 이유는 복지제도가 제대로 갖추어져 있지 않은 부분도 있다. 하지만 노년에 혼자 되었을 때의 삶을 견디지 못하는 부분도 크다고 생각한다. 갑자기 배우자가 사망했을 때, 자식과 친구들과의 관계가 멀어졌을 때 그때의 외로움과 절망감을 견디지 못하기 때문이다. 서양에 비해 고령화가 늦게 시작된 우리나라는 아직 혼자 살아갈 준비와 연습을 못 하고 있다. 가족들이나 주변 사람들에 둘러싸여 있을 때 혼자의 삶을 미리 준비해야 하는데 실상은 그렇지 못하다. 혼자서 놀아본 적이 없고, 혼자서 무엇을 할지 진지하게 고민하고 연습해 본 적이 없는 상태에서, 노년을 맞이하기 때문에 노인 자살률이 더 높은 것으로 보인다.

인생을 한 장의 사진으로 비유하라면 '산 속에 난 오솔길을 혼자 걸어가는 어떤 사람의 뒷모습과 같다'라고 말할 것이다. 타인과의 관계보다는 나 혼자의 삶에 집중하는 것이다. 그 길을 혼자 걸어가면서 외로움도 슬픔도 절망도 혼자 짊어지고 가는 것이다. 이렇게 살다 보면 도리어 다른 사람에 대한 기대가 적어지고 행복해 질 수 있다. 이렇게 살면 주변 사람들에게 휘둘리지도 않게 되고 주변 사람들에게 실망도 하지 않게 된다. 그리고 아무런 대가 없이 가족, 친구 등 주변에 베풀 수 있는 삶을 살 수 있다.

우리는 그동안 고독할 틈조차 없는 그런 시대를 살아왔다. 압축적인 근대화와 경제성장이 이루어지고 경쟁이 심한 사회에서 고독이란 철학책에서 나오는 단어였고 나와는 상관없는 먼 얘기였다. 하지만 인류 최초로 100세까지 살아야 하는 시대에는 외로움을 받아들여야 하고 고독과 친해져야 한다. 즉 혼자임을 견딜 줄 아는 능력이 필요하며 혼자서도 즐겁게 잘 살 수 있는 기술을 터득해야 하는 시대다. 나 혼자서 극장도 가고, 나 혼자서도 여행을 다니고, 나 혼자 낚시도 가고, 나 혼자서도 카페에서 책을 읽는 등 혼자만의 시간의 소중함과 가치를 즐길 줄 알아야 한다. 일부러라도 혼자 있는 시간을 갖고 그 시간을 통해 자기의 정체성을 찾아야 한다. 혼자 있는 시간을 통해 자기 콘텐츠를 쌓고, 콘텐츠가 쌓이면 외로움에 대한 두려움에서 벗어날 수 있다. 인생은 나 혼자 가는 길이며 오롯이 혼자 갈 준비를 지금부터 시작하자.

자존 :
나 자신을 존중하고 사랑할 수 있어야 한다

자존을 사전에서 찾아보면 "긍지를 가지고 스스로 존중하며 자기의 품위를 지키는 것"이라고 되어 있다. 철학적 의미로는 "자기 인격의 절대적 가치와 존엄을 스스로 깨달아 아는 것"이다. 어떤 위치에 있건, 어떤 운명이건 스스로 자기 자신을 존중하는 태도가 자존이다. 자존감은 자신을 사랑하고 존중해주는 마음으로 어떤 어려움이 찾아와도 이겨낼 수 있는 힘이 된다. 자존감이 높은 사람은 자기 삶의 방향이 뚜렷하고, 당당히 자신의 의견을 말하며, 자신이 생각하는 대로 행동하고, 일에 있어 능동적이고 주도적이며, 삶에 대한 만족도가 높다. 반대로 자존감이 낮을 경우 남의 시선을 의식하고, 자기주장이 부족하고, 일에 있어 수동적이며, 자신의 인생이 무기력해지고, 삶에 대해 만족보다는 불평이 많다. 인간관계에서든 사회생활에서든 자존감이 인생에 있어 큰 차이를 만든다.

모든 사람은 자신만의 가능성과 잠재력을 가지고 태어났다. 자신의 가능성과 잠재력을 알아보고 내면에 씨앗을 뿌리고, 물과 영양분을 주고, 꾸준히 가꾸면 자신이 지닌 가능성과 잠재력을 발현할 수 있다. 하지만 우리 주변을 보면 자신의 가능성과 잠재력을 발휘하는 사람들은 많지 않다. 개인적으로 이렇게 된 가장 큰 원인을 자존감 부족이라고 생각한다. 실제로 사람들은 자기 자신을 믿지 않고 자신이 가지고 있는 가능성을 무시한다. 그들의 내면에는 100만 평에 이르는 가능성의 땅이 있지만 결코 경작하지 않는다. 자신이 배우고 성장해서 아름다운 존재로 활짝 피어날 수 있다고 믿지 않기 때문이다.

수 년 전에 '나는 가수다'라는 프로그램이 크게 인기를 끈 적이 있다. 7명의 가수가 출연해서 실력을 겨루고 관객들의 투표를 통해 점수가 제일 낮은 한 명이 탈락하는 서바이벌 음악프로그램이다. 중국 최대 지역 방송사이자 시청률 1위 위성채널인 후난위성TV가 MBC로부터 프로그램 판권을 수입해 중국판 '나는 가수다'를 진행했다. '나는 가수다 시즌4' 참가자 7명 중 한 명이 한국 가수 황치열이었다. 중화권 톱가수들이 출연하는 중국 노래 경연 프로그램에서 한국 가수가 노래 대부분을 한국 노래를 부르면서 중국 진출과 동시에 '황쯔리에 신드롬'을 일으키면서 큰 인기를 끌었다. 중국에 진출한 지 3개월 만에 중국판 트위터인 웨이보에서 황치열의 팔로워 수가 500만 명을 돌파했다. 그는 중국에서의 인기에 힘입어 한중 문화 홍보대사로 임명됐고 각종 광고까지 출연하면서 새로운 한류스타로 자리를 잡았다. 황치열은 뛰어난 가창력과 춤 솜씨를 보유하고 있었지만 데뷔 후 9년 동안 빛을 보지 못했다. 실력은 있지만 경쟁이 치열한 한국 가요계에서 기회를 잡지 못해 긴 무명생활을 했다. 2006년 드라마 '연인'의 OST 중 임재범의 고해를 리메이크하여 데뷔했고, 2007년 2월 싱글 앨범에 이어 같은 해 6월 정규 앨범 '오감'을 냈다. 하지만 소속사 사정 때문에 제대로 활동을 못 했다. 015B의 객원 보컬, 그룹 '웬즈데이' 결성 및 여러 가수의 앨범에도 참여했지만 주목을 받지 못했다. 결국 2014년부터 무대에서 물러나 보컬 트레이너 활동을 했다. 그가 보컬 트레이너 활동을 한 이유는 생계를 유지하기 위해서였다. 음악을 그만두려 하던 시기에 마지막이라는 심정으로 출연한 프로그램이 바로 '너의 목소리가 보여'라는 프로그램이었다. 잘생긴 외모에 매력적인 허스키 보이스, 임재범을 떠오르게 하는 뛰어난 가창력으로 해당 회차 방송 최고의 화제로 떠올랐고, 긴 무명생활의 아픈 사연이 더해져 여러 사람의 동정심을 샀다. 그리고 불후의 명곡에 출연하여 무명가수였다는 것이 믿기지 않을 만큼 뛰어난 가창력을 선보이면서 길었던 무명가수 생활에 마침표를 찍었다. 그가 불후의 명곡에서 활약을 펼칠 때 그의 재능과 가능성을 알아본 중국판 나가수 연출 PD가 그를 섭외해서 후난위성TV에서 진행하는 중국판 '나는 가수다'에 참여하게 되었다. 그가 이렇게 빠르게 한국과 중국에서 많은 인기를 끌게 된 것은 하룻밤 사이에 이루어진 것이 아니다. 9년이라는 긴 무명 기간 갈고닦은 실력이 있었기 때문이다. 데뷔 후 가수로서 뜨지는 못 했지만 그는 가수의 길을 포기하지 않았다. 잘 연습을 하기만 하면 언젠가 좋은 기회를 만날 것이라고 여기며 9년 동안 성실하게 인내심을 가지고 실력을 갈고닦았다. 노래 실력뿐만 아니라 운동을 통해 몸 관리도 꾸준히 했는데 30대 초반인 그가 20대의 동안 외모를 유지하고 있는 이유다. 그가 중국 대륙을 사로잡은 것은 가창력, 댄스, 랩, 퍼포먼스들이 환상적으로 어우러진 무대를 펼쳤기 때문만은 아니었다. 그는 중국 연예인들에게는 없는 미덕이 몸에 배어 있었고 성실함과 감사할 줄 알며, 밝은 성격과 도전하는 투지가 있었기 때문이다. 그는 방송에서 사람들과 관객들을 만날 때 늘 90도 인사를 세 번 하여 현장에 있던 기자들을 놀라게 했다.

황치열이 9년의 힘든 무명 기간에도 불구하고 성공할 수 있었던 중요한 요인을 2가지로 요약할 수 있다. 첫째, 그가 좋아하고 하고 싶었던 일을 했기 때문이다. 좋아하고 원하는 일을 했기 때문에 힘든 상황에서도 긍정적으로 생각하며 집중과 몰입을 지속할 수 있었다. 둘째, 언젠가 올 기회를 잡기 위해 9년 동안 착실히 노래와 춤, 그리고 운동까지 병행하며 실력을 키워왔기 때문이다. 사전 준비를 철저히 했기 때문에 우연히 찾아올 기회를 힘껏 낚아챌 수 있었다. 중국판 나가수4에서 그는 총 14곡의 경연 무대를 펼쳤다. 짧은 준비 기간이었음에도 불구하고 댄스, 발라드 등 다양한 장르의 무대로 중국을 사로잡았다. 9년간의 무명 시절을 통해 실력을 갈고닦아서 충분한 사전 준비가 되었기 때문에 가능한 일이었다. 나는 무엇보다도 황치열이 현재의 큰 성공을 이룰 수 있었던 가장 중요한 원동력은 자신의 가능성을 믿고, 자신의 가치를 높게 보고, 자신의 미래를 긍정적으로 생각한 그의 자존감에서 비롯됐다고 생각한다.

자신이 정말로 가치 있고 투자할 만한 사람이라고 것을 깨닫지 못하면 정말로 잠재력을 발현하는데 필요한 시간과 노력을 들일 수 없다. 세계적 리더십 전문가이자 성공학 강사인 존 맥스웰은 그의 저서 『사람은 무엇으로 성장하는가』에서 긍정적 자존감의 힘이 중요한 이유 3가지를 다음과 같이 말한다.

1. 자존감은 행동을 결정하는 데 가장 큰 영향력을 발휘한다

자기계발과 성공학의 대가로 알려진 지그 지글러는 "사람은 자신의 관점과 일치하지 않는 행동을 할 수 없다. 자신을 부정적으로 보는 사람은 긍정적인 일을 절대 하지 못한다"라고 말했다. 정신의학자이자 자존감 전문가인 나다니엘 브랜든은 "사람의 심리발달과 동기 형성에서 자기 가치 평가만큼 중요한 요인은 없다"라고 말했다. 자신을 어떻게 바라보는지가 인생의 모든 면에 영향을 준다는 것이다. 자신이 쓸모없는 사람이라고 생각하면 자기 가치를 높일 수 없다.

2. 자존감이 부족하면 잠재력이 제한된다

사람은 결코 자신의 자아상을 넘어 설 수 없다. 나다니엘 브랜든은 이러한 사실을 다음과 같이 말하며 잘 짚어내고 있다. "자신은 사랑이나 존경받을 가치가 없다고, 자신에게는 난관에 맞설 힘이나 행복을 누릴 자격이 없다고 여기며 적극적으로 생각하고 욕망하고 희망하기를 두려워하면, 다시 말해 기본적인 자기 신뢰, 자기 존중, 자기 확신이 없다면, 다른 어떤 자산을 소유하고 있든 자존감 결핍이 한계를 정한다."

3. 내가 나를 평가하는 가치만큼만 타인도 나를 평가한다

대부분 사람은 다른 사람이 자신을 보는 시각에 맞춰 살아간다. 특히 중요하게 여기는 사람이 자기에게 아무것도 이루지 못할 거라고 말하면 정말로 그렇게 믿어버린다. 여기서 중요한 부분은 타인의 눈을 지나치게 의식하면 안 된다는 것이다. 즉 다른 사람이 이래라저래라 하는 말을 다 받아들일 필요는 없다는 것이다. 자신이 스스로 어떻게 보느냐에 더 신경을 써야 한다. 스스로 가치를 낮게 평가하면 세상도 당신을 딱 그만큼의 가치로 평가한다. 잠재력을 발휘하고 싶다면 스스로 자신의 가능성을 믿어야 한다.

우리는 보통 자존감과 자존심을 비슷한 개념이라고 여기고 혼동하는 경향이 있다. 자존감과 자존심은 모두 자신을 좋게 평가하고 사랑하는 마음이다. 사전적 의미는 별 차이가 없는 것같이 보이지만 실제 사용에서는 큰 차이가 있다. 자존감과 자존심의 차이는 무엇일까? 자존감이란 자신을 소중하게 여기고 존중하는 마음이다. 반면 자존심은 남에게 굽히지 않고 스스로의 가치나 품위를 지키려는 마음이다. 자존감과 자존심을 구분 짓는 큰 차이점은 대상이다. 자존감의 기준은 자기 자신이다. 하지만 자존심의 기준은 타인이다. 자존감은 모든 것의 잣대가 자신을 향하고 있다. 남들이 뭐라고 하든, 남들이 날 어떻게 평가하든, 나를 존중하고 사랑하고 인정해주는 것이다. 자존감이 높은 사람은 타인과 주변에 크게 민감하게 반응하지 않는다. 남을 신경 쓰거나 남에게 잘 보이려 하지도 않으며, 남의 눈치도 보지 않고 남에 의해서 살아가지 않는다. 자기에 대한 확고한 믿음과 사랑에 의해서 살아가기 때문에 자기 길을 즐겁게 굳건하게 갈 수 있다. 반면에 자존심은 타인이 나를 존중하고 받들어주길 바라는 마음이다. 남들이 나를 사랑해주고 관심을 가져주기를 바라기 때문에 남들이 정해놓은 기준을 따라가기에 급급하다. 그리고 원인과 결과를 타인에게서 찾는다. 자존심이 강한 사람은 자기 스스로를 인정해 주기보다는 내가 잘났다는 걸 남에게 평가 받고 싶어한다. 또한 자존심이 센 사람은 자신을 꾸미고 포장하고 자기를 드러내 보이려는 경향이 강하다. 자신이 약하기 때문에 주변을 활용해서 자신이 강한 것처럼 꾸미는 것이다.

대부분의 성공한 사람들은 자존감이 높은 경우가 많다. 그들의 인터뷰 기사를 보면 "남들이 뭐라고 하든 말든 나한테 중요한 것은 내가 정한 기준이었습니다. 내 자신에게만 집중했습니다. 내가 정한 어떤 수준에 오르는 것이 나한테 중요했으므로 누구를 뛰어넘고 누구를 이기는 것은 신경 쓰지 않았습니다"라고 말하는 것을 자주 접한다. 이렇게 자존감이 높은 사람들의 특징은 다른 사람이 나에 대해 평가하는 것에 흔들리지 않는다는 것이다. 다른 사람이 뭐라 해도 나 스스로 열심히 잘하고 있다고 생각하면 오히려 더 자신감이 넘치고 당당해진다. 그런데 이런 사람들의 특징은 다른 사람들이 아무리 잘한다고 칭찬해도 본인이 정한 기준에 만족하지 못하면 스스로 더 노력해야 한다고 느낀다. 그렇기에 더 발전할 수밖에 없다. 중요한 것은 결국 '나 자신'에게 집중한다는 것이다.

스즈키 이치로는 미국 프로야구 메이저리그에서 새로운 야구 역사를 쓰고 있는 일본인 프로야구 선수다. 이치로는 43살의 나이로 아직까지 프로야구선수로 활약하는, 현재 세계에서 가장 많이 안타를 친 선수다. 그는 미국 메이저리그 역사상 30번째로 개인 통산 3000안타의 대기록을 달성했다. 야구팬이 아니더라도 우리 국민에게는 익히 잘 알려진 유명 선수다. 2006년 야구 월드컵이라는 월드베이스볼클래식 언론 인터뷰 당시 '한국이 향후 30년 동안 일본 야구를 절대로 따라오지 못하도록 하겠다'는 망언으로 유명세를 치렀다(번역의 실수라는 이야기도 있지만). 이치로의 기사를 읽으면서 생각보다 이 야구선수가 훌륭한 그리고 지독한 사람이라는 것에 놀랐다. 우리는 세계 정상에 우뚝 선 사람들의 현재 모습만 볼 뿐 그 정상에 서기 위해 얼마나 많은 노력을 했는지는 잘 모른다. 이치로의 경우 상상 이상이었다. 1년 중 362일을 훈련한다. 그는 자신을 만든 것은 지독한 훈련이라고 말한다. 일과가 정확하게 정해져 있고 단 한 번도 이 약속을 어긴 적이 없다. 그는 경기 시작 5시간 전에 경기장에 들어서고, 같은 방식으로 스트레칭을 한 뒤, 타격 연습을 한다. 그는 연습뿐만 아니라 일상에서도 자신에게 엄격하다. 집에서 텔레비전을 볼 때는 시력유지를 위해 선글라스를 낀다. 그는 전용 웨이트 트레이닝 기계를 만들었는데, 미국 집과 그의 부모님 집, 구단 호텔, 경기장에도 이 기계를 마련하여 어디서든 하루 3차례 운동을 한다. 이는 해마다 변화하는 자신의 몸에 대비하여 유연성을 유지하기 위해서다. 일본 야구대표팀 감독 고쿠보 히로키는 이치로에게서 들은 기억에 남는 말이 몇 가지 있다고 한다. 한번은 이치로에게 목표에 대해 물었을 때 돌아온 대답이다. "고쿠보 상은 기록이나 숫자를 남기기 위해서 야구를 하나요? 나는 마음속에 다듬고 싶은 돌이 있습니다. 야구를 통해 그 돌을 빛나게 하고 싶습니다." 그때 한 유명한 말이 '준비의 준비'다. "그러기 위해서는 경기에 나설 준비를 위한 준비까지 소홀히 할 수 없습니다." 이치로는 50살까지 야구를 하겠다는 목표를 위해 철저한 자기 관리와 준비를 위한 준비까지 하고 있다. 미국 프로야구에서 활약한 12년 동안 단 한 시즌만 146경기를 출전했을 뿐, 매해 157경기 이상(전 시즌 162경기)을 출전했다. 이치로의 인터뷰 기사를 보면 그가 얼마나 자존감이 높은지를 알 수 있다. "나는 성공이라는 말을 좋아하지 않는다. 성공은 남이 정한 기준이다. 누군가의 인정을 받기 위해 노력하는 것은 무의미하며, 타인이 아닌 자기 자신에게 인정받기 위해 노력해야 한다. 훌륭한 타자라도 타석에서 10번 중 7번은 실패한다. 나는 실패를 통해 좀 더 훌륭한 타자가 되려고 노력한다. 노력하지 않고 뭔가를 잘해낼 수 있는 사람이 천재라면 나는 절대 천재가 아니다. 하지만 피나는 노력 끝에 뭔가를 이루는 사람이 천재라고 한다면 나는 천재가 맞다. 나는 매일 똑같이 살아가면서 연습처럼 경기하고 연습처럼 경기를 끝낸다. 그렇게 하기 위해 준비를 하고 훈련을 한다. 나는 과거의 업적 때문이 아니라 미래에 내가 달성할 것들 때문에 나 자신이 자랑스럽다. 나는 단 한 번도 나 자신과의 약속을 어겨본 적이 없다." 이치로가 이러한 자신에 대한 자존감이 있었기 때문에 평범한 체구로 미국 프로야구 메이저리그에서 치열한 생존경쟁을 이겨내며 새로운 역사적 기록을 만들 수 있었다고 생각한다.

자존감이 강한 사람은 어떤 문제적인 상황에 부딪혔을 때 타인을 바꾸려 하기보다는 자기 자신을 돌아보고 자기 자신을 바꾸려고 한다. 집이 아무리 가난해도 내가 공부를 열심히 하면 된다고 생각한다. 사람들이 아무리 나에 대해 부정적인 이야기를 해도 내가 열심히 해서 좋은 것을 보여주면 된다고 생각한다. 그렇기에 성공할 수밖에 없다. 이런 사람은 '남 탓, 상황 탓, 환경 탓'하며 자기 자신을 포기하지 않는다. 반면 자존심만 센 사람들은 오히려 타인의 부정적인 평가에 대해 더 적극적으로 자신을 방어하려고 한다. 그리고 '나는 그런 게 아니다'라고 사람들한테 인식시키려 한다. 나를 바꾸는 게 아니고 항상 '타인'을 바꾸려고 노력하기 때문에 자신은 물론 주변 사람들도 힘들어지게 한다. 그렇기에 사는 것도 더 고달프게 된다.

우리는 자신을 얼마나 사랑하고 있을까? 자존감은 삶의 모든 부분에 영향을 미치며 개인의 행복과도 밀접한 관련이 있다. 자존감을 높이기 위해 어떻게 해야 할까? 여기 자존감을 높이는 몇 가지 방법을 소개한다.

1. 자기 격려하기

어느 자동차 영업사원이 성공적인 자신만의 세일즈 기법을 소개했다. 그는 예상 고객에게 전화를 걸기 전에 먼저 자신을 격려한다고 한다. 조용히 혼자서 자신에게 "나는 훌륭한 자동차 영업사원이며 이제부터 최고가 될 것이다. 나는 좋은 자동차를 팔고 있고 좋은 거래를 성사시킬 것이다. 이제부터 내가 전화할 사람들은 자동차를 필요로 하기에 나는 그들에게 자동차를 팔 것이다"라고 말을 걸고 자신을 격려하는 것이다. 이렇게 하면 전화를 거는 것이 두렵지 않을 만큼 기분이 좋아지고, 자신감도 생기고, 스스로 전화를 걸고 싶어진다고 한다. 정말로 좋은 아이디어 아닌가? 일하다 보면 잘될 때도 있고 실수할 때도 있다. 자존감이 낮은 사람은 잘될 때는 그냥 넘어가고 잘못했을 때는 크게 비관에 빠진다. 실수했을 때는 자신의 결점을 일일이 들춰내지 말고 성장의 대가를 치르고 있다고 생각하자. 다음에 더 잘할 수 있다고 믿고 자신을 격려하고 용기를 북돋워 주자. 일을 잘했으면 그냥 넘어가지 말고 자신을 칭찬하자. 계획대로 일이 진행되면 당연한 것으로 여기지 말고 아주 훌륭하다고 생각하자.

2. 남과 비교하지 말기

심리학자들은 인간이 불행해지는 가장 큰 이유로 '비교심리'를 들고 있다. 친구가 나보다 더 많은 연봉을 받고 있다거나, 회사 동료가 좋은 집에 살고 있다거나, 다른 집 아이가 내 자식보다 공부를 더 잘한다거나, 이웃집 사람이 운전기사가 대기하는 차를 타고 출근하는 모습을 보면 부러워한다. '지금 내 나이의 많은 사람들이 열심히 일하면서 발전해 나가는데, 나는 왜 이정도 밖에 안되지'라는 생각을 하면 자신이 초라하게 느껴지고, 우울해진다. 이렇게 나의 부족함과 초라함은 남과 자신을 비교하는 데서 시작된다. 자신을 남과 비교할 때 겉만 보고 비교한다. 세상에는 일정하게 정해진 삶의 표준이나 기준은 없다. 행복과 불행의 고정된 유형도 없다. 혹시 자신에게 불행한 일이 있더라도 그 불행은 남과 비교할 수 없는 자신만의 삶의 한 형태다. 그것을 받아들이고 인정할 줄 알아야 자신만의 삶을 살아갈 수 있다. 남과 비교하는 것은 평가하는 것이다. 이것은 나 자신을 압박한다. 그리고 나를 남과 비교해봐야 이익될 게 없고 성장에 도움이 되지 않는다. 남과 비교해서 상대가 나보다 앞서 있다고 생각되면 풀이 죽는다. 반대로 자신이 상대보다 우월하다고 생각하면 오만해진다. 자신을 남과 비교하면 쓸데없이 주의만 산만해진다. 우리가 비교해야 할 사람은 오로지 자기 자신뿐이다. 어제보다 나은 내가 되는 것이 중요하다. 짧은 인생을 언제까지나 다른 사람의 삶을 흉내 내면서 살 수는 없는 일이다. 자신을 남과 비교하지 않는 것, 자신만의 아름다움과 철학으로 무장한다는 자체는 무엇과도 비교할 수 없는 소중한 것이며 우리가 추구해야 하는 것이다.

3. 긍정적으로 생각하기

신발을 생산하는 회사에 몸담은 두 사람의 세일즈맨이 아프리카로 출장을 갔다. 이유는 시장 개척지로서 아프리카의 가능성을 살펴보기 위함이었다. 그런데 정작 아프리카에 도착했을 때 그들 세일즈맨은 기가 막힐 수밖에 없는 상황에 맞닥뜨렸다. 아프리카인들 모두가 신발을 신지 않고 그냥 맨발로 다니는 것이 아닌가! 한동안 그곳을 답사한 두 사람은 후에 본사로 각각 다음과 같은 텔렉스를 보냈다. 한 사람의 텔렉스 내용은 다음과 같았다. "신발 수출 불가능. 가능성 0%, 전원 맨발임." 그리고 또 한 사람의 텔렉스 내용은 다음과 같았다. "황금 시장. 가능성 100%, 전원 맨발임." 보는 눈에 따라 부정적인 시각을 가진 사람은 그곳의 상황이 가능성 0%로 보였을 것이다. 그러나 긍정적인 시각을 가진 사람은 같은 그 상황이 가능성 100%로 보이게 되어 있다. 이것은 모순이 아니다. 누가 맞고 누가 틀리고가 아니다. 보는 사람에 따라서 이것은 진실이다. 긍정적 사고는 0을 100으로 바꾸는 연금술과도 같다. 상황 인식뿐만 아니라 자신에 대해서도 긍정적으로 생각하는 것이 중요하다. 비관적으로 생각하면 그대로 실현될 가능성이 높다. 즉 "나는 잘 하지 못할 거야"라는 생각을 가지면 실제로도 이를 망칠 가능성이 높아진다. 반대로 "잘해낼 수 있다"는 자신감을 가지면 힘들고 어려운 상황이라도 긍정적으로 이룰 수 있다. 긍정적으로 생각하면서 작은 성공을 만들어 나가야 한다. 작은 성공을 통해 자신감과 자존감을 높일 수 있고 이렇게 함으로써 결국 큰 성공을 이루어 낼 수 있다. 긍정적으로 생각하는 것이 자존감을 높이는 시작이다.

4. 자신을 사랑하기

내가 나 자신을 사랑할 수 있어야 한다. 나 자신을 사랑한다는 말은 나에게 집착하라거나 내가 잘났다고 생각하라는 말이 아니다. 온전히 나 자신의 모습, 즉 능력, 외모, 성격, 학력 등 이 모든 것들을 있는 그대로 받아들이고 수용할 수 있어야 한다는 말이다. 지금 이 모습 그대로의 나를 온전히 끌어안을 수 있어야 하고 온전히 사랑할 수 있어야 하는 것이다. 자기애의 시작은 자신이 가진 모든 장단점과 더불어 있는 그대로의 자기 자신을 인정하는 데에서 시작된다. 그리고 자신을 용서하고 자기비판을 멈추는 것이다. 다른 사람에게는 너그럽고 후하지만 스스로에게는 관대하지 못하는 경우가 많다. 자신을 사랑하는데 있어 꼭 필요한 것은 자신에 대한 관용심이다. 사람은 누구나 실수하고 잘못을 저지르며 살아가기 마련이다. 그렇기에 관용심이 없다면 실수나 잘못을 했을 때 스스로 자신에 대해 화를 내고 원망할 것이다. 이런 일이 잦으면 자신감이 약해져 타인과 세상에 대한 두려움으로 가득 차게 된다. 그러나 관용심이 있다면 화를 내거나 원망하기보다 스스로를 용서한다. 또한 자신의 부족한 점을 채우거나 결점을 개선할 방안을 모색할 것이다. 때문에 관용심은 단순히 실수나 잘못에 대해 용서해주는 차원이 아닌 스스로를 이해하고 감싸 안아주는 넉넉한 사랑이다. 스스로를 사랑하는 마음이 있어야 다른 사람을 사랑할 수 있다. 누군가에게 사랑받고 싶다면 자기 자신을 사랑해야 한다. 자신을 귀하게 여기는 사람에게 그 누구도 함부로 하지 못한다. 자신을 지키는 가장 든든한 방법은 자신을 아낌없이 사랑하는 것이다. 또한 어떤 실수나 잘못을 하더라도 너그러운 마음으로 자신을 이해하고 감싸 안는 넉넉한 마음을 갖는 것이다.

5. 다른 사람의 가치 높이기

자신을 가치 있게 여기고 싶다면 다른 사람의 가치를 높여주자. 자존감이 부족한 사람 역시 다른 사람을 도와주고 그들의 가치를 높임으로써 자신의 자존감을 높일 수 있다. 타인의 삶에 작게나마 도움을 주고 변화를 일으키면 자신의 자존감이 높아지게 되어 있다. 다른 사람을 위해 좋은 일을 하면서 자신을 나쁘게 평가할 수는 없다. 타인의 가치를 높이면 자신의 가치 역시 높아진다. 자신의 장점을 발휘해 타인을 돕거나 보람을 느낄 일을 해보자.

자존감이 낮은 것도 문제지만 지나치게 높을 때에는 문제가 발생한다. 자존감이 지나치게 높으면 다른 사람보다 자신을 더 높게 평가하거나 주위 사람보다 자신이 더 뛰어나다고 느낀다. 오만하여 제멋대로 특권을 받을 자격이 있다고 생각할 수 있다. 물론 인생을 살면서 어느 정도의 자존감과 자신감은 중요하다. 하지만 남을 배려하지 못하고 남들과 자신을 비교하여 우월감을 느끼게 될 정도의 지나친 자만심이 생기지 않도록 조심해야 한다. 극단에 치우치지 않고 적당한 균형을 맞춘 건강한 자존감을 가지는 것이 중요하다.

많은 사람이 하루 절반 이상을 다른 사람에 대해 이야기하고, 다른 사람을 신경 쓰는데 보내 버린다. 이러한 남에게 신경 쓰는 시간을 줄여야 한다. 나 자신이 원하고 하고 싶은 것들이 무엇인지, 어떻게 하면 내 기분을 좋게 만들어 줄 수 있는지 이런 생각을 늘려나가는 게 나의 삶에 도움이 된다. 내가 나 자신의 기분을 살피며 항상 기분 좋게 만들어주려 애쓰면, 스스로가 스스로를 존중하는 마음이 생기고, 절로 사랑하게 되는 마음이 생기게 될 것이다. 아침에 눈을 뜨면 "오늘은 나에게 어떤 좋은 일을 해줄까? 어떤 근사한 일을 해줄까? 맛있는 걸 먹을까? 아니면 멋진 옷 입고 기분전환 할까? 바람을 쐬러 가줄까?" 이런 일들을 최우선으로 생각하는 시간을 늘려 가다 보면 자신도 모르게 자존감이 조금씩 높아지게 될 것이다.

본질 :
현상은 복잡하다. 그러나 법칙은 단순하다

나는 핸드폰 마케팅에 관련된 일을 하고 있다. 핸드폰의 기술 및 변화 속도는 무척 빠르다. 핸드폰이 사람들의 필수품이 되고 주변의 다양한 기술(인터넷, 카메라, 동영상, SNS 등)과 접목되면서 하루가 다르게 변화하고 있다. 기업이 조금만 기술 변화 추세에 뒤처지고 변화를 소홀히 하면 매출과 손익이 곤두박질친다. 찰스 다윈은 『종의 기원』에서 "똑똑하고 강한 종이 살아남는 것이 아니라 변화에 가장 빨리 적응하는 종이 결국 살아남는다"고 말했다. 요즘 비즈니스 세계는 빠른 변화에 제때 대응하고 적응하지 못하면 순식간에 도태되고 마는 세상이다.

빠르게 변화하는 세상에서 남들과 똑같이 변화를 추구하고 경쟁한다면 힘들고 고단하게 살 수밖에 없다. 모든 것이 변화하는 상황에서 그 변화의 핵심과 본질을 파악하고, 그 본질에 집중할 수 있다면 치열한 경쟁을 피하고 원하는 것을 더 빨리 얻을 수 있다. 모든 것이 변화하는 상황에서 변하지 않는 것은 분명히 있다. 그 '변하지 않는' 그것을 잡아낼 필요가 있고 이것은 비즈니스 세계든 인생에서든 매우 중요하다.

노벨 물리학상 수상자 리처드 파인먼은 그의 저서 『생각의 탄생』에서 "현상은 복잡하다. 그러나 법칙은 단순하다. 버릴 게 무엇인지 알아내라. 핵심을 잡으려면 잘 버릴 수 있어야 한다. 핵심에 집중한다는 것은 잘 버린다는 것과 같은 얘기다"라고 말했다. 복잡하고 난해한 상황을 걷어내고 '변하지 않는 것' '정말 중요한 것'에 집중하면, 문제를 쉽게 풀 수 있는 단순하고 본질적인 것에 도달할 수 있다는 것이다.

본질의 사전적 의미를 찾아보니 '사물을 그 자체이도록 하는 고유한 성질' '한 사물이나 과정에 반드시 있어야만 하는 보편적이고 변함없는 요소들의 총체'라고 정의하고 있다. 이런 본질에 다가서기 위해서는 잘 버려야 하고 계속 버려 나가다 보면 궁극적으로 단순해진다.

모바일 제품에서 이런 본질의 속성을 제대로 이해하고 제품 개발에 적용해 혁신적인 제품을 만든 사람은 스티브 잡스이다. 스티브 잡스는 '단순한 디자인'이라는 핵심 요소가 제품을 직관적으로 쉽게 사용할 수 있도록 만든다고 믿었다. 스티브 잡스의 이런 디자인 철학을 몸소 실천한 사람은 애플 디자인의 그루(Guru) 조너선 아이브(Jonathan Ive)였다. 아이브는 마치 잡스의 분신처럼 극단적인 단순함을 향한 집착, 뛰어난 디자인 감각 그리고 완벽을 향한 고집에서 잡스와 유사한 성향을 지니고 있었다. 단순함에 대해 그는 이렇게 얘기한다.

"무엇의 핵심을 말하려 할 때 도저히 피할 수 없고, 빼뜨릴 수 없는 무엇인가를 발견한다면 바로 그것이 단순함입니다. 많은 사람이 단순함은 시각적인 스타일이거나, 미니멀리즘의 결과이거나 잡다한 것의 삭제라고 생각합니다. 언제나 그런 것은 아닙니다. 진정한 단순함이란 일을 계속 진행하다가 더 이상 다른 합리적인 대안이 없는 단계에 이를 때 성취됩니다. 진정으로 단순하기 위해서는 매우 깊이 파고들어야 합니다. 예를 들어 무언가에 나사를 한 개도 쓰지 않으려고 하다 보면 대단히 난해하고 복잡한 제품이 나올 수도 있습니다. 더 좋은 방법은 보다 깊이 들어가 제품에 대한 모든 것과 그것의 제조 방식을 이해하는 겁니다. 본질적이지 않은 부분들을 제거하기 위해서는 해당 제품의 본질에 대해 깊이 이해하고 있어야 합니다."

예술도 궁극의 경지에서는 단순해지고 명료해진다. 레오나르도 다 빈치는 "단순함이란 궁극적인 정교함이다"라고 말했다. 아이브는 디자인에 대해 "대부분의 사람에게 디자인은 겉모습을 뜻합니다. 하지만 내 생각엔 그건 디자인의 의미와 정반대입니다. 디자인은 인간이 만든 창조물의 근간을 이루는 영혼입니다. 그 영혼이 결국 여러 겹의 표면들을 통해 스스로를 표현하는 겁니다"라고 말했다. 스티브 잡스와 아이브의 철학이 맞아 떨어져 나온 작품이 아이폰이다. 아이폰은 디자인과 기능에 있어 단순함과 본질에 충실한 제품이다. 아이폰은 프리미엄 가격대에서 세계에서 가장 많이 팔리고 있고, 애플에게 가장 혁신적인 기업이라는 영예를 가져다 주었다.

끊임없이 변화하는 복잡한 환경 속에서 불필요한 것들을 제거하고 그 내면의 본질과 핵심에 다가서기 위해서는 어떻게 해야 할까? 스티브 잡스는 항상 인문학과 과학 기술의 교차점에 서 있으려 했다. 그는 음악, 그림, 영상을 사랑했다. 그러면서 컴퓨터도 사랑했다. 디지털 허브의 본질은 창조적 예술 작품에 대한 감상을 훌륭한 엔지니어

링과 결합하는 데 있다고 믿었다. 언젠가부터 잡스는 제품 프리젠테이션 말미에 간단한 슬라이드 한 장을 보여주기 시작했다. 슬라이드에 담긴 것은 인문학과 과학 기술이라는 이름의 거리가 만나는 교차로를 표시한 도로 표지판이었다. 그곳이 바로 그가 머무는 곳이었다.

인문학은 고전이다. 고전의 사전적 의미는 "예전에 쓰인 작품으로 시대를 뛰어넘어 변함없이 읽을 만한 가치를 지니는 것들을 통틀어 이르는 말" 그리고 "어떤 분야의 초창기에 나름대로 완성도를 이룩해 후대의 전범으로 평가받는 저작 또는 창작물"이다. 이런 관점에서 볼 때 전 세계인을 감동시키는 위대한 문학이나 미술, 음악 등 예술 작품들은 본질에 가깝다고 볼 수 있다. 자신뿐만이 아닌 전 세계 다수가 공통적으로 느끼는 근본적인 무엇을 건드린 것이기 때문이다. 스티브 잡스는 인문학의 중요성을 깨닫고 이를 활용하여 인간의 본성, 사물 및 현상에 대한 본질을 이해하려고 노력했다. 그리고 인문학을 통해 올바른 선택을 할 수 있는 지혜, 자신감과 영감을 얻었다. 잡스는 '만일 소크라테스와 점심식사를 할 수 있다면 우리 회사가 가진 모든 기술을 그와 바꾸겠다'라고 까지 말했다.

주식투자의 귀재들도 인문 고전 독서를 통해 일반 투자자들과는 다른 방식으로 투자함으로써 큰 성공을 거두었다고 한다. 세계적인 투자가이며 헤지펀드 업계의 전설인 조지 소르스는 인문 고전 독서광이었고 다음과 같이 말했다. "철학적 사고를 통해 얻은 이론을 현장에 적용한 결과 나는 주가가 오를 때나 내릴 때나 언제든지 돈을 벌 수 있었다. 철학적 사고를 통해 얻은 이론을 금융 시장에 적용하기 시작한 때부터 나는 거대한 이익을 얻을 수 있었다."

우리가 인문학을 공부하는 이유는 인문학을 통해 본질에 접근하는 방법을 배울 수 있고, 이면을 볼 수 있는 안목을 키울 수 있고 또한 훈련도 할 수 있기 때문이다. 현상을 살펴보고 본질을 파악하는 훈련은 문제를 풀 때 본질적인 관점에서 풀어낼 수 있도록 해준다. 회사 매출이 부진하거나 조직 내 부서 간 갈등은 본질이 아니고 현상이다. 이때 현상을 본질로 알고 해결하려고 한다면 문제는 해결되지 않고 진전은 없으며 오히려 다른 문제들을 야기할 수 있다. 부서 간 갈등이 있다면 현상 분석을 통해 그 이면에 존재하는 본질을 파악해야 한다. 현상에만 집중하면 부서 간 갈등을 일하는 방식 차이, 개인적인 성격의 문제로 처리하기에 십상이다. 이것은 근본적인 접근이 아니다. 부서 간 갈등은 명확하지 않은 부서 간 업무 분담, 지나친 경쟁유도, 협조하지 않는 조직 문화에 원인이 있을 가능성이 많다. 그 원인 중에서 근본이 무엇인지 현상들을 통해서 잘 파악한 후 문제 해결 방법을 찾아야 한다. 본질적인 접근법을 훈련하는 데는 역시 철학이 도움된다. 철학은 끊임없이 '왜?'라고 묻기 때문이다. 사건의 원인이 무엇인지, 그 원인을 불러온 원인은 또 무엇인지 등에 대해 계속 질문하면서 본질에 접근하는 훈련을 할 수 있다.

우리가 지금도 고전을 읽으며 감동 받는 것은 시대를 초월해 면면히 흐르는 어떤 삶, 사물, 현상의 보편성을 발견할 수 있기 때문이다. 수천 년간 지구를 다녀갔던 수많은 사람의 경험과 지혜를 전해주는 것이 인문학이기 때문에 나무의 뿌리와 같고, 밑거름과 같은 것이다. 따라서 삶과 일의 본질을 이해함에 있어 인문학의 중요성을 아무리 강조해도 지나치지 않다. 몸 담고 있는 분야에서 전문성을 쌓는 것은 기본이다. 전문성과 함께 본질과 핵심에 접근할 수 있는 직관과 통찰력을 키우기 위해서는 인문학 소양을 꾸준히 길러야 한다.

인문고전을 통해 본질에 접근할 수 있음을 알았다. 그러면 우리는 왜 본질을 이해하기 위해 노력하고 또 본질을 추구하는가? 어떤 일을 하거나 어떤 상황을 극복하려 할 때 일의 본질이나 상황의 법칙을 알아야 한다. 그래야 당면한 문제를 해결할 수 있고, 나아갈 방향을 분명히 정할 수 있고, 목표도 명확히 설정할 수 있기 때문이다. 제대로된 삶을 살아가려면 '본질'이 무엇인지 끊임없이 고민해야 한다. 그래야 성공할 수 있고 돈도 자연스럽게 따라온다. 기타를 만든다고 했던 클래식 기타 회사는 다 망했고, 음을 만든다고 했던 클래식 기타 회사는 모두 살아남았다. 미용실의 본질은 좋은 시설 및 서비스도 중요하지만 핵심은 머리를 잘 잘라야 한다. 식당은 요리를 맛있게 만들어야 살아남을 수 있다. 즉 끊임없이 변화하는 환경 속에서 살아남고 성공하려면 본질을 추구해야 한다. 어떤 일의 본질을 찾아내는 것은 원리를 이해하는 과정과 비슷하다. 원리를 알면 세상이 분명해지고 일이 수월해진다.

본질을 우선적으로 생각하고 추구하는 것은 일과 삶의 다양한 곳에서 적용할 수 있다. 나는 해외마케팅 부서에서 일하고 있다. 마케팅에서 중요한 일 중의 하나는 전략 제품이 나왔을 때 해외 주요 거래선을 찾아가서 신제품 소개와 판매 협의를 하는 것이다. 우리나라에서 우리말로 다른 사람들 앞에서 프레젠테이션이나 보고하는 것도 떨리고 무척 부담스러운 일이다. 하물며 해외 주요 거래선을 만나서 신제품 소개를 영어로 설명하는 것은 더 큰 부담감과 두려움을 갖게 된다. 초창기 사전 준비와 노력에도 불구하고 실수를 많이 했다. 프레젠테이션에 대한 떨림과 두려움으로 인해 준비한 대로 실력 발휘를 못 했기 때문이다. "나는 도대체 왜 이렇게 떨리는 걸까?" "왜 부담감이나 떨림으로 준비한 대로 제대로 못 할까"라고 나 자신에게 질문하며 곰곰이 생각을 해봤다. 문제는 너무 잘하려고 그리고 너무 멋지게 보이려는 마음이 앞섰던 것이다. 잘 하려다 보니 내용 준비도 많이 했다. 긴장이나 떨림으로 한번 프레젠테이션이 꼬이기 시작하면 준비한 많은 내용이 기억이 안 나 제대로 소개하지도 못했다. 이때 왜 프레젠테이션을 하는 지, 프레젠테이션의 궁극적 목적, 즉 본질에 대해 생각해 봤다. 내가 프레젠테이션 때 집중해야 될 것은 스티브 잡스처럼 멋지게 잘 하는 것이 아니라 준비한 내용을 잘 전달하는 것이 되어야 한다는 것을 깨달았다. 잘하는 것보다 중요한 것은 '할 말을 하는 것'이고 준비한 내용을 잘 정리해서 전달하는 게 내 역할이었다. 이때부터 프레젠테이션 본질을 멋있게 잘하는 게 아니라 잘 전달하는 것으로 정했다. 이렇게 본질을 정하니 한결 마음의 여유가 생기면서 이후로는 떨림과 부담감을 많이 떨쳐버릴 수 있었다.

일의 목적과 직업 선택에 있어서도 본질은 잊어서는 안 되는 중요한 것이다. 일의 목적과 직업 선택을 할 때 성공과 부를 추구할지, 아니면 하고 싶은 일을 하면서 재미와 즐거움을 추구할지 사이에서 고민하곤 한다. 결혼을 생각할 때 사랑을 우선시 할지 아니면 조건을 먼저 따질지 사이에서 고민하는 것과 비슷하다고 할 수 있다. 업적을 남긴 사람들의 얘기를 들어보면 돈을 따라가지 말고 '내가 뭘 하고 싶은지' '내 실력은 무엇인지' '어떤 것을 할 수 있는지'를 고민해보고 그것을 따라가라고 조언을 한다. 이에 관한 흥미로운 연구가 있다. 중국에서 1960년에서 1980년 사이에 대학을 졸업한 1,500명의 상경학부 학생들을 대상으로 연구했다. 설문 조사를 통해 졸업생들을 두 조로 나누었다. 첫 번째 조는 먼저 돈을 벌고 나서 자신이 하고 싶은 일을 한다는 그룹이었고 두 번째 조는 자신이 좋아하는 일을 우선한 뒤 돈을 추구하겠다는 그룹이었다. 20년 후의 결과를 살펴보니 첫 번째 조에는 백만장자가 한 명 밖에 나오지 않았지만 두 번째 조에서는 100명 가량의 백만장자가 탄생했다. 이 연구에 의하면 돈을 우선시하다 보면 재미없는 일을 할 가능성이 높고, 이로 인해 일로부터 스트레스를 받게 되고, 결국 일에 대한 열정을 잃어 성공할 가능성이 낮아진다는 것이다. 하지만 돈보다는 하고 싶은 일, 재미있는 일을 할 경우 지속적으로 열정을 불태울 수 있고, 성실하게 꾸준히 일하다 보면 돈과 명예가 따라올 가능성이 높아진다는 것이다. 물론 좋아하는 일을 한다고 해서 반드시 돈을 많이 버는 것도 아니다. 하지만 좋아하고 원하는 것을 하는 것이 돈을 우선시 하는 것보다 일에서 더 많은 기쁨과 보람을 누린다. 이렇게 즐기면서 원하는 일을 계속 하다 보면 돈과 명예를 거머쥘 확률이 높아질 수밖에 없다.

복잡하고 난해한 상황에 직면했을 때 그 현상의 본질이 무엇인지 질문해 보고 이해하려 노력해야 한다. 복잡한 현상 속에 숨겨진 단순한 원리나 법칙을 알 수 있으면 일이 수월해져 당면한 과제를 쉽게 해결할 수 있고 세상이 분명해져 미래를 명확히 예측할 수 있다.

독일의 위대한 천문학자이자 수학자인 케플러는 하늘 위의 무수한 행성들의 운동을 분석하여 행성 운동의 가장 기본이 되는 3개의 케플러 법칙을 발견했다. 덴마크 천문학자이자 그의 스승이었던 티코 브라헤가 평생 천체를 관측하면서 축적한 자료를 분석하여, 다양하고 복잡한 행성의 움직임 속에서 가장 기본이 되는 운동을 3개의 법칙으로 정리했다. 케플러는 데이터 분석과 해석을 통해 지금도 놀라운 만큼 정확한 법칙을 만들었는데 컴퓨터가 없었던 당시를 생각하면 거의 기적에 가까운 일이었다. 케플러는 무려 8년 동안 화성의 궤도를 구하기 위해 지루한 계산을 70여 차례나 되풀이했고, 결국 화성의 속도가 일정하지 않고 태양에 접근할 때는 빨라지고 태양에서 멀어질 때는 느려진다는 케플러의 제2법칙(면적 속도 일정의 법칙)을 발견했다. 그 당시 대부분 천문학자는 행성의 궤도가 원이라고 믿었다. 하지만 화성의 궤도를 계산하는 과정에서 나온 수치가 브라헤의 관측 자료와 비교해서 오차가 생겼고 고민을 거듭하다가 결국 원형 궤도를 포기하고 타원 궤도 개념을 도입했는데 이것이 케플러의 제1법칙(타원 궤도 법칙)이다. 천체 운동은 가장 조화로운 원운동이어야 한다고 믿고 있던 시대 상황에서 이를 깨뜨리고 천체가 타원 운동을 한다고 했던 그의 생각은 획기적인 발상이었다. 그 후 10년 뒤에 케플러는 행성이 태양의 궤도를 일주하는 데 걸리는 시간과 태양으로부터 그 행성까지의 평균 거리를 수학적으로 관련짓는 케플러의 제3법칙(조화 법칙)을 수립했다. 케플러의 행성 운동 법칙은 과학적 사고와 발전에 상당한 영향을 주었고 1세기 뒤 뉴턴의 만유인력 연구에 토대를 제공했다. 케플러는 복잡하고 난해한 현상 속에서 끊임없는 분석을 통해 그 속에 존재하는 단순화된 법칙을 발견했다. 발견한 단순화된 원리나 법칙을 통해 당면한 문제 및 과제를 해결했고 다른 현상까지 예측할 수 있었다. 이러한 본질이 되는 법칙은 현대 과학 발전의 촉매제가 되었고 후세 과학자들의 연구에 큰 도움을 줬고 영향을 미쳤다.

행성 운동에 있어 가장 기본이자 본질인 케플러의 3개 법칙은 인생에도 적용할 수 있다. 자연 법칙의 본질과 인간 삶의 본질은 다르지 않고 큰 의미에서 보면 일맥상통한다. 왜냐면 사람 역시 자연의 일부이기 때문이다. 케플러 법칙을 인간의 삶에 비유해서 표현한 글이 있어 아래와 같이 소개한다.

케플러 제1법칙(타원 궤도 법칙): 모든 행성의 궤도는 태양을 하나의 초점에 두는 타원 궤도다. 사람은 자신의 주변 환경을 중심으로 하여 돌아가는 하나의 행성이다. 자신이 돌아가는 그 궤도가 원처럼 완벽하면 좋겠지만, 실제로 살다 보면 힘든 일, 기쁜 일, 재미있는 일들이 모두 일어나고, 그것들이 모여 만들어지는 것이 우리의 삶이다. 타원에도 곡률이 있듯이 우리 인생에도 곡률이 있기에 인생을 더 재미있게 살아갈 수 있다.

케플러 제2법칙(면적 속도 일정의 법칙): 타원 궤도상의 한 점인 행성과 초점인 태양을 한 직선으로 연결하면, 이 직선은 시간에 따라 움직이며 면적을 만든다. 그런데 행성의 위치가 어디에 있든지, 같은 시간

동안 이동한 면적의 크기는 같다. 자신의 꿈을 이루기 위해 꾸준히 나아가다 보면 어떤 위치에서는 속도가 빠를 수도 있고, 또 어디에선 가는 아주 느리게 나아간다는 생각이 들 수 있다. 나아가는 속도가 너무 느릴 때는 '내가 뭔가를 잘못하고 있나? 나만 뒤처지는 것이 아 닐까?' 라는 생각을 하게 되지만, 나아가려는 힘이 끝나지 않은 이상 은 같은 시간 동안에 이동한 면적은 항상 같다. 빠르다고 느껴질 때 도, 너무 느리다고 생각될 때도 실은 모두 다 꾸준히 나아가는 중이 고, 어느 순간에 다다르면 몰라보게 발전한 자신을 마주하게 된다.

케플러 제3법칙(조화 법칙): 행성들의 공전 주기의 제곱은 그 행성 궤 도의 긴 반지름의 세제곱에 비례한다. 즉, 공전 궤도가 클수록 공전 주기는 길어진다. 모든 행성의 공전 궤도가 같지 않듯이, 사람들은 모 두 자신만의 궤도가 있다. 따라서 한 바퀴를 도는 주기도 다르다. 그 렇기에 주변에 휘둘리지 말고 자신의 속도로, 자신의 방식을 믿고 한 발자국씩 나아가다 보면 언젠가는 모두가 목표에 도달하는 한 바퀴 를 돌게 될 것이다.

우리가 본질을 추구하는 실질적인 이유는 결국 살아가면서 만나고 부딪치는 다양하고 어려운 문제를 해결하기 위해서다. 그 문제를 잘 해결하기 위해서는 문제의 본질과 핵심을 파악해야 한다. 그 문제가 정말 무엇이 문제인가를 알아야 한다. 부수적인 것에 매달려 해결하 려고 한다면 결코 올바른 해결책을 얻을 수가 없다. 부수적인 것은 해결되었다고 해도 여전히 그 문제는 남아 있기 때문이다. 인생의 문제도 마찬가지이다. 의미 있는 삶을 살고 싶은 사람이라면 '인생이란 무엇일까?' '왜 태어났고 삶에 있어 중요한 것은 무엇일까?' '후회 없는 삶을 위해서 어떻게 해야 할까?' 이런 고민을 하게 된다. 결국 인생을 인생답게 하는 가장 중요한 것, 이것을 인생의 본질이라고 한다면 그 본질을 깨닫고 그것을 나의 것으로 만들 때 각자는 인생의 주인공이 될 수 있다. 인생의 비본질적인 부분 즉 부수적인 것들에 집착해서 살아간다면 자신이 타고난 고유의 삶을 살 수 없고 결국 남의 인생의 엑스트라로 살아갈 수밖에 없다. 그렇다고 인생을 항상 본질적이고 핵심적인 것들로만 채울 수는 없는 일이다. 인생은 본질적인 부분뿐만 아니라 중요하지 않은 것들 부수적인 것들과 함께 이루어지기 때문이다.

우리는 흔히 '인생을 헛되이 살았다'라는 말을 듣곤 한다. 삶의 본질을 깨닫지 못하고 비본질적인 면을 붙잡고 시간을 허비했다는 뜻이다. 옷을 잘 차려입고 거울 앞에 서면 멋져 보인다. 멋진 장신구를 달면 더 멋져 보인다. 이렇게 치렁치렁 장신구들로 자신을 꾸며도 그 순간은 아름다워 보이지만 그 장신구들처럼 아름답지 못한 나의 인생은 숨길 수가 없다. 화려한 배역을 맡았던 연극배우가 화려한 의상을 벗고 화장을 지우고 거울 앞에 앉아서 현실을 보는 느낌과 다를 바 없을 것이다. 인생에 대한 허무함은 이런 느낌일 것 같다. 화려한 명품들로 자신을 꾸밀 수는 있지만 나의 본질은 변하지 않는다. '나'는 본질이고 나를 치장하는 갖은 명품들은 나의 액세서리에 불과하다. 인생의 허무함은 본질이 아닌 액세서리에 치중함에 있다. 온갖 명품으로 치장한다 해도 명인이 될 수는 없다. 내 인생의 주인공이 되기 위해서, 후회하지 않는 삶을 위해서, 인생의 진정한 명인을 꿈꾸며 '인생의 본질' 문제를 놓치지 말아야 한다.

인생을 살면서 각자가 꿈꾸는 삶의 본질이 있을 것이다. 각자가 추구하는 인생의 가치는 모두 다르다. 내가 원하는 삶의 진정한 본질은 행복이다. 행복하기 위해서는 내가 하고 싶은 일을 찾아서 그것을 즐기면서 하는 것이 중요하다. 나는 직장생활을 하고 있고 현재의 일에 큰 불만은 없다. 직장생활은 개인의 가능성, 성장, 창의력보다는 조직이 우선이다. 조직의 발전과 이익을 위해 개인의 일은 뒷전으로 밀리기에 십상이다. 이런 환경 속에서 직장 일을 즐기고 여기서 행복을 얻기는 쉽지 않다. 현재의 직장생활에 큰 불만은 없지만 내가 일을 통해 얻고자 하는 행복과 즐거움이라는 본질과는 차이가 있다. 하지만 기회는 있다. 평균 수명이 길어지면서 회사 은퇴 후에도 20~30년이라는 시간이 있다. 지금부터 잘 준비하면 직장 은퇴 후 내가 진짜 하고 싶은 일을 하면서 즐겁게 지낼 수 있다. 은퇴 후의 삶에 대해 미리 공부하고 준비하면 내가 추구하는 행복에 근접할 수 있을 것이다. 나의 삶의 본질인 행복 추구는 현재 진행 중이다. 비록 지금 생활은 내가 꿈꾸는 행복을 가져다주지 못하지만 진정한 행복을 꽃피우기 위해 나아가는 것을 멈추지 않을 것이다. 그리고 항상 본질의 문제를 들여다보도록 노력할 것이다.

뇌 이야기 :
내 머릿속에서 무슨 일이 벌어지고 있을까?

인간은 살아가면서 다른 사람들과 끊임없이 관계를 맺고 일을 통해 성장과 발전을 추구한다. 인간이 혼자서 이룩할 수 있는 부분은 별로 없다. 다른 사람의 도움을 받고 본인의 부단한 노력을 통해 자신이 목표하는 것에 조금씩 다가간다. 자신의 목표 달성은 본인의 노력, 주위의 도움, 주변 환경 등에 주로 영향을 받는다. 하지만 좀 더 깊게 파고 들어가면 삶이란 타인이나 주변 환경보다는 자신과의 끊임없는 싸움에 가깝다. 내가 원하는 것을 얻고 목표를 달성하기 위해서는 먼저 나 자신을 극복해야 하기 때문이다. 나 자신과의 싸움에 있어 뇌를 이해하는 것이 무엇보다 중요하다. 생각, 감정, 감각, 행동, 습관 등 중요한 모든 인간의 움직임은 뇌에 의해 의식적 또는 무의식적으로 제어된다. 어떻게 보면 나를 이긴다는 것은 뇌의 기본 속성과 뇌를 제어하는 방법을 이해하고 궁극적으로 뇌 사용을 향상시키는 것이라 볼 수 있다. 뇌의 구조에 대해 잠깐 살펴보자. 뇌는 뉴런이라고 하는 수천억 개의 세포로 구성돼 있다. 뉴런은 뇌의 기본 단위로서, 감각기관과 뇌 운동 기관 사이에서 신호를 전달하는 역할을 한다. 뇌의 무게는 1.5kg 정도 밖에 되지 않지만, 심장에서 나가는 피의 15%를 소비한다. 뇌는 대부분의 움직임, 행동을 관장하고 신체의 항상성을 유지시킨다. 즉 심장의 박동, 혈압, 혈액 내의 농도, 체온 등을 일정하게 유지시킨다. 뇌는 인지, 감정, 기억, 학습 등을 담당한다. 인간의 뇌는 크게 뇌간, 대뇌변연계, 대뇌신피질 등의 3부분으로 나뉘어진다.

뇌간(소뇌포함): 호흡, 혈압, 체온 등 생명을 유지하는 데 필요한 기본적인 신체기능과 시각, 청각 등의 감각 조율

대뇌변연계: 공포, 분노, 애착, 기쁨 등 기본적인 감정과 원초적인 욕구를 관장. 감정 전반을 조절하는 편도, 기억의 임시 저장 창고인 해마, 감정변화에 따라 행동이나 내분비계를 변화시키는 시상하부, 운동을 제어하는 기저핵, 희로애락의 감정을 담당하는 안화전두피질 등으로 구성

대뇌신피질: 원시적인 충동을 조절하고 이성적인 판단을 내림. 뇌에서 가장 최근에 생긴, 가장 진화된 부분이지만 변연계와 뇌간의 지배를 받음. 대뇌는 전두엽, 두정엽, 후두엽, 측두엽으로 나뉘며 전두엽이 이성적 사고 기능을 담당

우리의 머릿속에는 하나가 아니라 두 개의 목소리가 존재한다. 하나는 본능과 무의식을 제어하는 대뇌변연계가 대변한다. 다른 하나는 이성과 의식을 제어하는 대뇌신피질이 대변한다. 변연계는 우리 뇌에서 가장 처음 진화한 부분이며 자궁에서 가장 처음 나타나는 부분이기도 하다. 변연계는 주로 분노, 생존, 감정의 문제에 관여한다. 변

연계 DNA에는 인간의 생존, 본능에 관련된 수백만 년의 기록이 녹아들어가 있기 때문에 현재까지 인간이 살아남을 수 있도록 도왔다. 신피질은 최근에 진화한 부분으로 뇌의 가장 바깥쪽에 있는 주름진 잿빛 표면이다. 신피질은 기억, 판단, 이성, 창조 등 각종 정신활동에 관여한다. 신피질은 행복하도록, 성공하도록, 다른 사람과 관계를 맺어 사회를 구성하도록, 문명을 창조하도록 도와준다.

변연계와 신피질은 뇌 안에서 서로 영향을 주며 끊임없이 상호 작용을 한다. 최근에 진화한 이성과 의식을 담당하는 신피질은 크긴 하지만 강력하지 못하다. 인류 탄생과 함께 진화를 거듭한 본능과 무의식을 담당하는 변연계가 활성화되면 신피질은 순식간에 움츠려 든다. 즉 신피질의 모든 기능이 순식간에 마비되어 버린다. 긴장하거나 화가 났을 때를 생각해보라. 이때는 변연계가 활성화된 상태로 아무리 이성적이고 논리적인 신피질을 활성화 시키려고 해도 뜻대로 되지 않는다. 변연계가 활성화되어 뇌를 점령했을 때 중요한 것은 변연계가 만들어 낸 분노, 두려움, 불안, 원초적 감정 등을 한 발짝 물러나서 객관적으로 인식하는 것이다. '내가 화가 났구나' '내가 불안에 휩싸여 있구나' 등을 재빨리 인식하고 관찰자의 입장에서 조용히 상황을 주시하는 것이 중요하다. 한번 활성화된 감정은 놓아버리고 싶다고 해서 놓아지는 것이 아니다. 오히려 빨리 잊어버리려고 노력할수록 더 생각나게 된다. 변연계의 활성화를 막을 수는 없다. 변연계가 신피질보다 훨씬 강력한 화학물질을 분비하기 때문이다. 이 때문에 격렬한 감정이 모든 일을 뒤엎는 상황이 종종 발생한다.

무의식을 담당하는 변연계에서 수시로 떠오르는 생각은 본능적이어서 자신이 제어할 수가 없다. 과학 연구 조사에 의하면 인간은 하루에 평균 4,000개의 생각이 수시로 머리를 드나든다고 한다. 잠자는 시간 8시간을 제외한 깨어있는 시간 16시간을 기준으로 계산을 하면 거의 15초마다 새로운 생각을 하는 것이다. 이렇게 많은 생각과 감정으로 인해 집중력이 떨어질 수밖에 없는데 어쩌면 집중력 결핍은 인간의 본능에 속한다고 볼 수 있다. 무의식에서 떠오르는 많은 생각은 과거와 미래에 대한 쓸데없는 후회, 걱정, 불안들이 대부분이다. 쓸데없는 생각을 줄이는 것이 마음의 평온을 찾는 길이며 집중력 향상에도 도움이 된다.

쓸데없는 생각을 줄여 마음을 평온을 찾는데 좋은 방법은 명상이다. 인터넷에 찾아보면 간단하게 따라 할 수 있는 좋은 명상법들이 있는데 자신에게 맞는 것을 찾아서 한 번 따라 해 보기 바란다. 조용한 곳에서 눈을 감고 호흡에 집중하면 바로 명상 모드로 들어갈 수 있다. 다른 생각은 떨쳐버리고 오직 호흡과 코끝의 숨소리에만 신경을 쓰는 것이다. 살아있는 현재, 숨 쉬는 현재만을 느끼는 것이다. 명상을 하는 동안에도 어김없이 많은 생각이 슬그머니 떠오른다. 일상 업무로 바쁠 때, 시간에 쫓겨 살 때는 자신이 얼마나 많은 생각을 하는지 잘 모른다. 하지만 명상을 하게 되면 자신의 마음속에서 얼마나 많은 생각이 나타났다 사라지는지 알 수 있게 된다. 이러한 수많은 생각들은 본능적으로 떠오르기 때문에 여러 가지 조건과 원인에 의해 잠시 일어난 '주인 없는 구름'과 같다고 여기는 것이 중요하다. 즉 떠오른 감정이나 생각을 '잠시 들른 손님이야'하고 떨어져 조용히 관찰하는 것이다. 관찰자의 관점에서 가만히 바라보고 있으면 저절로 사라지고 만다. 이렇게 과거와 미래의 쓸데없는 생각을 줄이고 현재에 집중하면 감정을 다스릴 수 있고 마음의 평안을 찾을 수 있다.

일반적으로 인간의 뇌는 매우 게을러서 기존에 익숙한 것을 벗어나 새로운 무엇인가를 하는 데에 근본적으로 저항한다. 현재 편하고 익숙한 것을 선택하려 하고 새로운 도전, 변화는 피하려고 한다. 이런 행위의 근간에는 변연계가 있다. 변연계는 사람들의 마음속에서 겁에 질린 화난 목소리로 "평범해지라고, 그래서 편안함과 안전을 지키라고" 끊임없이 소리친다. 변연계의 저항하는 목소리를 없애고 자연스럽게 도전, 변화, 성장, 발전으로 나아가기 위해서는 새로운 습관을 길들이고 더 나은 행동 패턴을 스스로 만들어 나가는 것이 중요하다. 성장과 발전을 이루는 비결은 올바른 습관을 선택하고 그것을 확립하기 위해 필요한 수준만큼의 통제력을 갖추는 것이다. 원하는 것을 이루기 위해서는 좋은 습관이 필요하다는 것은 누구나 알고 있다. 습관이라는 말을 들으면 딱딱하고 불편하게 느껴지고 뭔가 힘들 것 같고 외면하고 싶은 생각이 먼저 든다. 하지만 막상 습관 만들기를 시작하면 처음에만 힘들다. 일단 습관을 들이면 그것을 유지하는 데는 에너지와 노력이 처음보다 훨씬 덜 들어간다.

뇌의 측면에서 보면 습관형성에 중요한 역할을 하는 것은 무의식을 지배하는 변연계이다. 인간의 의식은 뇌를 감싸고 있는 두께가 1㎜밖에 안되는 주름진 층인 대뇌 신피질로 제한되어 있어 정보처리에 한계가 있다. 또한 인간의 의식적 사고는 운동선수의 근육보다 많은 에너지를 잡아먹는다. 반면 과학자들에 의하면 변연계의 무의식 회로들이 신피질의 의식 회로들보다 20만 배나 많은 데이터를 동시에 처리할 수 있다고 추정한다. 이 때문에 계속 반복되는 행위는 의식에 의존하지 않고 무의식에서 패턴을 저장해 두고 작동시키는 것이 훨씬 에너지와 노력이 적게 든다. 이 때문에 우리의 뇌는 주로 무의식적으로 작용하려고 하고 또한 무의식에 의존하려고 한다. 이러한 뇌의 습성을 활용하여 삶의 일부가 되도록 좋은 습관을 들여보라. 그러면 힘을 훨씬 덜 들이고도 일상이 효과적으로 바뀔 것이다. 힘든 일이 습관이 되면 습관은 그 힘든 일을 쉽게 만든다.

행동이 습관이 되기까지는 얼마만큼의 시간이 필요할까? 2009년 런던대학교에서 실시한 연구 결과에 따르면 새로운 습관을 들이는데 평균 66일이 걸리는 것으로 나타났다. 전체적으로 보면 18일에서 200일 이상까지 다양했지만 행동이 습관으로 자리 잡는 데는 평균 66일이 걸렸다. 쉬운 행동은 그보다 더 짧게, 힘든 행동은 더 오래 걸렸다. 올바른 습관을 기르는 데는 어느 정도의 시간이 걸리니 너무 금방 포기하지 말기 바란다. 올바른 습관이 무엇인지 정한 다음, 그것을 습관으로 확립하는 데 필요한 시간을 할애하고, 그것을 발달시키기 위해 필요한 모든 통제력과 훈련을 동원하라. 한 가지 습관을 들이기 위해 자신의 행동을 관리할 수 있게 되면 그 일뿐만 아니라 다른 일들도 더 손쉬워진다. 좋은 습관을 가진 사람들이 다른 이들보다 무엇이든 더 잘 해내는 것처럼 보이는 것도 이 때문이다. 그들은 가장 중요한 일을 주기적으로 하는 법을 알고, 그 결과로 다른 모든 일이 더 쉬워지는 것이다. 당신의 습관이 당신이 누구인지 말해준다. 당신이 얻는 성취는 한 번의 행동이 아닌 삶에서 만들어진 습관에서 나온다. 애써 성공을 찾을 필요는 없다. 선택적 집중의 힘을 이용하여 올바른 습관을 들여라. 그러면 탁월한 성과가 당신을 찾아올 것이다.

뇌에 대해 공부를 하다 보면 의식과 무의식의 관계에 흥미가 생기게 된다. 인간은 이성적 동물로서 자신이 생각하고 결정하고 선택한 대로 행동한다고 믿는다. 하지만 뇌과학자들의 연구에 의하면 인간은 의식의 작용으로 살고 있는 것 같지만 사실은 거의 대부분 무의식의 작용을 받으며 살아간다고 한다. 유명한 리벳 실험에 의하면 피실험자에게 언제든지 자신이 원할 때 손을 움직이되, 손을 움직이고 싶다는 의지가 생기자마자 버튼을 누르도록 했다. 결과는 뜻밖이었다. 피실험자가 손을 움직이고 싶다는 마음이 생기기 전 피실험자의 뇌에서 준비전위를 측정할 수 있었기 때문이다. 결국 의지가 생기기 전부터 뇌는 선택하고 움직일 준비를 한다는 결론을 낼 수 있다. 몸을 움직이는 것은 우리의 자유 의지만으로 결정되는 게 아니라는 이야기다. 다른 말로 하면 무의식의 작용에 따라 의식이 반응하여 따라간다고 볼 수 있다.

우리는 매일 수많은 선택을 한다. 하지만 어쩌면 우리는 자유롭게 선호하고 선택한 행동을 실천하는 게 아니라 먼저 무의식적으로 선택된 행동을 하고 그 후 우리의 행동을 정당화하는지도 모른다. 인간은 선택의 자유를 가진 게 아니라 선택 정당화의 자유만 가지고 있는지도 모른다는 얘기다. 뇌는 내부적으로 갖고 있는 믿음과 외부에서 받아들이는 사실을 적절히 조합해서 세상을 이해한다. 하지만 이전의 믿음과 새롭게 알게 된 사실이 다를 경우 과학에서는 믿음이 잘못되었으니 바꾸라고 가르친다. 하지만 뇌는 이성적인 과학자가 아니다. 뇌는 지금 한순간 얻은 데이터보다 오래전부터 축적한 고정관념을 더 신뢰하고, 사실을 왜곡하기 시작한다. 같은 맥주를 하나는 국산 맥주로, 다른 하나는 독일 맥주로 적은 후 두 개의 컵에 담아 맛보게 했다. 하지만 많은 사람이 독일 맥주가 국산 맥주보다 더 맛있다고 답했다. 사람들은 독일이 맥주로 유명하고 또 맛이 좋다는 믿음을 가지고 있기에 같은 맛으로 느껴지는 두 개의 맥주 중 독일 맥주를 선호하는 것이다. 불편한 진실보다 독일 맥주라는 믿음을 선호하면서 뇌도 무언가 찜찜하다고 느낀다. 그리고 뇌는 자신의 믿음을 정당화하는 수많은 스토리를 만들어내기 시작한다. 좀 더 확대 해석하면 우리가 인생에서 어떤 선택을 했을 때 말이 많아지면 뭔가 수상하다고 여길 필요가 있다. 내 머리 안에서도 뭔가 일치하지 않는다는 증거일 수 있다. 믿음과 선택이 일치한다면 아무런 변명이 필요 없기 때문이다. 일치하지 않기 때문에 말이 길어지고 변명을 하게 되는 것이다.

카이스트 김대식 교수는 가장 바쁜 뇌과학자 중의 한 사람이다. 그는 강연이나 책에서 "뇌는 세상을 절대로 있는 그대로 보여주지 않는다"라고 말한다. 인간은 눈, 코, 귀, 혀, 피부 같은 감각 센서들을 통해서 세상의 정보를 받아들인다. 뇌는 이러한 정보들을 바탕으로 주변 상황을 해석하고 세상에 대한 답을 찾아내야 한다. 하지만 정답을 모르는 상황에서 뇌가 신뢰할 수 있는 것은 예전부터 알고, 믿고, 경험했던 편견들뿐일 수도 있다. 김대식 교수는 "뇌는 세상을 있는 그대로 보여주는 기계가 절대 아니다. 뇌는 단지 감지되는 감각센서의 정보를 기반으로 최대한 자신의 경험과 믿음을 정당화할 수 있는 해석들을 만들어 낼 뿐이다. 그리고 그렇게 해석된 결과를 우리에게 인식시킨다"라고 말한다. 뇌과학자들 사이에선 '이성에게 사랑을 고백할 때는 롤러코스터에서 하라'라는 농담이 있다. 롤러코스터를 타면 대부분 심장 박동이 빨라진다. 그 순간 사랑 고백을 받는다면 뇌가 자신의 두근거리는 가슴이 상대방 때문이라고 착각할 확률이 높다는 것이다.

참가자 100명을 50명씩 A와 B 두 집단으로 나누고 신입사원을 인터뷰하는 가상 실험을 진행했다. 신입사원은 같은 사람이었다. 신입사원 면접관 100명이 할 수 있는 질문과 그에 대한 신입사원의 답변은 동일하게 설정했다. 유일한 차이는 우연한 상황을 만들어 신입사원 인터뷰 전에 A집단은 자신도 모르게 무거운 짐을 들게 했고, B집단은 가벼운 짐을 들게 했다. 신입사원에 대한 평가는 A와 B 모두 논리적으로는 동일해야 한다. 하지만 실험 결과는 달랐다. B집단은 신입사원을 긍정적으로 평가했지만 A집단은 부정적인 평가를 내렸다. 결국 A의 뇌는 자신의 불편한 몸 상태가 무거운 짐을 들었기 때문이라는 진실을 알 수 없기에 신입사원이 마음에 들지 않아서라는 그럴싸한 추론을 만들고 우리가 그것을 믿도록 만드는 것이다. 세상을 본다는 것은 결국 우리 뇌의 착한 거짓말에 속고 있는 것과 마찬가지다. 그래서 우리는 가끔 우리 자신의 뇌를 믿지 않아야 하는 것이다.

심리학자 제롬 브루너는 "기분이 행동을 일으키는 게 아니라 행동이 기분을 일으키는 것"이라고 말했다. 사회 생활을 하다 보면 마음에 들진 않지만 어쩔 수 없이 협력해서 좋은 결과를 내야 하는 동료나 직장 상사를 종종 만난다. 이 경우 억지로 마음을 바꾸려고 노력하기보다 우선 행동을 바꾸어 보는 것이 효과적일 수 있다. 뇌과학 측면에서 보면 뇌는 친절하고 긍정적으로 변한 자신의 모습을 관찰하고 나서 '그래, 나는 사실 그 사람을 좋아해'라고 해석한다. 그리고 자신의 행동을 최대한 합리화할 수 있는 추론을 만들어 우리가 그렇게 믿도록 만들 것이다.

위에서 언급했듯이 뇌는 우리의 감각기관을 통해 몸 안으로 들어온 정보를 기반으로 해석한다. 우리가 지각하는 세상은 눈에 직접 보이는 세상이 아니라 뇌를 통해 해석된 세상을 보는 것이다. 김대식 교수는 "지금 우리 눈에 보이는 세상은 인풋이 아니라 뇌의 해석을 거친 아웃풋의 프로젝션(투사)"이라고 말한다. 눈 앞에 펼쳐진 경치가 눈을 통해 들어와 망막에 펼쳐지지만 뇌는 망막에 펼쳐진 경치를 그대로 믿지 않고 언제나 수많은 과거 경험과 현재 가설, 미래 희망을 포함하여 해석한 후 보여준다는 것이다. 책이나 실험을 통해 길이가 동일한 선, 같은 밝기의 도형이라도 주변 상황에 따라 길이와 밝기가 다르게 보이는 착시현상을 경험해 본 적이 있을 것이다. 눈의 망막에서는 동일한 길이, 동일한 밝기로 보이지만 뇌는 주변 환경, 과거 믿음까지 고려하여 해석한 결과물을 보여준다. 과학연구 조사에 의하면 눈의 망막에서 유일하게 관찰할 수 있는 것은 광자들의 가우스 분포(확률 분포)밖에 없다고 한다. 색깔도 없고 형태도 없고 입체감도 없다. 따라서 색깔, 형태, 입체감은 뇌가 만들어낸 착시에 불과하며 뇌의 해석 없이는 우리는 아무것도 볼 수가 없다.

우리는 다른 사람들도 나와 똑같은 세상을 보고 있다고 생각한다. 하지만 사람들의 뇌는 조금씩 차이가 있기 때문에 서로가 바라보는 세상은 똑같다고 볼 수는 없으며 차이가 존재한다. 물론 비슷한 DNA를 가지고 있고 비슷한 환경, 비슷한 교육을 받았기 때문에 크게 차이는 없을 것이다. 김대식 교수는 "착시 현상에 의해 같은 길이가 다르게 보이는 것이 신기한 게 아니라, 서로 다르게 보는 세상을 같다고 착각하며 살아가는 우리가 신기할 뿐"이라고 말한다. 이 세상 모든 사람은 각자 다른 뇌 해석 방식을 통해 세상을 바라본다. 눈 앞에 보이는 환경 및 현상을 나와 100% 동일하게 인식하고 이해하는 사람은 존재하지 않는다. 자신의 뇌 해석 또한 항상 옳다고 확신할 수 없고 자주 합리적으로 의심을 해봐야 한다. 이런 상황을 이해한다면 남과 내가 다르다는 것을 자연스럽게 인정하게 될 것이다. 옳고 그름의 문제가 아닌 서로 다르다는 관점에서 접근하면 직면한 많은 갈등과 문제를 보다 쉽게 해결할 수 있을 것이다.

보통 나이가 들수록 시간이 빨리 지나간다고 말한다. 젊은 사람이나 나이 든 사람이나 하루 24시간은 똑같다. 왜 나이 들수록 시간이 빨리 지나가는 것 같은 착시 현상을 느끼는 것일까? 최근 뇌과학자들에 의해 그 이유가 밝혀졌는데 바로 뇌 정보 전달 속도 때문이다. 어렸을 때의 뇌 정보 전달 속도가 나이 들었을 때 보다 훨씬 빠르다. 어렸을 때 뇌의 정보 전달 속도가 빠르다 보니 세상을 훨씬 더 자주 보게 된다. 같은 축구 경기를 보더라도 어린아이는 어른과 비교할 경우 느린 동작으로 축구 경기를 보는 것과 같다. 이 때문에 받아들이는 정보량이 많으며 훨씬 오랫동안 기억에 남아 있게 된다. 반면 나이 든 사람은 보통 속도 또는 듬성듬성 축구 경기를 보는 것과 같다. 이 때문에 어린아이 대비 정보량도 많지 않고 기억에 남는 것이 많지 않아 시간이 빨리 지나가는 것처럼 느껴지는 것이다. 뇌의 정보 전달 속도를 빠르게 하는 2가지 방법이 있다. 첫 번째는 커피를 마시는 것이다. 커피 안의 카페인 성분이 뇌의 정보 전달 속도를 빠르게 해준다. 하지만 지속 시간이 5분 정도 밖에 안 된다. 두 번째는 집중하는 것이다. 집중하는 순간 정보 전달 속도가 빨라지고 같은 시간에 더 많은 정보를 받아들일 수 있다. 하지만 집중도 오랫동안 지속하기는 힘들다.

김대식 교수는 세상은 항상 갑이고 인간은 세상이라는 갑에 맞춰 살아야 하는 을이라고 말한다. 인간은 자신의 의지와는 상관없이 태어났다. 태어나기 전에 세상에는 이미 규칙이 만들어져 있었고 갑인 세상에 인간은 적응하면서 살아야 한다. 하지만 이런 상황에서 그는 세상과 나의 갑을 관계를 조금은 바꿔 놓을 수 있다고 말한다. 지금 이 순간만을 생각하지 말고 10년 또는 20년 뒤의 나를 상상해보자. 그리고 20년 후의 내가 지금 이 순간을 기억한다고 상상해보자. 지금의 나하고 미래의 내가 기억하는 나하고는 조금의 차이가 있을 수는 있다. 지금 이 순간이 20년 후의 나에게 정말 소중할 것 같다고 생각되면 집중과 몰입을 하면 된다. 그러면 기억에는 느린 동작으로, 엄청

길게 남을 것이다. 하지만 지금 이 순간이 나에게 괴로움과 아픔을 줄 것 같다면 최대한 집중을 하지 않으면 된다. 그러면 기억은 다 지워지게 되고 결국 하나도 남지 않게 된다. 즉 우리는 선택된 집중을 통해서 인생을 편집할 수 있다. 인생이라는 무대에서 주인공이 되면 좋지만 더 좋은 것은 감독이 되는 것이다. 왜냐면 감독은 편집할 수 있기 때문이다. 태어나기 전에 세상과 주변 환경은 이미 정해졌기 때문에 갑인 세상을 내가 이길 수는 없다. 그렇지만 적어도 선택된 집중을 통해서 내 기억에 남는 내 인생은 스스로 편집할 수 있다. 삶을 마감할 때 결국 남는 것은 편집된 인생, 스스로 만든 인생, 이것밖에 없다.

인간은 살아가는 동안 자신이 가진 뇌의 5~10% 정도밖에 사용하지 못한다고 한다. 현재까지 한계점으로 보는 것은 10%이다. 천재 과학자 아인슈타인은 뇌의 13%를 사용했다고 한다. 아인슈타인의 뇌를 연구한 과학자들은 그의 뇌는 보통 사람들보다 작지만 더 왕성하게 사용했다고 한다. 뇌에 대한 가설이지만 만약 인간이 20%를 넘겨 뇌를 사용한다면 슈퍼컴퓨터 두뇌를 지닐 수 있다고 한다. 그리고 40%를 넘기면 맨손으로 바위를 깨트릴 수 있는 괴력을 발휘할 수 있다고 한다. 사람은 원래 바위를 맨손으로 부술 수 있지만 통증과 암시로 인해 불가능하다는 이론을 바탕으로 한 것이다. 즉 40%를 넘기면 감각을 조절하는 것이 가능하다는 것이다. 그리고 초감각이라는 식스센스도 40%대부터 가능하다고 한다. 그리고 70%부터는 미지의 영역, 말 그대로 초능력의 영역이다.

자기 몸의 1백 배 이상 높이를 뛸 수 있게 태어난 벼룩을 작은 유리병 안에 가둬 두면 나중에 그 유리병 높이 이상을 점프하기 힘들다고 한다. 인간의 뇌도 이와 마찬가지이다. 두뇌의 가능성을 믿고 끊임없이 훈련하고 개발해야 한다. 그렇지 않고 스스로 포기하면 그때부터 성장은 멈춘다. 내 안에는 아직 꽃피지 못한 가능성과 잠재력이 남아 있다. 뇌를 이해하고 끊임없이 자극하고 개발해서 내 안의 무궁한 가능성을 힘껏 펼쳐보자.

PART 2
일을 통해 성장하기

성장과 발전 :
계속 성장하고 발전하고 싶다

20대 후반에 사회에 첫발을 내디딘 후 나는 눈앞에 닥친 일들을 빨리 처리하고 열심히 일해서 목표를 달성하는 데 집중했다. 매년 초에 한 해 KPI(Key Performance Indicator, 핵심성과지표)가 정해지면 KPI 달성 성적에 따라 고과가 대부분 결정된다. 따라서 좋은 고과를 받고 나중에 제때 승진을 하기 위해 KPI 중심으로 업무 처리를 하게 된다. 단기 성과에 얽매일 수밖에 없고 당연히 현재 눈앞에 펼쳐진 일 중심으로 처리 해 나갈 수밖에 없다. 그리고 성실하게 열심히 노력하면 원하는 것을 얻을 수 있을 거라 믿었다. 그러나 열심히 일한다고 해서 반드시 성공한다는 보장은 없었다. 회사 생활이라는 것이 무조건 열심히 일한다고 원하는 대로 흘러가는 것도 아니었다. 제임스 앨런은 그의 저서인 『위대한 생각의 힘』에서 "사람들은 상황을 개선하는 데 급급해 자기 자신을 개선할 생각은 별로 하지 않는다. 그래서 언제나 발이 묶여 있다"라는 말했다. 제임스 앨런의 말처럼 나는 단기 성과 창출에만 집중했고 중·장기적인 성장 및 발전 계획이 없었기 때문에 언제나 발이 묶여 있었지만 이를 제대로 인식하지 못했다.

이때 존 맥스웰이 쓴 『사람은 무엇으로 성장하는가』라는 책을 우연히 접하게 되었다. 존 맥스웰은 세계적으로 유명한 리더십 전문가이자 성공학 강사다. 이 책에는 내 안의 거인을 깨우는 법, 잠들어 있는 가능성을 발현시키는 방법이 오롯이 담겨 있다. 이 책을 통해 왜 성장에 집중해야 하는지를 절실히 깨닫게 되었다. 존 맥스웰은 다음과 같이 성장의 중요성을 강조한다.

"자신의 가능성과 잠재력을 발현하기 위해서는 성장이 필요하다. 자신의 미래는 성장에 달려있기 때문에 어떻게든 성장 기회를 잡으려고 노력해야 한다. 성장은 그냥 시간이 지나면 되는 것이 아니다. 삶의 목적을 발견해야 하고, 자기 인식을 높여야 하며, 더 좋은 사람들을 만나기 위해 몸을 움직여야 한다. 성장은 가능성과 잠재력이 들어있는 비밀 상자 속을 여는 열쇠다. 그 열쇠는 일상적인 습관을 바꾸고 자기변화를 통해서만 얻을 수 있다."

성공은 노력에 비해 수확이 적고 열심히 노력한다고 성공하는 것도 아니다. 삶에서 성공은 극히 일부에 불과하며, 다른 사람에 의해 평가되는 외재적인 것이다. 반면에 성장은 지속적인 과정이자 내재적인 개념이다. 마음속에 유쾌하게 존재하는 것이다. 성공을 말하면 사람들은 실패를 걱정하지만 성장은 자신의 것이기 때문에 자신감이 솟는다. 주변을 보면 성공하기를 바라는 사람은 많지만 성장하기를 바라는 사람은 드물다. 성공보다는 성장에 초점을 맞추는 것이 바람직하다.

성장과 발전을 계속 추구해야 하는 또 다른 이유는 길어진 인생 때문이다. 요즘 흔히들 백세시대라고 말하는데 길어진 나이로 인해 인생 이모작이 가능해졌다. 50대 후반에 직장을 은퇴하더라도 이후 30년 이상을 더 살아야 한다. 30년 이상의 시간을 아무 일 없이 노년을 보내기는 너무나 길다. 따라서 꾸준한 자기계발과 성장을 통해 직장을 은퇴한 후에도 다른 일을 계속 수행할 수 있는 능력을 지금부터 키워야 한다. 친하게 지내는 선배가 직장생활을 잘하는 것이란 현재 직장을 지금 당장 그만두더라도 다른 직장을 바로 구할 수 있거나 다른 일을 바로 할 수 있는 것이라고 말한 적이 있다. 이러한 상황을 만들기 위해서는 미리 성장 계획을 세우고 꾸준히 자기계발과 자기변화를 해 나가야 한다.

사람들이 성장의 중요성을 알면서도 자기 자신을 찾고 성장하면서 잠재력을 발현하는 것이 어렵다고 느끼는 까닭은 무엇일까? 이유는 무엇부터 해야 할지 모르기 때문이라고 존 맥스웰은 지적한다. 존 맥스웰은 『사람은 무엇으로 성장하는가』에서 왜 성장을 해야 되는 지에 대한 동기를 부여한다. 그리고 성장의 계단을 층층이 밟아가는 동안 맞닥뜨리게 될 문제들에 대해 다양한 해법을 구체적으로 제시한다. 존 맥스웰이 제시한 15가지 성장 법칙 중 중요하다고 판단되는 10가지 법칙을 다음과 같이 정리했다.

첫 번째, 의도성의 법칙이다. 꿈, 목표, 포부를 실현하려면 반드시 성장해야 한다. 성장하느냐 못하느냐에 미래가 걸렸다는 심정으로 어떻게든 성장 기회를 잡으려고 노력해야 한다. 왜냐하면 정말로 미래는 성장에 달려있기 때문이다. 가만히 있으면 성장은 일어나지 않는다. 성장하려면 성장을 추구해야 하고 의도적으로 성장 계획을 세워야 한다. 자신이 도달해야 하거나 도달하고 싶은 성장 지점을 정하고 무엇을 배울지 선택한 다음 스스로 정한 속도와 원칙에 맞게 나아가야 한다. 성장하겠다는 결단만큼 인생에 큰 영향을 끼친 것은 없을 것이다.

두 번째, 인지의 법칙이다. 성장하려면 자신이 누구인지, 강점과 약점이 무엇인지, 무엇에 관심이 있고 어떤 기회에 직면해 있는지 알아야 한다. 그런데 이런 부분들을 알려면 성장해야만 한다. 따라서 자신을 탐색하면서 성장의 길을 걸어갈 수밖에 없다. 스티븐 코비는 "자신에게 정말로 중요한 것이 무엇인지 알게 되면 인생이 완전히 바뀌고, 그 꿈을 항상 마음속에 간직할 경우 날마다 가장 중요한 존재로서 가장 중요한 것이 무엇인지 알고 살아가게 된다"고 했다. 자기 자신을 알고 자기가 하고 싶은 것이 무엇인지 아는 것은 인생에서 절대 놓쳐서는 안 될 중요한 일이다.

세 번째, 거울의 법칙이다. 스스로 가치를 낮게 평가하면 세상도 당신을 딱 그만큼의 가치로 평가한다. 잠재력을 발현하고 싶다면 스스로 자신의 가능성을 믿어야 한다. 기본적인 자기 신뢰, 자기 존중, 자기 확신이 결여되어 있으면 다른 어떤 자산을 소유하고 있더라도 자존감 결핍이 잠재력의 한계를 결정할 것이다. 스스로 격려하고 응원하고 자축하자. 축하하면 기운이 솟고 계속 나아갈 힘을 얻는다. 실수하면 성장의 대가를 치르고 있고 다음에는 더 잘할 수 있다고 믿자. 자신에게 긍정적인 말을 하는 것이 변화의 시작이다. 그리고 다른 사람의 가치를 높이자. 타인의 가치를 높이면 자신의 가치 역시 높아진다.

네 번째, 되돌아보기의 법칙이다. 경험은 최고의 스승이 아니다. 최고의 스승은 바로 '평가를 거친 경험'이다. 시간을 내서 경험을 되돌아보고 이해해야 배울 수 있다. 되돌아보면 경험이 지혜로 발전한다. 잠깐 멈춰 성장이 따라올 틈을 주면 인생이 더 나아진다. 자신이 경험한 것이 어떤 의미를 담고 있는지 더 잘 이해할 수 있고 변화를 일으키고 진로를 바로 잡을 수 있기 때문이다. 나아가 얻은 지혜로 다른 사람들에게 더 많은 영향력을 펼칠 수 있다. 잠깐 멈춰 생각하는 시간은 리더에게 매우 중요하다. 1분 동안 생각하는 것이 한 시간 동안 말하는 것보다 훨씬 가치 있을 수 있다. 사색에서 인생을 바꿀 힘이 나온다. 정말로 중요한 것과 그렇지 않은 것을 구별하는 안목도 기를 수 있다.

다섯 번째, 끈기의 법칙이다. 재능이나 기회가 많고 적음을 떠나 성장의 열쇠는 끈기이다. 성공하는 사람에게는 실패하는 사람들이 회피하는 일을 하는 습관이 있다. 성공하는 사람도 그런 일을 싫어하기는 마찬가지지만 그런 마음은 목적의 힘 앞에서 무릎을 꿇는다. 성공하는 모든 사람의 공통점은 1만 시간의 성실함이다. 목표를 달성하려고 노력할 때 단번에 꿈을 이룰 대승리, 홈런, 마법의 해법을 찾는 잘못을 저지른다. 성공은 대개 어마어마한 행운이 아니라 단순하고 점진적인 성장에서 비롯된다. 인생에서 가치 있는 것은 모두 오랫동안 땀을 흘려야만 얻을 수 있는 법이다. 남다르게 성장하고 성취하는 사람들은 하나같이 인내와 끈기의 힘을 보여주었다.

여섯 번째, 고통의 법칙이다. 모든 문제는 우리 자신을 보여준다. 우리는 고통스러운 경험을 할 때마다 자신을 좀 더 알게 된다. 자신이 착한 사람이라고 해서 인생이 호의적으로 대해주길 바라는 것은 채식주의자라고 해서 황소가 들이받지 않길 바라는 것과 같다. 고난과 시련은 원한다고 해서 피할 수 있는 것이 아니므로 현실적인 시각으로 바라보자. 고난과 시련에 맞닥뜨리면 변화와 성장의 기회가 코앞에 있다고 자신을 다독이자. 성공의 비결은 좋은 패를 쥐는 게 아니라 나쁜 패를 쥐고도 잘 활용하는 것이다. 성공한 사람들의 말을 들어보면 거의 다 고난의 시기가 성장에서 가장 중요한 순간이었다고 말한다.

일곱 번째, 사다리의 법칙이다. 가치관과 성품 교육이 중요한 이유는 성품을 얼마나 함양하느냐에 따라 그 사람이 성장하는 수준이 달라지기 때문이다. 성품이 갖춰져야 성장할 수 있고 성장해야만 내면의 가능성이 깨어난다. 사람들이 리더에게 가장 높이 평가하는 성품은 무엇일까? 바로 정직함이다. 정직함은 좋은 성품의 핵심으로 한 사람의 평판에 가장 큰 영향을 미친다. 성장해서 잠재력을 발현하고 싶다면 성공보다 성품에 더 신경 써야 한다. 성장이란 그저 지식을 쌓고 기술을 연마하는 게 아님을 깨달아야 한다. 성장은 인간으로서 역량을 키우는 것, 아무리 힘들어도 내면의 진실함을 지키는 것, 자신이 있고 싶은 곳이 아니라 자신이 있어야 할 곳에 있는 것 그리고 영혼을 성숙시키는 것이다.

여덟 번째, 내려놓음의 법칙이다. 사람들은 변화해서 더 좋은 것을 얻으려 하지 않고 더 나쁜 일이 생길까 두려워서 그냥 불만족스러운 삶의 방식을 고수한다. 밑바닥에 있을 때 우리는 밑져야 본전이라는 심정으로 갖고 있는 것을 어렵지 않게 내려놓는다. 또한 아주 의욕적으로 변화에 달려든다. 그러나 지위가 올라가면 기분이 내킬 때만 변화를 꾀한다. 지위가 좀 더 올라가면 딱히 변화의 필요성을 느끼지 못하고 현실에 안주한다. 이때는 아무것도 내려놓으려 하지 않는다. 갖고 있던 것을 내려놓을 줄 알아야 더 큰 성공을 거두고 잠재력을 발현할 수 있다. 성공하는 사람들은 내려놓기를 잘한다. 내려놓기를 성장의 기회로 보고 그 기회를 절대로 놓치지 않겠다는 능동적인 마음 자세가 필요하다. 꾸준히 배워 성장하고 싶다면 계속 내려놓아야 한다.

아홉 번째, 호기심의 법칙이다. 호기심이 있으면 평범함 너머에 있는 가능성을 생각하고 그것을 확장한다. 그리고 '왜'라는 물음은 상상력에 불을 지피고 우리를 발견으로 이끈다. 나아가 여기저기에 있는 기회의 문을 열어준다. 항상 이유를 궁금해 하고 답을 얻을 때까지 수없이 질문하자. '왜냐고 묻는다. 탐구한다. 그 결과를 분석한다. 다시 전 과정을 되풀이한다.' 이것은 꽤 괜찮은 성장 공식이다. 어떻게 해야 호기심을 기르고 성장을 촉진할 수 있을까? 가장 좋은 방법은 호기심이 많은 사람과 어울리는 것이다. 호기심이 많은 사람과 함께 있으면 호기심이 전염된다. 권태의 약은 호기심이다. 호기심에는 약도 없다. 호기심을 품으면 온 세상이 활짝 열려 아무런 제한 없이 배우고 자기계발을 할 수 있다.

열 번째, 공헌의 법칙이다. 내가 성장하면 다른 사람들에게도 성장의 문이 열린다. 내가 성장하면 다른 사람들의 삶에 공헌할 수 있다. 성장하는 사람은 다른 사람도 성장시킬 수 있기 때문이다. 다른 사람의 가치를 높이기 위해 의도적으로 노력하자. 다른 사람들이 원하는 것을 얻도록 충분히 도우면 우리도 원하는 것을 무엇이든 얻을 수 있다. 조건 없이 베푸는 삶이 자신은 물론 자신이 돕는 사람까지도 자유롭게 한다. 하루의 성공을 판단하는 기준은 무엇을 거둬들였느냐가 아니라 무엇을 뿌렸느냐이다. 하루뿐 아니라 평생도 그렇게 평가해야 한다. 우리가 다른 사람에게 줄 수 있는 가장 큰 선물은 자기 자신을 계발하는 것이다.

위에서 정리한 성장을 위한 10가지 법칙 중에서 핵심이 되는 2가지 요소는 '의도적으로 성장하는 것'과 '자신이 좋아하고 원하는 것을 찾는 것'이라고 생각한다.

의도적으로 성장하지 못하면 미래를 장담할 수 없는 게 오늘날 현실이다. 세상이 빠르게 변하고 있어 현재 상황에 적응하기도 벅차서 현상 유지만 해도 잘하는 거라고 생각할 수 있다. 하지만 세상이 끊임없이 변하고 발전하고 있는데 나 스스로 과거에 비해 조금도 달라지지 않는다면 그것은 당연히 도태되고 쇠락한다는 것을 의미한다. 가만히 있으면 도태되는 세상에서 성장과 발전은 원하든 원치 않든 삶의 필수조건이다. 변화하지 않으면 지금 있는 곳에 계속 머물 뿐 원하는 곳으로 갈 수 없다. 지금까지 가져본 적 없는 것을 갖고 싶다면 지금까지 해본 적 없는 것을 해야 한다. 그렇지 않으면 늘 같은 결과만 나올 뿐이다. 새로운 곳에 이르고 싶다면 새로운 길을 걸어야 한다.

대부분의 사람들이 성장의 중요성을 알지만 아래의 이유 때문에 실행을 미루다가 결국 흐지부지되고 만다.

① 눈앞에 닥친 현실 문제를 해결하는 데 급급해서
② 성장의 필요성을 느끼고 있지만 어떻게 해야 되는지 몰라서
③ 성장 추구에 따른 변화 및 실패에 대한 두려움 때문에

누구에게나 성장과 잠재력의 발현을 가로막는 장벽은 한두 개쯤 있기 마련이다. 자신 내면에 존재하는 성장의 장벽을 넘어서기 위해서는 자기 자신을 믿고 준비되지 않았어도 일단 움직여야 한다. 가만히 있으면 절대 앞으로 나아갈 수 없기 때문이다. 성장과 발전하려는 마음이 간절할수록 바로 지금 의도적으로 성장을 시작해야 한다. 지금해야 할 일을 미룰수록 실천하지 않을 가능성이 커지기 마련이다.

우연한 성장은 실패와 좌절을 경험하고 나서 교훈을 얻고 변화하는 것이다. 우연한 성장은 변화가 좋은 쪽으로 일어나기도 하고 나쁜쪽으로 일어나기도 한다. 존 맥스웰은 이런 식의 교훈은 집중하거나 소화하기 어렵다고 말한다. 기다리지 말고, 차라리 의도적으로 성장계획을 세우고, 무엇을 배울지 선택하고 목표를 정한 다음 스스로의

속도로 나아가는 의도적 성장을 추구할 것을 강조한다. 성장 의도를 더 빨리 가질수록 더 빨리 성장할 수 있다. 그는 의도적 성장 여행을 시작했으면 "얼마나 오래 걸릴까"가 아니라 "얼마나 멀리 갈 수 있을까"에 집중하라고 조언한다. 자기 성장과 발전은 평생 지속해야 할 일이기 때문이다.

자신이 좋아하고 원하는 일을 찾는 것은 성장과 발전에 있어 매우 중요한 부분이다. 우리는 인생의 삼분의 일을 자고, 깨어있는 삼분의 이 중에서 절반 이상을 일한다. 자기가 즐거워하지 않은 일을 하면서 살아야 한다면 인생의 절반 이상을 괴롭게 보낼 수밖에 없다. 살아가면서 해야 하는 중요한 일 중의 하나는 내가 좋아하고 즐거워하는 일, 또는 최소한 지겨울 것 같지 않은 그런 일을 찾는 것이다. 자신이 즐거운 마음으로 할 수 있는 일이 무엇인지 알기 위해서는 다양한 시도, 실패, 경험하면서 계속적으로 자신을 탐색하고 연구해 나가야 한다. 즉 흥미가 있는 다양한 일들을 시도하고 부딪치고 느껴야 한다. 이러한 과정에서 내가 좋아하는 일을 찾을 수 있다. 즐거워하고 원하는 일을 해야 자신의 가능성과 잠재력을 발현시킬 수 있고 자신을 성장시킬 수 있다. 자신이 즐거워하는 일을 해야 호기심을 유지할 수 있고, 힘든 상황 속에서도 끈기 있게 인내심을 가지고 앞으로 나아갈 수 있다. 자신이 즐거워하는 일을 해야 남의 의견에 개의치 않고 나의 길을 갈 수 있다. 흔히 인생에는 중요한 날이 두 번 있다고 한다. 하나는 자신이 태어난 날이다. 다른 하나는 자신이 즐거워하고 좋아하는 일을 발견한 날이다.

우리는 어제보다 더 나은 오늘을 만들기 위해 직장에서 열심히 일하고, 학교에서 열심히 공부하고, 헬스클럽을 다니고, 강연을 찾아 듣는다. 많은 사람이 성장을 위해 부단히 노력함에도 불구하고 그 결실을 보지 못할 때가 상당히 많다. 인생에서 성장하는 건 우리가 사춘기에 겪었던 급속한 성장과 달리 아주 더디게 찾아오기 때문이다. '내일이면 바뀔까?'는 기대감을 안고 있어도 현실은 크게 바뀌지 않는다. 그래서 사람들은 자주 좌절하고, '성공은 내게 찾아오지 않아'라는 부정적인 생각을 가지게 된다. 씨앗을 뿌리고 나면 아무 변화도 보이지 않는 시기가 있다. 그렇지만 씨앗은 땅 밑에서 계속 성장하고 있다. 하지만 사람들 대부분은 그 점을 생각하지 못하고 또한 그런 성장을 기대하지도 계획하지도 않는다. 그저 안달하다가 포기해버릴 뿐이다. 꾸준히 씨를 뿌리는 사람은 때가 되면 열매가 거둔다. 성공하는 사람이 언젠가 수확이 있을 줄 알고 씨 뿌리기에 열중하는 이유가 여기에 있다. 인생에서의 성장은 장기적인 관점에서 보아야 한다. 지금 우리가 책을 읽고, 글을 쓰고, 강연을 듣고, 작은 행동을 실천한다고 해서 내일 당장 지구가 반대로 도는 것이 아니듯, 인생에서의 성장은 더디기 마련이다. 하지만 결과가 바로 나오지 않더라고 꾸준히 성장하고 있기에 우리는 포기하지 않고 노력할 필요가 있다.

현대 첼로 연주의 아버지로 불리는 파블로 카살스와의 인터뷰를 위해 한 신문기자가 그의 집을 찾아갔다. 거실에는 카살스의 아내와 그의 제자가 조용히 차를 마시고 있었고 카살스는 첼로 연습 중이었다. 카살스의 연습이 끝나기를 기다리는 동안 기자는 카살스의 아내로부터 75세인 그가 젊은 시절과 마찬가지로 아직도 하루에 6시간씩 연습을 한다는 얘기를 듣고 깜짝 놀랐다. 카살스의 첼로 연습이 끝난 뒤 인터뷰를 하게 된 기자가 카살스에게 물었다. "카살스 씨는 현재 최고의 첼리스트라는 칭송을 받고 있습니다. 아직도 젊은 시절과 같이 하루에 6시간씩 연습하시는 이유는 무엇입니까?" 카살스의 대답이 인상적이다. "그러면 계속 성장과 발전을 하니까요." 나이가 들었다고 성장과 발전을 멈춰서는 안 된다. 평균 수명이 길어진 요즈음 자기변화를 통해 성장하다 보면 인생 후반기에 자신이 미처 깨닫지 못했던 가능성과 잠재력을 발견할 수 있다. 이를 통해 인생의 새로운 기회를 발견할 수 있다.

일상적인 습관을 바꾸고 자기변화를 통해 성장을 추구하자. 호기심을 유지하고 경험에서 배우며 시련과 역경에 굴하지 말고 인내심을 가지고 한 걸음씩 나아가자. 비록 성장과 발전이 성공을 보장하지 않더라고 성장하는 과정을 즐기자. 내가 삶을 마감할 즈음에 성장과 발전을 통해 궁극적으로 듣고 싶은 말은 벤저민 프랭클린이 말했던 다음의 문구이다.

"부자로 죽었다는 말보다 다른 사람에게 쓸모 있는 존재였다."

차별화 :
남과 다름이 사람들의 주목을 끈다

　　　　　나폴레온 힐은 전 세계 5천만 부 이상 판매된 세계적 베스트셀러 『성공의 법칙』의 저자이다. 그가 신출내기 기자 시절일 때 철강왕 앤드루 카네기로부터 "보통 사람들도 반드시 성공할 수 있는 성공의 법칙을 찾아달라"는 제의를 받았다. 그때부터 세계 최대 거부와 성공한 사람들의 성공법칙을 평생 연구했다. 그는 앤드루 카네기, 토머스 에디슨, 찰스 슈와프, 마셜 필드, 월터 크라이슬러 등 세계 최대 거부들의 경험에서 추출한 성공의 법칙을 밝혀내는데 성공했다. 그들의 공통점은 다른 사람에게는 없는 자신들만의 독특한 차별화가 있었다는 것이다. 그렇다면 차별화는 어떻게 만들어지는가? 그것은 자신의 생활 속에서 자신이 추구하는 바에 따라 나타나는 것이다. 간디는 이렇게 말했다. "제가 살아가는 모습을 잘 살펴보십시오. 제가 평소 어떻게 생활하고, 먹고, 앉고, 말하고, 행동하는지를. 저의 이 모든 것을 합한 것이 제 신앙입니다." 차별화는 자신만의 독특함 속에서 드러나는 것이다. 다른 사람을 베끼는 삶은 결코 우리를 성공으로 이끌 수 없다. 남과 다른 나 자신만의 독특한 차별성이야말로 정말 중요한 성공의 요소이다.

흔히들 뭐가 뭔지 잘 모르는 경우에는 남들이 하는 대로 따라만 가도 최소한 평균은 한다고 얘기를 한다. 그렇게 하는 것이 마음 편하고 모나지 않기 때문이다. 그런데 일단 평균에 속한 후에는 '내가 겨우 이 정도밖에 안 되나'싶어 불만이다. 남들보다 더 나아지고 튀고 싶어진다. 평균에서 남들보다 더 나아지기 위해 우리는 뭔가 시도를 하고 더 열심히 일하려 한다. 하지만 아무리 시도를 한다 할지라도 사람들이 외면한다면, 그 어떤 주목도 받지 못한다면 그것은 아무짝에도 쓸모없는 것이 된다. 그렇기 때문에 무조건 열심히 한다고 성공하는 것이 아니며, 무조건 시도한다고 해서 사람들의 주목을 받는 것은 아니다. 결국 사람들의 주목을 받는 것은 남과 다른 것, 차별화된 것에 한정된다고 할 수 있다. 남과 다르다는 것은 그것을 소유하고 있는 사람에게는 가장 큰 경쟁력이며, 주위를 사로잡고, 주목하게 할 수 있는 최고의 영향력이다.

애플의 슬로건은 "다르게 생각하라(Think Different)"이다. 애플 초창기에 스티브 잡스가 생각했던 경쟁 상대는 IBM이었다. 당시 IBM은 대형 컴퓨터를 만들고 있었고 주요 고객은 큰 조직이나 회사였다. 하지만 잡스는 IBM과는 다르게 일부 기업이나 사람들이 아니라 모든 기업과 개인들이 사용할 수 있는 컴퓨터를 목표로 삼았다. 이렇게 다르게 생각하고 목표를 잡음으로서 일반 사람들도 컴퓨터를 사용할 수 있게 만든 애플 II 컴퓨터와 그래픽 유저 인터페이스를 보급시킨 매킨토시가 나올 수 있었다. 당시 IBM의 슬로건은 '생각하라(Think)'였다. 잡스는 IBM과 같은 생각을 해서는 승리할 수 없음을 직감했다.

애플의 슬로건을 고민하던 잡스는 결국 경쟁 상대인 IBM을 이기기 위해 IBM과 다르게 생각하고 행동하기로 결심했다. 그래서 만든 슬로건이 "다르게 생각하라(Think Different)"였다. 1997년 제작된 애플의 'Think Different' 텔레비전 광고를 보면 광고에 아인슈타인, 마터 루터킹 목사, 간디, 알리, 피카소, 밥 딜런 등이 등장한다. 광고 나레이션은 "여기 미친 사람들이 있습니다. 부적응자, 혁명가, 문제아. 네모난 구멍에 끼워진 동그란 마개처럼 이 사회에 맞지 않는 사람들. 하지만 이들은 사물을 다르게 봅니다. 그들은 규칙을 좋아하지 않습니다. 그들은 현상 유지도 원하지 않습니다. 우리는 그들을 찬양할 수도 있고, 그들을 부정하거나, 추켜올리거나, 비난할 수도 있습니다. 하지만 할 수 없는 것이 하나 있습니다. 결코 그들을 무시할 수 없다는 사실입니다. 그들은 세상을 바꾸기 때문입니다. 그들은 인류를 진보시켜 왔습니다. 어떤 사람들은 그들을 미친 것으로 보지만 우리는 그들에게서 천재성을 봅니다. 자기들이 세상을 바꿀 수 있다고 생각할 정도로 미친 사람들이야말로 세상을 바꾸는 사람들이기 때문입니다" 라고 나온다. 그리고 마지막에 "다르게 생각하라(Think Different)" 문구가 나온다. 이 광고를 보면 애플이 추구하는 "Think Different"의 방향성을 충분히 잘 알 수 있다. 스티브 잡스는 항상 생각에 한계를 두지 말라고 직원들에게 강조하고 그렇게 행동하도록 주문했다. 애플을 시작하면서 IBM과 다르게 생각하고 행동한 결과, 지금의 애플은 IBM을 능가하는 회사로 성장했다. 그때 만들었던 정체성과 방향성이 지금 그들을 다르게 만들어주었다. 대부분 하는 대로 따라 하다 가는 절대 그들을 넘어설 수 없다. 진정으로 창의적이 되려면 남들이 생각하는 것과 다르게 생각하고 다르게 실행해야 한다.

샤오미는 2013년에는 애플, 2014년에는 삼성전자를 꺾으며 중국에서 제일 잘 나가는 스마트폰 제조업체 중의 하나다. 스마트폰으로 시작했지만 샤오미는 단순한 스마트폰 제조업체가 아니다. 스마트폰뿐만 아니라 다양한 하드웨어 기기들을 생산하고 있다. 예컨대 샤오미는 스마트폰의 성공 이후 태블릿 PC인 '미 패드', 스마트밴드인 '미 밴드', UHD TV '미 TV', 공기청정기 '미 에어' 등을 선보이며 세계 시장을 공략하고 있다. 세계 시장을 공략하는 샤오미의 가장 큰 차별화된 무기는 가격 대비 성능이 좋은 가성비價性比이다. 그래서 샤오미를 일러 '가성비 깡패'라는 말까지 등장했을 정도다. 샤오미 창업자 레이쥔은 후발 업체로서 선발업체를 따라잡기 위한 차별화 전략으로 하드웨어로 돈을 벌지 않고 거의 원가 수준에 가까운 가격으로 스마트폰을 판매하는 것으로 정했다. 레이쥔은 값싼 프리미엄 스마트폰, 즉 가격 대비 성능이 뛰어난 제품을 앞세운 전략만이 차별화를 통해 시장을 선점할 수 있는 유일한 방법이라고 생각했다. 레이쥔은 뛰어난 가성비 달성을 위해 두 가지 방법을 강구했다. 첫 번째는 스마트폰에서 이윤을 포기하는 대신에 주변기기와 액세서리의 판매를 통해 이윤을 내는 것이었다. 두 번째는 온라인에서 전자상거래방식으로 제품을 판매함으로써 오프라인 매장과 유통 채널의 운영 비중을 줄이는 것이었다. 온라인에서만 판매함으로써 중간 단계의 유통 마진과 매장 비용을 없애고, 저렴한 가격에 높은 품질과 서비스를 자랑하는 프리미엄 스마트폰을 제공할 수 있었다. 샤오미가 가성비가 뛰어난 스마트폰을 만들 수 있었던 가장 중요한 이유는 레이쥔이 인터넷 시대에서 유일하게 패배하지 않는 사업은 바로 돈 못 버는 일을 감히 하는 것이라고 굳게 믿었기 때문이었다. 실제로 그는 애초부터 샤오미가 3~5년 안에 수익을 낼 것이라는 기대를 아예 하지 않았다. 3~5년 동안 이윤을 생각하지 않는다는 것은 사실 더욱 효과적인 공격을 위해 한발 물러서는 전략적 방안이었다. 그는 사업 초기에 충분한 고객 확보와 함께 팬덤을 확대시켜 나가면 나중에는 단말기에서 콘텐츠와 서비스를 판매함으로써 수익을 얻을 수 있을 것으로 확신했다.

샤오미만의 차별화된 성공 요인을 살펴볼 때 빠뜨릴 수 없는 것이 샤오미의 팬덤인 '미펀'이다. 미펀은 샤오미의 열렬한 추종자들을 일컫는 말이다. 샤오미식 경제를 '미펀 경제' '팬덤 경제'라고 하는 이유도 여기에 있다. 2015년 기준으로 미펀은 1,000만 명에 달한다. 레이쥔 스스로 미펀은 '샤오미의 인터넷 DNA'이자, "미펀이 있기에 샤오미가 있다"고 자랑스럽게 말한다. 이러한 팬클럽 경제는 인터넷 시대의 새로운 마케팅 방식이자 브랜드 구축 경로로 주목받았고 기업 가치를 한 단계 향상시켰다. 바로 이것이 샤오미 현상이 동종업계에 주는 가장 큰 깨달음이다. 샤오미는 전통적인 광고나 홍보방식을 거의 포기하고 소위 SNS 공간, 즉 '게시판+웨이보(중국판 트위터)+웨이신(중국판 카톡)+QQ(중국 검색 포털)'을 샤오미의 새로운 마케팅 전략의 진지로 삼았다. 실제로 이런 마케팅을 통해 샤오미는 뛰어난 지명도와 입소문을 얻게 됐다. 결국 샤오미는 미펀 문화를 통해 폭넓고 강력한 우군을 얻은 것이다. '미펀이 있기에 샤오미가 있다'라는 구호 역시 급속도로 팽창된 미펀들의 외침이라 할 수 있다. 미펀들의 행동이 샤오미의 모든 마케팅 활동을 주도하고 있는 셈이다.

스웨덴의 다국적 기업인 이케아(IKEA)는 생존경쟁이 치열한 가구 업계에서 디자인, 소재, 가격 등의 끊임없는 개선과 차별화를 통해 성장과 발전을 해 나가고 있다. 이케아의 핵심 전략은 '놀라울 만치 저렴하고, 멋진 디자인과 훌륭한 기능을 갖춘 상품'이면서 '경쟁사와 가격차를 벌여 소비자에게 이득이 되는 상품'을 개발해서 시장을 확대하는 것이다. 규모의 경제가 가진 이점을 활용한 대량 생산과 대량 판매가 이케아의 장기이며 실제로도 인기 상품들은 몇 번씩 가격 인하를 단행하고 있다. 하나가 팔릴 때 얼마나 더 많이 남을 것인가를 생각하지 않고, 압도적으로 많은 판매량을 통해 얻을 수 있는 전체적인 이윤을 생각하는 것이다. 대량 판매로 '제조 비용이 낮아진다 → 가격을 다시 낮춘다 → 더욱 인기 있는 상품으로 잘 팔린다'는 필승 차별화 공식을 만들어 가고 있다.

이케아 설립자 잉그바르 캄프라드는 품질 좋은 가구를 낮은 가격에 공급할 수 있는 방법을 끊임없이 고민했다. 그리고 다양한 원가 절감 아이디어를 실천에 옮겨 경쟁사들보다 가격이 20%나 저렴하지만 품질이 우수한 차별화된 가구를 지속적으로 공급할 수 있었다. 이케아가 가성비가 뛰어난 차별화된 제품을 공급할 수 있었던 원동력은 내부의 철저한 비용 절감 의식과 플랫 팩이라는 판매 방식이 자리잡고 있다.

캄프라드는 수도승처럼 사는 인색함을 최고의 덕목으로 여긴다. 그는 세계에서 열 손가락 안에 드는 부호이지만 세계에서 둘째가라면 서러워할 자린고비다. 15년이나 된 낡은 중고 자동차를 몰고 다니는 것을 절대 부끄럽게 생각하지 않는다. 비행기도 가급적 싼 이코노미석을 이용하고 비즈니스석이나 퍼스트클래스석과 같은 비싼 자리에는 앉아본 적이 없다. 사무실에서는 작업복 셔츠를 입고, 냅킨을 메모지로 활용하고, 서류도 비닐 봉투에 넣고 다닌다. 쇼핑도 대형슈퍼마켓에서 주말이나 특별할인 행사가 있을 때까지 기다렸다가 필요한 물건을 구입한다. 그는 "사람들이 나를 인색하다고 말하지만 나는 전혀 신경쓰지 않는다. 절약이라는 원칙을 지키는 것이 무엇보다 중요하기 때문이다. 나는 직원들이 제대로 절약하도록 만들기 위해 나 자신부터 솔선수범한다"고 말한다. 그의 자린고비는 이케아 경영방식에도 고스란히 녹아있다. 이케아 직원들은 해외출장 시에는 예외 없이 이코노미석과 저렴한 호텔을 이용하고 반드시 이면지를 사용한다. 그는 "이렇게 절약해야 고객에게 한 푼이라도 싸게 팔 수 있다. 경비절감은 원가절감으로 이어지고, 원가절감은 제품의 가격을 낮출 수 있다"라고 말하여 직원들에게 절약 정신을 강조한다. 낭비와 과소비를 극단적으로 싫어하는 캄프라드 덕분에 이케아는 업계에서 가장 군살 없는 조직이 되었다.

이케아하면 떠오르는 것이 플랫 팩(Flat Pack, 납작한 상자에 부품을 담아 팔고 이를 소비자가 직접 조립하는 방식) 포장이다. 1951년 이케아의 한 디자이너가 탁자와 씨름을 벌였다. 차 트렁크에 탁자가 들어가지 않아 애를 먹었던 것이다. 그는 결국 네 다리를 떼어낸 채로 차에 실었고 집에 도착해서 탁자를 다시 조립했다. 캄프라드는 여기서 힌트를 얻어 플랫 팩 방식의 가구를 팔기 시작했다. 플랫 팩 방식으로 제품의 부피를 크게 줄일 수 있었고 이를 통해 운송비와 창고비를 절약할 수 있었다. 이는 바로 제품 가격 인하로 이어졌다. 플랫 팩 방식은 혁명에 가까웠다. 엄밀히 말하면 소비자에 대한 서비스를 포기한 것이나 다름없었다. 제품 가격을 낮추기 위해 고안한 플랫 팩은 이케아가 말하는 '남들과 다른 선택을 하는 용기'라는 차별화 발상에서 탄생한 셈이다. 이케아는 고객이 직접 가구를 고르고, 그것을 집으로 가져가, 알아서 조립하도록 만드는 셀프서비스 시스템 도입으로 인건비를 낮추었다. 쇼핑백도 공짜가 아니다. 재활용할 수 있는 제품을 유료로 판매한다. 이처럼 불필요한 낭비를 제거하고 단순하게 만들면 만들수록 더 저렴한 가격을 실현할 수 있다. 이케아의 모든 것이 비용 절감의 의식 아래 이루어지므로 정성스런 포장과 친절한 서비스에 익숙한 고객이라면 조금은 불편하거나 불친절하게 느낄 수도 있다. 그러나 그것마저도 이케아에서만 가능한 독특한 체험으로 여겨지게끔 하는 것이 이케아의 장점이다. 점원이 판촉하지 않고 간섭하지 않는 매장 분위기는 고객으로 하여금 편안함을 느끼게 한다. 운송과 조립은 불편하지만 저렴한 가격을 감안하면 감당할 만한 것이다. 이케아는 이처럼 내부의 철저한 비용 절감 의식에 고객마저도 동의하게 만드는 차별화된 판매 전략을 실행해 가고 있다.

오늘날과 같이 급변하는 환경에서 기업 경영의 가장 중요한 핵심 요소 중 하나는 바로 '다르게 생각하기' '차별화' '창의적 뒤집기'이다. '단순한 창의력'이 아니라 남들이 이제껏 해온 것과는 다른 시도 또는 반대되는 시도를 통해 그들이 보지 못한 새로운 것을 발견하고 찾아내는 것이다. 역발상 마케팅이 바로 이러한 창의적 뒤집기를 바탕으로 소비자의 허를 찌르는 차별화 마케팅이라 할 수 있다. 남이 하지 않는 창의력 뒤집기로 차별화를 통해 얼어붙은 소비 심리를 녹이는 것이다. 단순히 새로운 생각을 했다고 해서 모두 역발상인 것은 아니다. 즉 완전한 무에서 유를 창조하는 최초의 발명을 역발상이라고 보는 것은 곤란하다. 역발상은 이미 존재하는 생각, 관념, 상식에 대해 다르게, 거꾸로, 바꾸어, 거슬러 생각하는 것이다. 새로운 생각을 한다는 것은 발상에 해당하며, 새롭고 차별화된 생각 중에서도 기존의 상식이나 관념을 깨는 '역'이 들어가야 '역발상'이 되는 것이다. 'A면 B다'라는 자동적 생각이 'A인데도 B가 아닐 수 있고, A면 C가 될 수도 있다'는 생각으로 바뀌는 것이 역발상이다. 등식으로 표현하면 'A=B → A≠B & A=C'로 쓸 수 있다. 역발상은 기존의 상식을 거스르는 새로운 차별화된 생각이다. 상식이라는 덫에서 벗어나야 한다. 습관은 역발상의 최대의 적이다. 주변의 고정관념을 과감히 깨트려야 한다. 역발상 마케팅은 고객의 잠재 니즈를 충족시키는 것이다.

역발상 마케팅의 예를 들면 자일리톨 패키지의 경우 껌이 약병 같은 통에 들어가 있다. 기존 상식으로는 껌은 종이 포장지에 싸여있어야 한다. 하지만 자일리톨은 이런 상식을 깨고 발상의 전환을 통해 껌도 약병에 담을 수 있다는 것을 보여주었고 이를 통해 위생적이고 안전한 느낌까지 전달하면서 히트쳤다. 삼각 김밥도 마찬가지다. 삼각 김밥이 나오기 전까지 김밥은 동그란 말이 형태로만 존재했다. 김밥이 삼각형 모양일 수도 있다는 역발상을 통해 삼각 김밥이 나왔고 현재 편의점에서 팔리는 대부분 김밥은 먹고 휴대하기 편한 삼각 김밥이다. 추운 러시아에서 에어컨을 판다는 것은 우스운 얘기다. 하지만 LG전자의 글로벌 역발상을 통해 추운 러시아에서 에어컨을 팔고 있다. 알고 보면 러시아에도 여름이 있고 러시아인들은 더위를 잘 견디지 못한다. 일반적으로 운동화는 걷거나 운동할 때 신는다. 하지만 힐리스는 역발상을 통해 신발 밑에 바퀴를 달아 운동화를 신고 걷다가도 필요하면 인라인스케이트처럼 탈 수 있다. 1988년 심리학자 로저 아담스의 '걸을 수도 있고 스케이팅도 탈 수 있는 무언가?'라는 기발한 발상에서 시작해서 바퀴 달린 신발인 힐리스가 탄생했다. 에버랜드는 레인마케팅 역발상을 통해 날씨의 불리함을 역이용했다. 비가 오면 오늘 장사는 망쳤다고 생각한다. 하지만 에버랜드는 비가 오면 놀이 시설 무료 이용권 제공 등 오히려 적극적 마케팅을 펼친다. 복싱은 3D 스포츠로 기피하고 한물갔다고 생각했다. 하지만 복싱 레저화 역발상으로 날개를 달았다. 복싱과 에어로빅 결합, 복싱 다이어트 등 레저가 가미되면서 훌륭한 생활 스포츠로 재탄생하고 있다.

최초의 저가 항공사로 잘 알려진 사우스웨스트 항공은 1971년 4대의 비행기로 운행을 시작해서 30년도 채 되지 않은 기간에 대형 항공사로 발돋움했다. 미국 내 승객 수로는 가장 큰 항공사이며, 국내외 승객 수 기준으로는 세계에서 세 번째로 큰 항공사이다. 사우스웨스트 항공사가 빠르게 성장할 수 있었던 원동력은 '저가 항공'과 '근거리 운항'이라는 차별화된 전략으로 새로운 시장을 개척했기 때문이다. 먹든 안 먹든 비행기 내에서의 기내식은 기본이라는 생각을 탈피해서 과감히 기내식을 중단했다. 억지로 먹는 기내식이라면 없애고 요금을 내리는 것이 낫다고 판단했기 때문이다. 아울러 국제선을 취항해야 진정한 항공사라는 인식을 깨고 국내 노선만 뛰었다. 고효율의 국내선 취항으로 내실 있는 항공사가 더 낫다고 판단했기 때문이다.

위에서의 다양한 예에서 알 수 있듯이 역발상을 통해 다양한 차별화 요소를 발견할 수 있다. 그리고 이러한 차별화 요소를 제품과 서비스에 접목시키면 성공 가능성을 높일 수 있다. 이러한 역발상을 통한 차별화가 성공 가능성을 높이는 이유는 다음과 같이 볼 수 있다.

① 경쟁이 없는 곳으로의 진출에 따른 선발 진입 효과
② 소비자의 새로운 욕구를 충족시키는 긍정적 일탈 행위
③ 소비자의 시선과 주목을 이끌어내는 센세이션 효과

우리가 해야 하는 중요한 일은 남들과의 경쟁에서 승리하라는 것이 아니라 남과 달라야 한다는 것, 즉 자신을 충분히 차별화시켜 세상과 사람들이 자신을 주목하게 만드는 것이다. 즉 다르지 않으면 그 어떤 성공도 얻을 수 없다. 애플의 아이폰이 세상의 주목을 받고, 스마트폰 열풍을 일으키며 크게 성공하게 된 이유는 아이폰이 기존에 이미 출시된 다른 경쟁사들의 스마트폰과 전혀 달랐기 때문이다. 아이폰만의 남다름이 최고의 차별화 전략이 되었고, 경쟁력이 되었던 것이다. 도올 김용옥 선생이 인기를 누리고 사람들이 열광하는 이유는 그가 흔하게 볼 수 있는 전형적인 대학교수가 아니라, 독특하고 차별화된 이미지로 사람들에게 어필하기 때문이다. 흔하게 볼 수 있는 평범한 제품, 평범한 교수, 평범한 사람에게는 우리는 끌리지 않는다. 그 이유는 차별화된 독특함이 없기 때문이다. 남과 다르다는 것만으로도

남의 시선을 끌 수 있다. 기업들이 제품의 디자인에 많은 투자와 시간을 쏟는 이유는 디자인이 남다르면 고객들의 시선을 끌 수 있기 때문이다. 남의 시선을 끈다는 것은 또 다른 하나의 힘이며, 능력이다.

어떻게 차별화를 할 것인가? 남과 달라지기 위해 제일 중요한 것은 위에서 계속 언급했듯이 '남과 다르게 생각하는 것'이다. 남과 다르게 생각할 수 있는 좋은 방법은 '무엇을 보든 간에 그것을 태어나서 맨 처음 본다는 생각을 가지고 처음 본 것처럼 느끼는 것'이다. 이것은 우리가 익숙해져 너무나 당연한 것으로 여기는 대상을 의도적으로 다른 각도에서 낯설게 보는 것과 같은 의미이다. 진정한 발견 행위는 새로운 땅을 발견하는 것이 아니라 새로운 눈으로 사물을 보는 것이다. 남과 다른 새로운 생각을 하기 위해서는 새로운 눈과 관점으로 사물을 봐야 한다. 그것이 남과 다르게 생각하는 가장 좋은 방법이다. 자신에게 분명한 차별화가 없다면, 호기심을 가지고 새로움을 즐겨보라. 그리고 시도하고 실패하고 그 속에서 배워라. 그것이 빨리 성공하는 길이다.

개인에게 있어 최고의 경쟁력은 자신만이 갖고 있는 특성과 능력이다. 우리가 살아가면서 반드시 해야 하는 중요한 일이지만 많은 사람이 그렇게 하지 못하는 것이 있다. 그것은 바로 자기 자신을 찾는 일이다. 자기 자신을 찾는다는 것은 자신만이 가진 유일한 무엇인가를 찾아내서 그것을 계속 발전시켜 나가는 것이다. 인생의 과업인 자기 자신을 찾아야 남들과 차별화할 수 있고, 자신만의 길을 통해 사회와 주변에 공헌할 수 있게 된다. 우리가 살면서 남들과 똑같이, 남들이 갔던 길을 그대로 따라간다면 우리의 존재 이유는 희석되고 말 것이다. 그리고 남들조차 그러한 삶을 산다면 이 세상은 더 이상 발전하지 못할 것이다. 무엇보다 단조롭고 재미없는 세상이 되고 말 것이다.

우리의 경쟁력이자 영향력의 원천은 남다름이며 자기 자신을 찾는 것이다. 우리의 경쟁력과 영향력을 키우고 발휘하는 유일한 길은 우리 스스로가 지닌 유일한 특성을 발견하고, 그것을 더욱 더 강화시켜 나가는 것이다. 우리가 자기 자신을 찾는 데 있어 부딪치는 가장 큰 방해물은 변화에 대한 두려움 때문에 스스로 약해지고 포기하려는 마음이다. 그리고 불확실한 미래보다는 현실적인 안정을 추구하려는 나약한 마음이다. 그러한 마음 중에서도 가장 최악의 마음은 스스로 자신의 차별화된 능력이나 독특한 특성이 없다고 여기는 마음이다. 이러한 마음이 큰 사람일수록 그 어떤 경쟁력과 영향력을 발휘해 낼 수 없다. 진정한 경쟁력은 남과 다른 차별화된 것을 가진 사람에게만 존재한다. 우리는 남들과 다른 자신만의 유일한 특성이 최고의 경쟁력임을 깨달아야 한다.

성실하고 정직하게 사는 사람들이 넉넉하게 살지 못하는 이유는 너무나 많은 사람이 비슷한 삶을 살고, 비슷한 일을 하기 때문이다. 자본주의 사회를 움직이는 본질은 남과 다른 무엇을 더 대우해 준다는 것임을 잊지 말아야 한다.

최고의 삶이란 완벽한 인간이 된다거나 남들과 같아진다거나 남들보다 더 성공한다는 것을 의미하지 않는다. 바로 자기 자신이 된다는 것이다. 자기 자신이 된다는 것은 남과 다른 자신만의 삶을 살아간다는 것이다. 자신만의 삶을 살아간다는 것은 부, 명예, 사회적 지위, 학벌 따위와는 전혀 상관이 없다. 남들과의 경쟁에서 승리한다는 것을 의미하는 것도 아니다. 그것은 남과 차별화되는 자신을 만들어 간다는 것이다.

당신에게 '남과 다른 무엇', 즉 '차이'가 있는가? 없다면 그것을 만들어야 하고, 발견해야 한다. 있다면 그것을 더 강력한 것으로 발전시켜야 한다. 사람들이 바로 그 '차이'에 끌리게 되고, 그 '차이'에 기꺼이 지갑을 열고, 그 '차이'에 박수를 치고 열광하기 때문이다.

협상력 :
어떻게 원하는 것을 얻을 것인가?

원하는 것을 얻고자 하는 것은 인간의 기본적인 욕망이다. 우리는 언제나 원하는 것을 이왕이면 더 많이 얻고 싶어한다. 그 대상은 반드시 돈과 같은 물질적인 것에만 국한되지 않는다. 음식, 시간, 여행, 운동, 휴식 등 원하는 것을 더 많이 얻을수록 더 만족스러운 기분을 느낀다. 원하는 것을 얻기 위해 우리는 설득, 흥정, 협상 등의 활동을 한다. 입장이 다른 두 사람 또는 여러 사람이 서로 주고받으면서 무엇을 해결하기 위해 협의하는 것이 협상이다. 협상은 사람 사이에서 이루어지는 상호작용이다. 친구들끼리 약속시간을 정하는 일상적인 일에서부터 사업가들이 맺는 계약까지 협상이 이루어지는 상황은 다양하다. 어쩌면 우리는 항상 협상 속에서 살고 있다고 해도 과언이 아니다. 오직 협상을 잘하거나 못하는 상황이 벌어질 뿐이다.

협상에 본격적으로 관심을 갖게 된 것은 이란 주재원 생활할 때였다. 나는 해외 마케팅 부서에서 일하고 있다. 주요 업무는 해외 법인의 매출 확대를 위해 다양한 지원 활동을 수행하는 것이다. 맡은 지역과 국가로 해외 출장을 많이 다니고 현지에서 다양한 마케팅 및 영업 지원 활동을 하다 보면 보통 그 지역 전문가가 된다. 해외 법인에는 제품별 해외 주재원이 있으며 임기는 보통 4년이다. 임기 4년을 채우면 이전 주재원은 본사로 들어오고 새로운 담당자가 교대로 해외로 나간다. 이란 주재원은 2009년에 나갔다. 당시 나는 중동 지역에서 이란을 맡고 있었고 전임 주재원의 임기가 끝나서 교대로 나가게 됐다. 해외 주재원으로 나가게 되면 새롭고 낯선 환경에 빨리 적응하는 것이 중요하다. 해외 법인의 제일 중요한 목표는 매출을 확대하고 이익을 늘리는 것이다. 낯선 환경에 빨리 적응하고 새로운 사람들과 친해져야 주재원 교체에 따른 판매 기회 손실을 최소화하고, 매출 확대를 지속적으로 진행할 수 있다. 매출 협의는 보통 제품을 구매하는 거래선을 직접 만나서 한다. 거래선과 모델별 판매 현황, 시장 경쟁 상황, 프로모션 계획 등 매출에 관련된 주요 사항들을 점검하고 향후 판매 규모를 결정한다. 이란은 국내법상 판매법인을 설립할 수가 없어 디스트리뷰터(Distributor)라는 거래선에게 수입 통관 및 제품 유통을 맡긴다. 제품 공급 흐름은 한국에서 디스트리뷰터인 이란 거래선으로 제품을 선적하면 디스트리뷰터가 수입 통관 후 현지 도매상과 소매상에게 물건을 공급하는 구조다. 모든 매출은 디스트리뷰터와의 협의와 협상을 통해 이루어진다. 이란 거래선은 미국, 유럽과 같은 선진국처럼 잘 조직화되고 체계화된 전문 유통 채널이 아니다. 신뢰와 신용을 바탕으로 비지니스를 하기 보다는 돈과 이익을 좇는 장사치에 가깝다. 온갖 다양한 이유를 갖다 붙여 최대한 싸게 제품을 구매하고, 관세를 회피하기 위해 밀수도 진행하고, 수입 가격을 최대한 낮게 세관에 허위 신고하여 절세하는 것도 서슴지 않았다. 시장 바닥에서 돈과 이익을 좇아 몇십 년간 장사해온 거래선이다. 가격 협상을 하면 성능, 품질, 디자인, 가치를 우선적으로 고려하기 보다는 먼저 나오는 이야기가 비싸다며 깎아 달라고 요구했다. 제품의 가치와 품질을 고려하여 제대로 가격을 매기기보다는 온갖 안 되는 이유를 갖다붙여 가격을 깎거나 안되면 다른 보상을 받아내려 했다. 선진국 거래선처럼 제품의 다양한 측면을 분석해서 가격을 매기기보다는 흥정과 기술적 밀당에 의해 가격이 결정되기 십상이었다.

중동 지역의 경우 페르시아 상인의 후손답게 물건을 사고팔 때 흥정에 능하다. 시장에서 조그마한 생필품 잡화를 구매하더라도 밀당은 기본이다. 물건에 가격표가 붙어 있더라도 반드시 흥정을 시도한다. 관광객들이 기념품 가게에서 기념품을 구매할 때 밀당을 잘하면 처음 부른 가격의 30%~50% 선에서 마음에 드는 물건을 구매할 수 있다. 물론 무작정 가격을 깎아 달라고 하면 안 되고 기술적으로 밀당을 해야 한다. 이란인들이 시장에서 기분 좋게 웃으면서 농담을 하고, 옛 속담들을 인용하고, 신의 가호도 빌면서 흥정을 하는 것을 지켜보면, 흥정과 밀당이 생활 그 자체인 것처럼 보인다. 이러한 습관이 배여 있어서 가격 협상을 하면 제품의 품질, 가치를 우선시 하기 보다는 가격을 깎으려는 흥정을 먼저 시도한다. 이런 그들의 습성을 알고 난 후부터는 가격 제안을 할 때 할인 폭을 염두에 두고 가격을 제시하게 되었다.

이란에서 업무적으로는 거래선, 개인적으로는 시장 상인들을 계속 접하면서 내가 이란 거래선과 상인들을 잘 모르고 있다는 것을 느꼈다. 그들과 제대로 협상하기 위해서는 협상 능력을 향상시킬 필요가 있다는 것을 깨달았다. 협상력 향상에 도움이 되는 책을 찾던 중에 스튜어트 다이아몬드 교수가 쓴 『어떻게 원하는 것을 얻는가』라는 책을 알게 되었다. 13년 연속 와튼스쿨의 최고 인기 강의를 책으로 엮었는데 협상력 분야에서 최고의 책이라 생각한다. 기존의 협상법들은 합리적으로 설득하고 강하게 밀어붙이며 필요하면 파업과 같은 극단적인 방법을 쓰는 것을 강조한다. 하지만 현실에서 이와 같은 방법들이 제대로 효력을 발휘하는 경우는 드물다. 다이아몬드 교수는 진짜 협상법은 명확한 목표를 가지고 상대방의 마음을 이해하며 상대의 머릿속 그림을 그리고 상황에 맞게 점진적으로 접근하는 대처 방법을 제시한다. 다이아몬드 교수는 '어떻게 협상을 할 것인가'에 대한 효과적인 협상 방법으로 다음과 같이 12가지 전략을 제시한다.

1. 목표에 집중하라

협상을 통해서 얻고자 하는 것은 바로 목표 달성이다. 갖가지 화술과 기술은 목표를 이루기 위한 수단에 불과하며 협상 중도에 목표를 잊은 채 협상 자체에 몰두해서는 안 된다. 협상에 들어가기 전에 목표를 적고 계속 상기하라. 목표는 구체적일수록 좋다. 뚜렷한 목표 없이 협상에 임하는 것은 목적지를 정하지 않고 운전대를 잡는 것과 같다. 목표를 달성하기 전까지는 그 과정이 아무리 지루하더라도 절대로 주의를 흐뜨려서는 안 된다. 목표를 달성하려면 혼자만 잘되고자 하는 게 아니라 상대방도 잘되도록 도와주어야 한다. 상대방이 어떤 혜택도 얻지 못하면 합의를 이루기 어렵다. 원하는 것을 얻기 위해서는 상대방도 합리적인 수준에서 원하는 것을 얻게 해줘야 한다.

2. 상대의 머릿속 그림을 그려라

협상할 때 가장 먼저 할 일은 오늘 상대방의 기분이 어떤지, 지금 이 상황을 어떻게 인식하고 있는지, 그리고 머릿속으로 어떤 그림을 그리고 있는지 파악하는 일이다. 상대방의 생각, 감성, 니즈를 파악하고 그들이 어떤 식으로 약속을 하는지, 상대방이 어떤 부분에서 신뢰를 느끼는지도 알아야 한다. 상대가 생각하는 머릿속 그림을 그려보는 것은 원하는 것을 얻는 협상의 지름길이다. 그날 상대방의 머릿속 그림을 그리기 전에는 본격적인 협상을 시작하지 마라. 진짜 효과적인 협상법은 상대방에게 초점을 맞추는 것이다. 협상에서 가장 덜 중요한 사람은 당신이며 가장 중요한 사람은 바로 상대방이라는 점을 명심하라.

3. 감정에 신경 써라

감정적 행동은 효율적인 협상의 걸림돌이자 뛰어난 협상의 적이다. 감정적으로 변한 사람들은 남의 말을 듣지 않고 또한 목표 의식을 잃어버린다. 반면 공감은 상대방의 감정에 초점을 맞추어 인간적으로 이해하는 것이므로 협상에 도움이 된다. 즉, 나에게 집중하는 감정은 협상에 방해되며 상대에게 집중하는 공감은 협상에 도움이 된다. 협상에서 감정을 다스리기 위해서는 자신과 상대방의 감정을 객관적으로 파악할 필요가 있다. 무엇보다 중요한 것은 상대방에 대한 기대치를 낮추어야 한다. 그러면 상대방이 무례하거나 불공정한 태도를 보여도 쉽게 흥분하지 않게 된다. 반대로 상대방이 기대치를 뛰어넘는 모습을 보이면 상대적으로 기분이 좋아져 협상이 훨씬 부드럽게 진행된다.

4. 가치가 다른 대상을 교환하라

같은 대상이라도 사람마다 매기는 가치는 다르다. 양측의 가치 기준을 확인하여 한쪽은 중요하게 생각하고 다른 한쪽은 중요하게 생각하지 않는 대상을 서로 교환하면 모두 만족스러운 협상을 이룰 수 있다. 가치가 다른 대상을 교환하는 일이 협상에서 결정적인 효과를 발휘할 수 있다. 교환 대상은 단순한 이해관계나 필요의 범위를 넘어선다. 협상과 직접 연관되지 않은 대상들을 연결시키는 것, 즉 협상 범위 안에 있을 수도 있고 밖에 있을 수도 있는 것들을 이어보면 협상에서의 교환 범위가 훨씬 넓어진다. 이 전략은 협상에서 목표 파이를 크게 늘리고, 더 많은 기회를 만들어 낸다.

5. 상대방이 따르는 표준을 활용하라

상대가 스스로 정한 표준인 정책, 선언, 약속, 보증 등을 알면 원하는 것을 얻을 수 있다. 상대방이 그들이 정한 표준을 벗어나거나 전례가 있는 일인데도 거부하면, 그 점을 지적하라. 표준을 활용하는 방법의 장점 중 하나는 상황을 조작하지 않고 공정한 절차를 밟는다는 것이다. 상대방이 정한 표준을 협상의 무기로 삼았을 뿐이며 상대방이 스스로 한 약속을 지키라고 요구하는 것이다. 표준을 활용할 때 가장 중요한 것이 바로 프레이밍이다. 프레이밍이란 상대에게 정보를 제시하는 방법을 말한다. 프레이밍으로 정보를 제시할 때 가장 매력적이고 정곡을 찌르는 문구로 상대에게 강한 인식을 심어주고 어필하면 원하는 것을 얻을 수 있다.

6. 의사소통에 만전을 기하라

협상이 실패하는 가장 큰 원인은 의사소통의 실패다. 그리고 의사소통이 실패하는 가장 큰 원인은 바로 인식의 차이다. 인식의 차이가 생기는 원인은 사람마다 관심사와 가치관 그리고 감성이 다르기 때문이다. 인식의 차이를 극복하는 것은 협상 시 양측이 역지사지의 마음을 갖는 데서 시작한다. 뛰어난 협상가는 거슬리는 발언을 삼가고 창의적 선택 사항을 고려하며 상대를 비난하는 경우가 극히 드물다. 상대와 많은 정보를 공유하고 장기적인 발언을 하며 공통 사항을 말하는 경우가 많다. 결과적으로 부정적인 요소가 많을수록 협상 성공률은 줄어든다. 질문을 통해 상대가 보내는 신호를 포착하는 것 또한 의사소통에 있어 매우 중요하다. 상대가 무심코 던지는 눈빛과 몸짓, 말 한마디를 놓치지 말고 집중하라. 그 속에서 단서를 찾아내면 훨씬 유리한 쪽으로 협상을 이끌 수 있다.

7. 점진적으로 접근하라

사람들은 종종 한꺼번에 너무 많은 것을 요구하는 바람에 협상에서 실패한다. 성급한 말과 행동은 상대방의 마음을 멀어지게 할 뿐 아니라 위험 요소를 키울 뿐이므로 협상을 할 때는 걸음걸이의 보폭을 줄여야 한다. 한 번에 한 걸음씩 상대방을 목표 지점으로 끌어들여라. 즉 상대방을 친숙한 시점에서 시작해 점차 내 영역으로 유도하라. 사람들은 흔히 과감한 시도가 큰 성공을 낳는다고 생각한다. 그러나 협상에서 과감한 시도는 상대방을 불안하게 만들 뿐이다. 협상할 때는 너무 멀리, 너무 빠르게 나가지 말아야 한다. 특히 양쪽의 입장 차가 클 때는 더욱 그렇다. 점진적 접근은 상대방으로 하여금 판단할 여지를 주고 단계별로 확실한 검증을 거치기 때문에 나중에 원점으로 돌아갈 일이 안 생긴다. 또한 협상을 진전시키는 데 따른 위험을 줄여준다.

8. 모든 상황은 제각기 다르다는 것을 인식하라

모든 협상에서 만능으로 통하는 전략이란 존재하지 않는다. 같은 사람과 같은 내용으로 협상을 하더라도 시간에 따라, 그날 날씨와 컨디션에 따라 상황은 달라진다. 때문에 그때그때의 상황을 새롭게 분석할 줄 알아야 한다. 모두에게 통하는 일반적 이론은 개별적인 상황에서 별다른 의미가 없다. '일본인과 협상하는 법' 혹은 '무슬림과 협상하는 법'은 모두 틀렸다고 봐도 무방하다.

9. 숨겨진 걸림돌을 찾아라

협상할 때 정작 걸림돌이 무엇인지 찾아 해결하려는 사람은 의외로 드물다. 협상에 앞서 목표 달성을 막는 걸림돌이 무엇인지부터 파악하라. 진짜 문제를 찾으려면 상대방이 왜 그렇게 행동하는지부터 알아야 한다. 처음에는 그 이유가 명확하게 잡히지 않겠지만, 포기하지 말고 끝까지 집요하게 밝혀내야 한다. 이때 중요한 것은 무조건 상대방의 입장에서 생각해야 한다.

10. 절대 거짓말을 하지 마라

어떤 상황에서도 상대방을 속이려 해서는 안 된다. 상대방을 속이는 모든 행동은 불신을 조장한다. 거짓은 신뢰를 파괴하고 협상을 망친다. 진실이라도 중요한 사실을 빼거나 나쁜 인상을 주는 방식으로 전달하는 것은 거짓말하는 것과 다를 바 없다. 처음부터 끝까지 진실한 자세로 협상에 임하는 것이 중요하다.

11. 차이를 인정하라

대부분의 사람들은 상대와 나와의 차이를 부정적으로 보고 심적으로 불편해한다. 그러나 서로 다르다는 사실이 실제로 협상에서는 더 유리하게 작용할 수 있다. 차이는 선택을 할 때, 보다 많은 옵션을 주고 이로 인해 아이디어가 번뜩이는 결과를 만들어낸다. 동질성보다 차이가 더 많은 혜택을 가져다준다. 의견이 달라야 더 큰 가치를 얻을 수 있다. 비록 초반에는 서로 감정이 상하고 시행착오를 겪더라도 새로운 것을 시험하는 산만한 과정, 격렬한 의견 불일치, 다양한 아이디어의 조합은 결국 뛰어난 결과로 이어지는 경우가 많다. 많은 사람은 차이를 싫어하지만 뛰어난 협상가는 차이를 사랑한다.

12. 협상에 필요한 모든 것을 목록으로 만들어라

모든 협상 전략과 도구를 정리한 목록을 만들어라. 이 목록은 마치 끼니때마다 필요한 재료를 찾는 냉장고와 같다. 협상에 임할 때마다

이 목록에서 구체적인 상황에 맞는 것을 골라야 한다. 협상 도구 역시 그중 하나다. 협상 도구는 전략을 실행하는 구체적인 행동을 말한다. 철저한 준비 없이 협상에서 이기기 쉽지 않다. 단 몇 분이라도 목록을 정리하면 원하는 것을 얻을 수 있다.

뛰어난 협상가는 태어나는 것이 아니라 만들어지는 것이다. 실력은 연습에서 나온다. 훌륭한 협상가가 되려면 끊임없는 연습과 함께 끈기를 가져야만 한다. 협상은 당신이 끝났다고 말해야 비로소 끝난다. 반복적인 연습을 통해 협상 기술들을 체득하면 자연스럽게 목표를 달성할 수 있다. 그리고 협상 테이블에서뿐만 아니라 일상생활에서도 원하는 것을 얻을 수 있다.

다이아몬드 교수가 제시한 12가지 협상 전략 중 '상대방이 따르는 표준을 활용하는 것'과 '가치가 다른 대상을 교환하는 것'은 실제 협상에서 효과적으로 써먹을 수 있는 중요한 협상 도구다.

먼저 표준 활용법에 대해 좀 더 살펴보자. 다이아몬드 교수는 '상대의 표준을 이용하는 법은 사람들이 잘 모르는 뛰어난 협상 도구'라고 말한다. 표준 활용법은 까다로운 사람들을 상대할 때 특히 효과적이다. 여기서 말하는 표준은 객관적인 표준이 아니라 상대가 스스로 정한 표준이다. 즉 상대의 의사 결정에 정당성을 부여하는 정책, 선언, 약속, 보증 등을 말한다. 사람들은 자신이 과거에 한 말이나 약속을 어기기 싫어하며 대부분 이를 따르고자 하는 경향이 있다. 사람들이 자신이 정한 정책, 선언, 약속, 보증과 같은 표준을 따르는 두 가지 근본적인 이유가 있다. 첫째, 스스로 정한 표준을 따르는 것이 윤리적으로 옳기 때문이다. 약속을 어기는 모습을 다른 사람들에게 보이고 싶어 하는 사람은 거의 없다. 둘째, 표준을 따르지 않으면 표준의 준수를 책임지는 높은 자리의 사람을 화나게 만들 수 있기 때문이다. 회사의 표준을 어기는 사람은 회사의 이미지를 실추시키기 때문에 심한 경우 해고될 수도 있기 때문이다.

친구 중의 한 명이 카드에 가입하라는 권유를 받았다. 가입 보너스는 5,000점의 항공사 마일리지였다. 그 항공사 마일리지를 조금만 더 모으면 해외여행 공짜 항공권을 받을 수 있었던 친구는 카드에 가입하기 위해 전화를 걸었다. 상담 직원은 친구가 이미 그 카드를 소지하고 있기 때문에 혜택을 받을 수 없다고 말했다. 무료 마일리지는 신규 회원들에게만 적용되는 것이었다. 친구는 전화를 끊고 잠시 생각을 했다. 그리고 다시 전화를 걸어서 책임자에게 상황을 설명한 다음 문제를 제기했다. "귀 신용카드사는 회원들이 특전을 누린다고 광고하지만 비회원들이 회원들보다 더 많은 특전을 누리는군요." 친구는 카드회사가 기존 회원보다 신규 회원을 더 우대한다는 점을 지적했다. 친구의 말이 맞는다면 스스로 내건 표준을 어기는 것이기 때문에 카드회사는 마일리지를 제공하는 쪽을 택할 수밖에 없었다. 책임자는 그 자리에서 즉시 친구에게 마일리지를 제공했다.

협상에서 표준을 활용할 때 과도하게 이를 파고들면 상대방에게 상처를 줄 수도 있으므로 서로의 마음이 편안하게 느껴지는 수준에서 활용하는 것이 좋다. 상대의 표준을 지적하는 일에서 한 걸음 더 나아간 것이 상대의 나쁜 행동을 지적하는 일이다. 여기서 나쁜 행동이란 소속된 사회나 단체의 표준을 어기는 것을 말한다. 나쁜 행동을 지적할 때는 반드시 지켜야 할 점은 절대 감정적으로 반응하지 않아야 한다. 감정적으로 반응하면 원하는 것을 얻을 수 없다. 당신도 상대와 마찬가지로 비이성적인 행동을 했기 때문이다. 상대방이 거칠게 나올수록 오히려 더욱 차분하게 대응할 필요가 있다. 이를 가장 잘 활용한 사람이 간디다. 그는 구호를 외치거나 무기를 들지 않고도 인도 독립에 결정적인 역할을 했다. 영국이 폭력적으로 나올수록 그는 더욱 수동적으로 대응했다. 결국 세계의 비판 여론을 이기지 못한 영국은 인도에서 발을 빼야 했다.

'가치가 다른 대상을 교환하는 것' 또한 협상에서 활용할 수 있는 중요한 도구이다. 사람들은 저마다 다른 가치 기준을 갖고 있다. 양측이 대상에 부여하는 가치의 차이를 알면 적절한 선에서 교환할 수 있다. 교환할 대상이 굳이 협상과 직접적인 관련이 없어도 된다. 오히려 교환 대상의 범위를 넓힐수록 상대방이 원하는 것을 찾기가 쉬워진다. 상대를 존중하거나 작은 도움을 주는 것처럼 협상과 직접적인 관련이 없거나 혹은 별 도움이 되지 않는 사소한 것까지 모두 교환 대상에 포함하라. 만일 상대방이 여행광이면 여행을 소재삼아 대화를 이끌거나 도움이 되는 정보를 제공하라. 상대가 축구 매니아라면 중요한 경기의 축구 경기표가 지지부진하던 협상의 중요한 카드가 될 수 있다. 비즈니스 협상에서 돈이 가장 중요한 사안은 아니라는 점을 명심하라. 물론 양측이 수용할 만한 합리적인 수준에서 돈 문제가 결

정되어야 하는 것은 맞지만 최종적으로 협상을 성공시키려면 돈 문제
보다 훨씬 많은 것들이 필요하다. 사람들은 언제 어디서든 이왕이면
더 많은 것을 원한다. 상대방이 원하는 것을 더 많이 찾아낼수록 거
래 대상은 늘어나는 법이다. 협상테이블에 오른 사안이 많을수록 협
상이 어려워진다고 생각하는데 잘못된 상식이다. 그만큼 교환할 대상
이 늘어나기 때문에 훨씬 유리하다고 볼 수 있다.

위에서 언급한 12가지 협상 전략은 협상을 잘하기 위한 협상 도구
들이다. 잘 준비한 협상 도구들을 가지고 어떤 부분에 집중해야 협상
을 성공적으로 이끌어낼 수 있을까? 다이아몬드 교수는 성공적 협상
을 위해서는 내용보다 사람과 절차가 훨씬 중요하다고 강조한다. 최근
의 한 연구 결과에 의하면 협상에서 합의로 이끈 결정적 요인과 비중
을 다음과 같이 밝혔다.

인간적인 소통 (55%) : 절차적인 요소 (37%) : 전문 지식과 같은 사실 (8%)

협상을 성공으로 이끈 요인이 전문 지식과 관계있는 경우는 채
10%가 되지 않는다. 반면 호감이나 신뢰처럼 인간적인 요소가 합의
를 이끌어낸 경우가 50% 이상이다. 그리고 협상에 성공한 사례의
37%는 절차적인 요소가 결정적인 영향을 미쳤다. 이 연구 결과는
"협상에서는 내용보다 사람과 절차가 훨씬 중요하다"는 것을 암시한
다. 물론 전문가들은 쉽게 인정하지 않을 것이다. 하지만 상대방이 들
을 준비가 되어 있지 않다면, 아무리 사실관계가 확실해도 효과적으

로 설득할 수 없다.

나는 다이아몬드 교수에게서 배운 협상법을 실생활에 계속 적용하고 있고 이를 통해 원하는 것을 얻고 있다. 맥도날드는 맥 모닝 세트를 아침 10시 30분까지 판매하고 그 이후에는 판매하지 않는다. 일요일 아침 맥 모닝 세트를 먹기 위해 맥도날드에 갔는데 늦게 일어나는 바람에 10시 45분쯤에 맥도날드에 도착했다. 카운터 위에 있는 메뉴판에는 이미 맥 모닝 세트가 사라지고 없었다. 나는 협상을 시도해 보기로 했고 맥 모닝 세트를 얻기 위해 인간적 의사소통과 표준을 활용하기로 마음 먹었다. 먼저 좀 큰소리로 카운터에 있는 종업원에게 반갑게 인사를 했다. 인사하면서 화창한 날씨 얘기도 곁들이면서 기분이 좋은 상황을 만들었다. 그리고 좀 늦었지만 맥 모닝 세트가 먹고 싶다며 맥 모닝 세트를 주문했다. 하지만 종업원은 규정상 아침 10시 30분 이후에는 맥 모닝 세트를 제공할 수 없다고 팔지 않으려 했다. 나는 여기서 물러서지 않았다. 맥도날드의 모토인 'i'm lovin' it'을 언급하고 맥도날드의 약속인 빠르고 친절한 서비스를 칭찬하며 맥도날드의 표준을 공략했다. 그리고 맥 모닝 세트를 좋아하고 좀 늦었지만 지금 제공을 해 주면 정말 고맙겠다고 감정적으로 호소를 했다. 그러자 종업원이 매니저와 얘기를 하더니 나에게 특별히 맥 모닝 세트를 제공했다. 사실과 규정으로만 따지면 맥 모닝 세트를 먹을 수 없었지만 인간적인 소통과 표준을 적절히 공략해서 결국 원하는 것을 손에 넣을 수 있었다.

다이아몬드 교수가 강조했듯이 거래에 관계된 모든 사람과 인간적으로 소통하면 목표를 달성할 가능성이 높아진다. 상대방을 직접 만나서 일상적인 이야기를 나누는 것은 좋은 방법이다. 상대방이 어떠한 무형의 가치를 원하는지 확인할 필요가 있다. 일단 인간관계가 형성되면 중간에 문제가 생기더라도 거래가 깨지는 것을 방지할 수 있다. 이사할 집을 알아보기 위해 부동산 몇 군데를 찾아갔다. 그중 한 노련한 부동산 중개인은 좋은 집이 급매물로 싸게 나오면 구매자들이 많이 몰려 경쟁이 치열하다고 했다. 이 경우 집 구매가를 높게 부르기보다는 다른 구매자들과 비슷한 가격을 제시하고 무엇보다도 집주인과 신뢰관계를 형성하는 것이 중요하다고 말했다. 집 계약을 하겠다고 해놓고선 약속을 지키지 않으면 집주인으로서도 낭패를 볼 수 있다. 집 구매를 중개인에게만 맡겨 놓기보다는 직접 집주인을 만나서 "왜 집을 내놓으셨어요? 이제 어디로 이사하세요?"하고 물으면 짧은 시간 안에 신뢰관계를 형성할 수 있다. 집주인은 적어도 자신에 대해 궁금해하고 자세히 알려고 노력한 사람이라면 자신과의 약속도 잘 지킬 수 있을 거라고 확신하게 된다. 이렇게 상호 간 인간적 신뢰관계를 형성하면 최고액을 제시하지 않고서도 원하는 집을 구매할 수 있을 확률을 높일 수 있다. 인간적 관계 형성을 통해 집 구매가격을 몇 백만 원 절약할 수 있다면 꽤 괜찮은 협상이 아닌가?

하버드대 경영대학에서도 협상의 기술을 매우 비중 있게 가르치고 있다. 하버드에서 가르치는 협상의 여러 기술 중 핵심이 되는 4가지 원칙을 다음과 같이 소개하니 유용하게 써먹기 바란다.

원칙 1: '사람'과 '문제'를 분리하라.

협상이란 서로 이해관계가 얽힌 문제를 해결하기 위한 과정이다. 하지만 문제 해결을 위한 노력보다는 서로 다른 견해 차이를 인정하지 못하고 감정으로만 자신의 입장을 고수하는 경우가 종종 발생한다. 협상의 고수라면 '사람'이 아니라 '문제'에 초점을 맞추고 문제 해결에 성의를 기울여야 한다. 하지만 '사람'과 '문제'를 분리하는 것이 말처럼 그리 쉽지는 않다. 매일 일어나는 크고 작은 문제를 대상으로 사람과 문제를 분리하는 훈련을 끊임없이 하는 수밖에 없다.

원칙 2: '입장'이 아니라 '이해'에 초점을 맞춰라.

협상에서 기본적인 문제는 서로 다른 입장차이가 아니라 각자의 요구, 욕구, 관심과 같은 이해관계의 차이다. 여러 가지 이해관계가 복잡하게 얽혀 있어도 이런 상황에서 공통으로 지향하는 바가 있다. 그 공통의 관심사를 조정하기 위해서는 입장과 이해관계를 분리시켜야 한다. 예를 들면 1개의 사과가 있고 아버지, 아들, 딸이 각자 자기가 이 사과를 가져야 한다고 주장한다. 3명의 가족을 만족시키기 위해서는 3개의 사과가 필요하나 1개 밖에 없다. 이 상황을 입장의 관점에서 문제를 해결하면 대개 2가지로 나타난다. 첫 번째는 힘이 있는 아버지가 사과를 차지할 가능성이 크고 나머지는 불만족 상태가 된다. 두 번째는 당사자 간 힘이 엇비슷할 경우 3등분이라는 중간 지점에서 결정이 날 것이고, 그렇게 되면 어느 누구도 만족하지 못하는 상태가 된다. 이 상황을 이해관계로 접근하면 어떻게 될까? 세 사람이 사과가 필요한 이유를 먼저 살펴봐야 한다. 아버지는 주스를 마시고 싶어

하고, 아들은 사과 씨로 세포검사를, 딸은 정물화 사과 그림을 그리기 위해서 사과가 필요하다. 그렇다면 먼저 그림을 그리게 하고, 그후 사과 주스를 만들면서 사과 씨는 아들에게 주면 될 것이다. 입장이 아닌 이해관계로 접근하면 1개의 사과를 가지고 세 사람을 동시에 만족시킬 수 있게 된다.

원칙 3: 상호 이익이 되는 대안을 찾아라.

협상 과정에서 일어날 수 있는 다양한 변화를 예상하고 창의력을 발휘하여 양측에게 이익이 되는 옵션을 미리 준비해야 한다. 많은 사람은 자신들이 해야 할 일은 서로 간의 입장 차를 좁히는 것이지 가능한 옵션의 폭을 넓히는 것은 아니라고 생각하는데 그렇지 않다. 협상의 목표 파이를 늘리고 더 많은 기회를 만들기 위해서는 협상과 직간접적으로 연결된 대상들을 서로 연결시켜 상호 이익이 되는 다양한 옵션을 발굴해야 한다. 가치가 다른 대상을 교환하는 일이 협상에서 결정적인 효과를 발휘할 수 있다.

원칙 4: '객관적 기준'을 사용하라.

협상할 때 당신의 이해와 상대방의 이해가 맞붙게 되고, 그래서 둘 중 하나가 포기해야 된다면 협상은 효율적일 수도, 상호 우호적일 수도 없게 된다. 서로 우위를 차지하려는 부단한 다툼이 협상과 관계를 위협하게 된다. 압력을 사용하기 보다는 문제 해결을 위한 객관적 기준을 논의하면 협상이 훨씬 수월하게 진행될 것이다. 관습, 판례, 전문가의 의견 등 '객관적 기준'을 정해서 따르도록 노력해야 한다. 항상 객관적 기준에 비춰가면서 냉정하게 문제를 해결해나가는 자세가 필요하다.

가격 흥정, 인간관계, 자녀 교육, 원하는 서비스, 생활 혜택, 사회적 문제 등 많은 다양한 분야에서 협상을 활용할 수 있다. 협상을 잘하면 이런 다양한 분야에서 돈이나 다른 물질적인 이득뿐만 아니라 심리적 보상까지 얻을 수 있다. 성공적 협상을 하면 자신감이 늘어나고 문제 해결 능력이 향상되면, 더 큰 성공뿐 아니라 마음의 평화까지 얻을 수 있다.

우리는 날마다 타인과의 관계 속에서 우리가 필요한 것을 얻기 위해 협상을 한다. 뛰어난 협상가는 태어나는 것이 아니라 만들어지는 것이다. 실력은 연습에서 나온다. 반복적인 연습을 통해 협상 기술들을 체득하면 자연스럽게 목표를 달성할 수 있다. 그리고 협상 테이블에서뿐 아니라 일상생활에서도 원하는 것을 얻을 수 있다.

머릿속으로 아는 걸 실행하지 않으면 아무 소용이 없다. 지금 배운 걸 일상생활에서 시도해 보자. 오늘 당장! 모든 것이 협상의 대상이다.

창의 / 아이디어 :
괜찮은 아이디어 없어?

　　　　　　　회사에서 일하면서 제일 많이 듣는 말 중의 하나가 "괜찮은 아이디어 없어?" "창의력을 한 번 발휘해봐"이다. 귀가 따갑도록 듣지만 창의적이고 독창적인 생각이나 아이디어를 내는 것은 여전히 어렵고 힘들다. 마지못해 고민해서 아이디어를 내지만 예전에 했던 것과 별반 차이가 없고, 창의적인 것과는 거리가 멀게 느껴진다. 특히 회사 환경이 Top-Down 방식으로 위에서 지시하면 일사불란하게 목표를 향해 나아가는 군대식 문화에서는 창의력을 기대하기가 힘들다. 보통 제조업 계통의 대기업이 Top-Down 방식으로 운영되는 경우가 많다. 이런 환경에서는 조직의 이익과 성장이 우선시되기 때문에 개인의 창의성과 아이디어를 발휘하기가 쉽지 않다. 말로는 '창의력을 발휘할 수 있는 환경을 조성하겠다' 'Bottom-up에 의한 아이디어를 적극 수용하겠다'라고 외친다. 하지만 조직 우선과 목표 달성이라는 우선순위에 밀려 흐지부지되고 만다. 하드웨어 중심의 대기업보다는 소프트웨어 중심의 벤처 회사가 개인의 창의성을 훨씬 중요시하게 여긴다. 창의성은 갑자기 모여서 회의한다고 해서 금방 생겨나는 것이 아니다. 창의성을 발휘할 수 있는 환경을 구축하고, Bottom-up 방식으로 다양한 아이디어를 낼 수 있는 프로세스가 갖춰져 있어야 한다. 창의적 아이디어를 쏟아내려면 무엇보다도 직장 구성원이 즐기면서 재미있게 일할 수 있는 환경 조성이 필수적이다. 하는 일이 재미있고 신나고 즐거워야 창의력을 증대할 수 있고 많은 아이디어를 생산해 낼 수 있다. 야근과 특근에 찌들고 휴가도 제대로 못 쓰는 환경에서 창의력과 다양한 아이디어를 기대하는 것은 현실적으로 매우 어렵다.

한국은 1970~90년대 근면과 성실로 한강의 기적을 만들며 경제 대국이 되었다. 수요보다 공급이 적었던 1900년대는 제품을 만들고 마케팅만 잘하면 물건이 팔리던 시대였다. 이때는 근면과 성실이 중요했다. 모든 가치는 노동한 시간만큼 나왔기 때문이다. 하지만 21세기는 공급이 넘쳐나고 다양한 제품이 쏟아져 나오면서 소비자 선택의 기회가 다양해졌다. 이런 상황에서는 창의성을 발휘하여 차별화된 제품을 만들어야 고객의 감성에 어필할 수 있고, 회사는 치열한 경쟁에서 생존할 수 있다. 하지만 우리나라 많은 기업은 20세기 성공 요소인 근면과 성실에서 아직까지 벗어나지 못하고 있다. 20세기는 근면과 성실이 핵심 원리인 노동 기반의 산업 사회였다. 그러나 21세기는 창의와 재미가 핵심 원리인 지식 기반의 가치 사회로 빠르게 변하고 있다. 산업 사회의 고도성장을 가능케 했던 근면, 성실이라는 가치가 21세기 새로운 지식 시대로의 변화를 가로막고 있다는 것을 깨달아야 한다. 한 시대를 발전시켰던 동력이 그 다음 시대에서는 발전의 발목을 잡고 있는 것이다. 근면, 성실하지 말라는 이야기가 아니다. 참고 인내하는 단순한 근면, 성실만으로는 더 이상 소용없다는 뜻이다. 참고 인내하는 방식으로는 누구도 창조적일 수 없기 때문이다. 21세기의 핵심가치는 창의와 재미다. 창의적 지식은 재미있을 때만 생겨난다. 그래서 재미와 창의성은 심리학적으로 동의어라고 한다. 회사 생활을 하든 개인적 일을 하든 재미있고 즐겁게 일해야 창의적인 사고를 할 수 있고 더 많은 독창적인 아이디어를 낼 수 있다. 창의성은 어느 날 갑자기 땅에서 솟고 하늘에서 떨어지지 않는다. 기존의 익숙한 것들에서 벗어나 색다른 차이를 끊임없이 만들어 나갈 때 나타난다.

우리가 귀 따갑게 듣는 '창의적 사고'는 어떻게 해야 잘할 수 있을까? 우리는 '창의적 사고'라고 하면 예술가나 위대한 사람들만이 하는 대단한 것으로 여긴다. '창의'라는 단어를 듣는 순간 내 일이 아닌 다른 사람의 일로 느껴지고, 어렵게 여겨지면서 머리가 아프기 시작한다. 자신의 한계를 규정 짓는 것은 바로 자기 자신이다. 창의적 사고를 어렵게 생각하지 말고 쉽게 접근하자. 독일의 극작가 브레히트는 예술적 작업의 특성을 '낯설게 하기'라고 했다. 익숙해져 있는 줄도 모르는 것을 새롭게 느끼게 만드는 것이 예술의 목적이라는 것이다. 창의성을 발휘하려면 끊임없이 자신을 낯설게 해야 한다. 즉 밥을 먹을 때도 그 나물에 그 반찬을 피하고, 길을 가더라도 어제와는 다른 길로 의도적으로 가야 한다. 지속적으로 나를 낯설게 하고 곤혹스럽게 만들어야 한다. 이런 낯섦과 곤혹스러움이 우리에게 문제와 질문을 던지고 다시 그 속에서 해결책을 찾도록 만들기 때문이다. 창의적 사고도 마찬가지다. 해 아래 새로운 것은 없다. 다 있는 것이다. 익숙해서 있는 줄도 모르는 것을 새롭게 조합하는 것이 '창의적 사고'다. 창의 활동을 어떤 비범한 일로 생각하는 것 자체가 실수다. 예술가든 과학자든 간에 다양한 자연과 환경 속에서 어떤 새로운 관계를 찾아내기만 한다면, 누구나 창의적인 사람이 될 수 있다. 이전에는 전혀 연관이 없다고 생각했던 것들 사이에서 어떤 연관성을 찾아내면 되는 것이다. 창의적 사고란 새로운 조합을 통해 전혀 예상치 못했던 연관성을 찾아내는 것이다. 그저 오래된 요소들의 새로운 결합에 지나지 않는다. 새로운 음식을 만들기 위해 양념을 개발하는 일과 같다. 단지 해야 할 일은 이미 알고 있는 여러 가지 재료를 새로운 식으로 섞기만 하면 되는 것이다. 창의적 사고는 이 정도로 쉽고 비범한 일이 아님을 확실히 알고, 즐겁게 다가가는 것이 창의적으로 사고하기 위한 첫 단추다.

창의성을 키우기 위해서는 흥미와 호기심을 배양해야 한다. 창의적인 사람은 어린아이 같은 감수성을 가지고 있고 호기심으로 가득 찬 존재다. '여섯 살 아이'의 눈으로 세상을 보려고 노력하자. 어른은 생각이 너무 깊고, 쓸데없이 많은 지식에 얽매여 있고, 경계와 규칙, 가정, 선입관 등을 너무 많이 갖고 있다. 반대로 어린아이는 순수하고 자유로우며 무슨 일을 할 수 없는지, 무엇을 하면 안 되는지를 모른다. 아이는 세상을 있는 그대로 보기 때문에 어른들처럼 세상이 가르쳐주고 강요한 방식대로 보지 않는다. 진정한 창의성은 이처럼 때 묻지 않은 흥미와 호기심에서 나온다. 그리고 그 흥미와 호기심을 표현하면서 저마다의 독특함, 혹은 독창성이 드러난다. 대상에 대한 흥미와 호기심 없이는 창의적인 사고도 결코 진전되지 않는다. 풀어야 할 문제가 생기거나 아이디어를 내야 할 때 자신에게 이렇게 물어보라. '내가 여섯 살이라면 이걸 어떻게 풀까?' '내가 네 살이라면 이걸 어떤 식으로 풀까?' 당신 내면의 어린아이를 밖으로 나오게 하라. 창의적 인물(아인슈타인, 톨스토이, 피카소, 레오나르도 다빈치, 뉴턴, 에디슨 등) 들은 대다수 타고난 재능을 가졌다기보다는 강렬한 흥미와 호기심의 소유자들이었다는 것을 기억해야 한다.

창의성은 우리가 늘 먹는 밥과 같다. 우리가 움직이고 살기 위해 밥을 먹듯이, 조직이나 기업도 창의성이라는 밥을 먹어야 생존할 수 있다. 구글은 대표적인 창의적 기업이다. 직원들의 창의력을 극대화할 수 있는 자유로운 기업 문화 조성에 적극적이다. 구글만의 독특한 문화로 20% 프로젝트가 있다. 20% 프로젝트란 모든 직원이 업무 시간의 20%는 자신이 원하는 창의적인 프로젝트에 쏟을 수 있게 한 구글의 제도이다. 한 마디로 업무 시간의 일정량을 '딴 생각'에 소비하도록 종용하는 것이다. 구글 직원들은 업무 시간의 20%를 '꼭 해야 하는 일'이 아닌 '하고 싶은 일'을 하는 데 쓴다. 구글의 여러 히트 상품이 자유 시간을 즐기던 직원들의 창의력에서 비롯되었다. 20% 프로젝트는 구글이 초창기부터 시행해 온 정책으로 구글의 창의적인 경쟁력을 낳는 핵심 비결로 평가되고 있다. 창의력을 중요 시 여기는 구글은 직원들의 능력이 환경에 좌우된다고 믿는다. 성냥갑처럼 일정하게 짜여진 사무실이 아닌 동화 속 '장난감 같은 사무실'로 직원들이 즐겁게 일할 수 있는 최선의 환경을 제공한다. 영국 런던 지사의 경우 실내 산책로를 마치 야외 캠핑장처럼 꾸며놨으며, 호주 시드니 지사의 로비는 정글을 연상케 한다. 또한 스위스 취리히 지사에는 '계란형 회의실'이 있는데 '생각의 알까기'란 콘셉트로 편안한 분위기 속에서 회의한다. 미국 콜로라도주 볼터 지사에는 실내 암벽등반 구역에서 상담을 하기도 하고, 아일랜드 더블린 지사에서는 펍 스타일 라운지를 만들어 눈길을 끌기도 한다. 또한 구글의 사원 식당은 초일류 급이다. '잘 먹어야 일도 잘한다'하는 창업자의 생각이 고스란히 반영된 공간이다. 매년 구글 직원이 심사위원이 되어 요리 경연 대회를 통해 100여 명의 요리사를 공개 채용하여 전 세계 다양한 음식을 제공한다. 구글은 미니 수영장, 게임시설, 마사지실, 세탁시설, 세차시설을 비롯한 여러 편의 시설을 갖추고 있으며 직원들이 원하는 것을 최대한 제공한다. "즐겁지 않으면 창의력이 나오지 않는다"라는 설립자 래리 페이지와 세브게이 브린의 생각이 고스란히 반영되어 있다. 원활한 의사소통을 가능케 하는 커뮤니케이션 시스템 또한 구글에 잘 구축되어 있다. 한 달에 두 번씩 구글에서는 창업자, CEO와 일반 사원 간의 '직원 간 대화'를 위한 행사가 열린다. 이 행사에서 직원들에게 회사가 돌아가는 상황을 상세하게 설명한다. 그리고 일방적인 설명에 그치지 않는다. 직원들의 의견을 직접 듣고 수렴하는 시간도 함께 갖는다. 또한 커뮤니케이션이 끝난 후 행사를 와인 파티로 이어감으로써 좀 더 허심탄회하고 즐거운 두 번째 대화 시간을 갖는다. 이러한 원활한 의사소통을 가능케 하는 커뮤니케이션 시스템과 수평적 조직 구조 또한 직원들의 창의력 향상에 기여하고 있음은 물론이다.

위대한 업적을 남긴 에디슨이 "천재는 1%의 영감과 99%의 노력으로 이루어진다"라는 유명한 말을 남겼다. 대부분 사람들이 이 말을 해석할 때 99%의 노력에만 비중을 둔다. 하지만 그는 이와 관련해 82번째 생일에 이렇게 말한 바 있다. "최초의 영감이 좋지 못하면 아무리 노력해도 신통한 결과를 얻지 못합니다." 1%의 영감, 1%의 독창적 창의력이 99%의 노력을 좌우한다는 뜻이다. 즉 1%의 창의성 없이는 99%의 노력도 허사라는 말이다.

회사에서 회의 시간에 "좋은 아이디어 내보세요!"라고 상사가 요구하면 회의 분위기가 침울해진다. 왜 그럴까? 아이디어가 없는 것일까? 아이디어를 내는 방법을 모르는 것일까? 잭 포스터는 미국 광고계의 대표적 인물로 명성을 쌓아온 사람이다. 그는 『아이디어 모드』라는 책에서 40여 년간 카피라이터와 크리에이티브 디렉터로 일한 경험을 바탕으로 자연스럽게 아이디어를 만들어내는 기술을 소개하고 있는데 그 중 중요한 10가지 기술은 다음과 같다.

1. 아이디어를 내는 일은 비범한 일이 아니다. "붙여라"

창의적 사고와 아이디어 내는 것이 비범한 일이 아니라 간단하고 쉽고 즐거운 것임을 깨닫는 게 중요하다. 새로운 아이디어를 얻는 방법은 단순하다. 이미 알고 있는 두 개 이상의 아이디어를 연상하거나 결합하여 이전에는 몰랐던 것들 사이의 관계를 찾아내 새롭게 나열해 보는 것이다. 서로 관계가 없다고 생각되는 A와 B를 붙여보라. 신발에 바퀴를 붙이니 롤러블레이드가 됐다. 자동차와 집을 붙이니 캠핑

카가 됐다. 이렇듯 의외의 조합이 새로운 아이디어를 만든다.

2. 심각한 사람에게는 좋은 아이디어가 나오지 않는다. "놀아라"

심각한 사람들에게는 절대 좋은 아이디어가 나오지 않는다. 유머의 근본은 창조력의 근본과 통하기 때문이다. 잘 노는 사람이 아이디어도 잘 낸다. 종일 일하지 않고 놀 수는 없지만, 적어도 의식만은 자유롭게 놀려야 한다. 잘 놀고 즐거워야 창조력의 고삐가 풀린다. 놀고 즐기는 것이 바로 아이디어를 얻기 위해 뿌리는 씨앗 중 하나이다. 면접이나 사장님과의 회의와 같은 긴장되는 자리에서 말과 행동이 내 의지대로 되던가? 긴장을 풀고 놀아야 아이디어가 팍팍 떠오른다.

3. 아이디어는 만드는 것이 아니라 발견하는 것이다. "아이디어가 있다고 믿어라!"

아이디어는 우리 주변에 널려 있다. 자신에게 아이디어가 있다고 믿어라. 아이디어를 갖고 나타나는 친구들은 아이디어가 원래 존재한다는 사실을 알고 있으며, 자신들이 그 아이디어를 찾아내리라는 것도 알고 있다. 세상에는 항상 또 다른 아이디어가 있고 또 다른 해결책이 있기 마련이다. 우리가 살아가는 동안 부딪치는 대부분의 문제는 학교의 시험 문제하고는 다르다. 그러므로 여러 가지의 해결책이 있다. 매일 자신에게 '나는 아이디어의 근원이며, 샘에서 솟는 물처럼 아이디어가 넘친다!'고 말하라. 그러면 마침내 당신은 자신이 창조한 새로운 정신적 이미지를 향해 살아가기 시작할 것이다.

4. 6살 아이의 눈으로 세상을 보라. "어린아이처럼 생각하라!"

회사나 조직 안에서 어떻게 처리해야 할지 모르는 일에 부딪히면 자신이나 다른 사람들이 지난번에 했던 대로 하려는 경향이 있다. 그래야 나중에 '왜 그렇게 처리했느냐?'는 질책을 받지 않기 때문이다. 하지만 어린아이들에게는 지난번이란 없다. 매번 처음이다. 예전에 어떻게 했는지 따위는 싹 잊어버려라. 규칙을 깨버려라. 자유로워져라. 어린아이가 돼라. 이탈리아 피사의 탑도 처음부터 기울게 하려는 것이 아니었다. 공사 초기부터 아무리 열심히 보수해도 제대로 서지 않으니까 어느 시점에 어린아이 같은 생각을 한 것이다. '그냥 기울게 놔두지 뭐' 그래서 사탑이 됐고, 세계의 많은 사람이 재미있어 하는 것이다.

5. 자신과 상관없는 분야도 관심을 가져라. "묻고, 묻고, 또 물어라!"

새로운 아이디어는 '낡은 요소들을 색다르게 결합하는 것'이며, 더 많은 요소를 결합하면 할수록 더 많은 아이디어를 낼 수 있다. 그러므로 낡은 요소들을 더 많이 알면 아이디어 내기가 그만큼 쉬워진다. 당신이 어떤 사물을 진정으로 관찰하고 여기에 몰두할 수 있으면, 당신이 생각하는 것보다 더 많이 보고 더 많이 기억할 수 있을 것이다. 물어보라. 또 물어보라. 다시 물어보라. 여러 가지 지식의 조각들을 지속적으로 축적하게 만드는 일이 아이디어 낼 때 매우 중요하기 때문이다.

6. 다른 방식으로 다시 한 번 생각하라. "생각하는 방식을 바꿔라!"

반드시 기억할 것은 어떤 문제를 푸는 데 있어 경계선을 만든 사람은 바로 당신이라는 점이다. 나무들을 반드시 같은 평면에 심어야 한다고 생각한 사람은 바로 당신이기 때문이다. 아이디어가 잘 나오지 않는가? 그렇다면 지금까지 과제를 풀었던 방식과 다르게 접근해 보자. 아이디어는 반대하는 일이다. 새로운 아이디어는 이미 발표된 어떤 아이디어에 맞서 싸우면서 생겨나기 때문이다. 다르게 접근해 보라. 받은 과제의 콘셉트에 대해 일단 반대해보라. 충돌하는 순간 새로운 아이디어를 얻게 될 것이다. 사사건건 반대하는 습관을 기르자.

7. 문제의 핵심을 정확하게 파악하라. "맞는 질문인지 확인하라!"

아인슈타인은 "어떤 문제를 정확하게 설명하는 일은 그 해답을 찾는 일보다 훨씬 더 중요하다. 해답이란 단지 수학이나 실험의 기술과 관련된 문제이기 때문이다. 새로운 질문이나 문제점을 제기하고 오래된 문제점을 새로운 시각으로 보려면 무엇보다 창조적인 상상력이 있어야 하고, 바로 그것이 진정한 진보를 이루어낸다"라고 말했다. 문제를 푸는 것이 어렵거나 해결책이 그저 그렇다고 생각된다면, 문제를 다른 식으로 정의해 보고 그 답을 구하라. '어떻게 하면 우리 단골에게 물건을 더 빨리 배달할 수 있을까?'를 '어떻게 하면 손님들이 나 대신 식료품을 가져가게 할 수 있지?'라는 질문으로 바꿔 슈퍼마켓이 생겨났다. '가장 현명한 대답은 현명한 질문 속에 있다'고도 했다. 문제를 정확하게 설정하라. 그러면 답이 저절로 따라 나온다. 오른쪽 다리가 가려운데 다른 다리를 긁어봐야 아무 소용없다.

8. 작은 아이디어부터 시작하라. "아무 아이디어나 내고 보라!"

아이디어를 일단 내기만 하면 아이디어를 얻어야 한다는 강박 관념에서 벗어날 수 있다. 아무 아이디어라도 좋으니 그것을 가지고 불을 붙이기 시작해야 한다. 그 아이디어가 새롭고 다르기만 하다면 그것이 이치에 맞든, 문제를 해결할 수 있든, 적절한 것이든 아무 상관 없다. 아이디어는 '시행착오'다. 실패하기 전까지는 성공했는지 못 했는지 알 수 없기 때문이다. 어떤 아이디어가 얼마나 좋은지는 그것과 비교해볼 만한 또 다른 아이디어가 나와 봐야 알 수 있다는 것이다. 그래서 좋은 아이디어를 얻는 가장 좋은 방법은 아이디어를 많이 내는 것이다. 처음에는 아이디어를 내는 것이 어렵게 느껴지지만 하나씩 시작하다 보면 갑자기 무더기로 쏟아져 나오는 순간이 있다. 그럴 때 아이디어들을 분석하려고 멈추면 안 된다. 아이디어의 흐름과 리듬과 마법이 깨져버리기 때문이다. 일단 그것들을 다 적어놓고 나서 다음 것으로 넘어가라. 분석은 나중에 하면 된다. 재판관은 도처에 있다. 당신은 그냥 앞으로 달려가면 된다.

9. 모든 것을 잊어버리고 다른 일을 해라. "막히면 잠시 덮어라!"

어떤 문제가 풀리지 않거나 일들이 꼬여서 복잡해지면 그 문제로부터 몸과 마음이 일시적으로 떠나 있는 시간이 필요하다. 해결이 안 되는 문제로부터 잠시 떠나 전혀 다른 생각에 몰두하고 있을 때, 문제 해결을 위한 아이디어가 불현듯 찾아온다. 즉 당신이 의식적으로 다른 일을 하는 동안, 당신을 괴롭히는 문제는 무의식이 맡아 처리하게 만드는 것이다. 다른 일을 시작하는 동안 하나의 문제를 '잠재워' 놓는 방법이다. 안 풀리는 문제를 계속 끌어안고 있어봐야 아무 도움이 안 된다. 풀리지 않는 문제로 괴롭고 힘들면 무조건 그 문제로부터 잠시 벗어나야 한다.

10. 아이디어가 떠오르면 반드시 실행하라. "실행해야 진짜 아이디어다!"

아이디어가 있는데 그것으로 아무 일도 하지 않는 경우와 아무 아이디어도 없는 경우와의 차이는 없다. 이것은 진실이다. 때가 되면 어떤 일을 시작하겠다고 기다리는 것은 옳지 않다. 지금 바로 시작하라. 일단 타성을 깨고 굴러가기 시작하면, 아이디어는 자기 혼자 생명을 얻어 지금껏 당신이 생각지도 못했던 영역으로 들어가 거기에 딱 들어맞게 된다. 머릿속에만 있는 아이디어는 아이디어가 아니다. 내 머릿속의 생각을 누가 알겠는가? 지금 당장 떠오른 아이디어를 실행하라.

사업 계획서 작성은 성공하기 위해서라기보다는 망하지 않기 위함이다. 사업을 시작하려는 사람에게 중요한 것 중 하나는 아이디어다. 아이디어란 새로운 일을 하건 기존의 사업에서든 매우 중요한 역할을 한다. 잭 포스터의 『아이디어 모드』를 통해 아이디어를 얻을 수 있는 다양한 기술을 배울 수 있기를 바란다.

창의적 사고를 하기 위해서는 생각하는 기술을 지속적으로 향상시켜야 한다. 임영익은 그의 저서 『Meta Thinking』에서 '메타 생각'을 제안한다. 자신이 어떤 생각을 하는 지를 생각할 수 있게 되면, 자신이 빠져있는 프레임을 벗어나 새로운 각도와 시선으로 문제를 볼 수 있다. 메타 생각이란 '생각에 대한 생각'이며 '생각의 이중 스캐닝'이라

할 수 있다. 우리는 살아가면서 무수한 문제들을 만난다. 문제의 해결책을 찾기 위해 머리를 쓰고 고민하는 것을 1차 생각이라 부른다. 1차 생각은 머릿속에 있는 지식을 찾고 그것을 연결하는 행위이다(1차 스캐닝). 문제를 제때 해결하지 못하는 것은 적절한 지식을 못 찾았거나 지식의 연결에 실패했기 때문이다. 그러나 계속 몰두해서 생각하다 보면 언젠가 문제가 풀린다. 여기까지가 우리가 아는 문제 풀이의 일반적 과정이다. 그런데 천재들은 우리의 이 일반적인 과정을 뛰어넘어 단번에 발상을 전환하여 해법을 찾아낸다. 아쉽지만 우리는 갑자기 이런 천재가 될 수는 없다. 다만 천재의 발상 과정을 잘 이해하고 훈련을 한다면 우리의 숨은 창의성이나 능력을 극대화할 수는 있다. 메타 생각 훈련은 바로 이런 훈련의 하나이다. 기존 지식을 스캐닝하는 1차 생각에서 해법을 찾지 못하면 미궁에 빠진다. 이때 새로운 생각을 생성하지 못하는 이유는 '내가 모르는 것'이 무엇인지 생각하지 못하기 때문이다. 1차 생각은 내가 아는 것만 스캐닝하는 것이다. 1차 생각에서 문제를 해결하지 못하고 진전이 없을 때 1차 생각을 하는 자신을 생각해 보아야 한다. 1차 생각을 과거로 이동시키면 1차 생각이 움직이는 과정을 다시 생각할 수 있다(2차 스캐닝). 이것이 메타 생각기법의 기본 원리이다. 1차 생각을 다시 스캐닝하면서 자신이 모르는 것과 왜 그렇게 생각하고 있는가를 분명하게 잡아낸다. 이런 과정을 통해서 1차 생각과는 다른 새로운 생각 체계로 들어갈 수 있다. 즉 메타 생각의 반복을 통해서 기발한 생각을 스스로 만들게 되는 것이다. 이때 도움이 되는 생각 기술 기법으로는 관점의 전환, 차원 및 크기의 변화, 사물의 변형, 역발상, 분해 및 합성, 이미지로 생각하기 등이 있다.

예를 들어 2, 3, 5, 7, 9라는 다섯 개의 숫자가 있다. 이중 이질적인 하나를 골라보아라. 대부분 짝수인 2, 소수가 아닌 9 등의 답을 내놓을 것이다. 이것은 수학이라는 생각의 프레임 안에서 내놓은 답이다. 프레임을 바꾸어 답을 내놓는다면 7도 답이 될 수 있다. 주어진 5개의 숫자 중에 7만이 곡선이 없는 직선으로만 이루어진 숫자이기 때문이다. 이처럼 메타 생각은 새로운 관점과 해결책을 제시할 수 있는 방법 중 하나다.

잭 포스터가 학생들을 강의실 한쪽 벽에 서 있도록 하고는 종이비행기를 만들라고 했다. 종이비행기를 다 접고 나서 방을 가로질러 맞은편 벽을 향해 날리게 했다. 벽과 벽 사이 거리는 약 5미터 정도였다. 학생들은 열심히 각양각색의 종이비행기를 접어서 날렸다. 하지만 대부분이 맞은편 벽에 도달하지 못하고 날아가는 도중에 아래로 곤두박질치기 일쑤였다. 이때 잭 포스터는 이렇게 말했다. "여러분은 이제 장거리 종이비행기 날리기 세계 챔피언이 어떻게 하는지를 보게 됩니다." 그러고는 공책 한 장을 똘똘 뭉쳐서 골프공만한 크기로 만든 다음에 맞은편 벽으로 던졌다. 성공이었다. 누가 종이비행기는 꼭 비행기처럼 보여야 한다고 말했는가?

사람은 자신이 처음 선택한 생각의 프레임에서 벗어나기가 쉽지 않다. 이때는 생각의 프레임 속에서 관성적으로 움직이는 자신의 생각을 잠시 멈추어야 한다. 한 발짝 떨어져서 생각하는 과정, 그리고 문제와 자신을 바라보아야 한다. 그리고 관점 전환, 낯설게 하기, 다른 환경에 두기와 같은 생각 기술 기법을 활용하여 '생각에 대해 한 번 더 생각'을 해야 한다. 이렇게 함으로써 한계를 넘어설 수 있고 새로운 연결고리도 발견할 수 있다. 이렇게 다양한 방법으로 생각하는 힘과 방법을 기르다 보면 메타 생각은 '생각의 점화장치'가 되어 창의적인 발상을 만들어 낼 수 있다.

경영학의 구루인 피터 드러커는 "창의력이 없으면 죽은 것과 같다"는 말을 남겼을 정도로 우리 인간이 살아가는데 창의력은 꼭 필요한 힘이다. 창의성은 신비로운 재능이나 선천적으로 타고나는 것이 아니며, 도구와 기법의 사용 및 훈련에 의해 학습될 수 있는 사고 기술이다. 창의성을 향상시키기 위해서는 익숙함과 이별하고, 생소함을 사랑해야 한다. 그리고 6살 아이의 호기심으로 사물을 바라보면서 끊임없이 질문을 던져야 한다. 생각이 프레임에 갇히려고 할 때 생각 기술 기법을 활용하여 새로운 발상을 하도록 노력하자.

PART 3

즐거운 인생을 위해

책 읽기 :
책 읽기에서 즐거움과 행복을 만나다

인생 반환점에서 나의 삶에 큰 영향을 준 것이 무엇인지 곰곰이 생각해보면 그중 하나는 바로 책 읽기다. 책을 읽기 시작하면서 나의 삶에 큰 변화가 생겼다. 솔직히 대학 졸업하고 입사한 후 약 20년 동안 해외출장 갈 때 가끔 몇 권 읽은 것 빼놓고는 거의 책을 읽지 않았다.

아내가 국문학과 출신이고 어릴 때부터 책 읽는 습관이 들어있어 매년 수십 권의 책을 읽는 것이 부러웠다. 하지만 나는 일 때문에 바쁘다는 핑계로 책을 거의 읽지 않았다. 돌이켜 생각해 보면 책 읽는 것은 습관인데 이 습관을 어릴 때부터 들이지 못한 것이 책 읽기를 소홀히 하게 된 이유인 것 같다.

40대 중반에 들어서면서 회사 생활을 언제까지 할 수 있을지에 대한 막연한 불안감이 들었고 미래를 어떻게 준비할 지를 고민하게 되었다. 문득 책을 열심히 읽는 아내를 보면서 책을 통해 실마리를 발견할 수 있을 거라는 생각이 들었고 그때부터 책을 본격적으로 읽기 시작했다. 주변 환경이 사람의 행동에 영향을 끼치는데 아내의 책 읽는 모습 그리고 책장 가득한 책들을 보면서 나도 모르게 어느덧 책에 가까워져 있었다. 하지만 일 때문에 바쁘다는 핑계로 애써 외면해 왔었다. 40대 중반 인생 반환점에서 앞으로의 해법을 찾으려고 고민할 때 환경에 의해 잠재의식에 내재되어 있었던 책 읽기 욕망이 불쑥 나타났던 것이다.

책은 자기계발서부터 읽기 시작했다. 인문학 열풍이 불고 있었지만 아무래도 회사 생활하는 입장에서 자기계발서가 도움이 된다고 판단했기 때문이다. 자기계발서로 처음 읽었던 책은 데일 카네기의 『인간관계론』이었다. 서점 자기계발 코너에서 도움이 될만한 책을 찾던 중 눈에 들어와 집었는데, "하버드 대학 4년 과정과도 바꾸지 않겠다!"는 커버 문구처럼 자기계발서에 있어 이보다 나은 책이 있을까 싶을 정도로 감명 깊게 읽었다. 책이 출판된 지 거의 80년이 다 되어 가지만 책 내용이 인간관계의 본질을 건드리고 있다. 또한 읽기 쉽고 정리가 잘되어 있어 한 번은 꼭 읽어볼 것을 추천한다.

독서의 범위는 우선 자기계발서 중심으로 읽기 시작했고 점차 인문학, 세계사, 철학 분야로 넓혀나갔다. 책 읽기를 시작한 초반에는 한 권의 책을 꾹꾹 눌러 읽으면서 내용을 마음에 새기려고 노력했다. 그리고 중요한 내용은 파일로 정리했다. 책을 본격적으로 읽으면서 앞으로 읽어야 될 책이 많다는 것을 깨닫게 되었다. 다독에 대한 욕심이 생기다 보니 한번 읽은 책은 잘 안 보게 되었다. 이 때문에 중요한 내용을 별도로 정리해 놓지 않으면 기억도 안 나고 잊혀 버린다는 것을 알게 되었다. 어렵게 시간을 내서 읽은 책인데 기억이 안 나면 억울한 생각이 들었다. 이 때문에 책의 중요한 내용을 정리하는 습관을 들였고 정리한 내용을 핸드폰에 저장해서 가지고 다녔다. 이렇게 하니 책 내용이 생각이 안 날 때에는 핸드폰으로 바로 볼 수가 있었다. 틈틈이 다시 볼 수가 있어 내용이 오랫동안 기억에 남고 가슴에 오롯이 새겨져 행동으로까지 나아갈 수 있었다.

조선 후기 대표적인 실학자인 정약용 선생은 평생 500여 권의 책을 썼다. 1800년 정조가 세상을 떠나자 그는 전라도 강진으로 귀양을 가게 되었다. 정약용 선생의 나이 마흔 살에 시작된 귀양살이는 18년 동안이나 계속 되었다. 20여 년을 가족과 떨어져 살면서 두 아들에게 아버지로서 가르치고 싶은 것을 편지로 써서 보냈다. 정약용 선생은 두 아들에게 "중요한 내용은 기록해 두어라. 한번 쭉 읽고 버려둔다면 나중에 다시 필요한 내용을 찾을 때 곤란하니 모름지기 책을 읽을 때에는 중요한 내용이 있거든 가려 뽑아서 따로 정리해 두는 습관을 길러야 할 것이다. 이것을 바로 초서라고 하는 것이다"라고 말하여 책 정리의 중요성을 강조했다. 이렇게 하는 것이 책 내용을 한 번 더 생각하게 되고 오랫동안 기억에 남게 할 수 있고 나중에 필요할 때 바로 사용할 수 있음을 안 것이다. 이런 습관이 유배지에서 500여 권의 책을 쓴 원동력이 되지 않았나 싶다. 책을 읽은 후 따로 시간을 내서 내용을 정리하는 것은 귀찮고 생각보다 시간이 걸린다. 하지만 일단 습관을 들이고 나중에 정리한 내용을 요긴하게 써먹게 되면 정리의 소중함을 깨닫게 된다.

습관은 처음에 길들이는 것이 힘들다. 하지만 노력해서 일단 습관을 들이면 그것을 유지하는 데는 처음보다 훨씬 적은 에너지와 노력이 들어간다. 사람의 미래를 결정하는 것은 자신이 아니다. 사람은 습관을 만들고 그 습관이 그 사람의 미래를 만드는 것이다. 성공하는 사람은 좋은 습관을 많이 가진 사람이다. 정약용 선생이 강조했듯이 책을 읽은 후 중요한 내용을 메모하고 정리하는 것은 좋은 습관이다. 좋은 습관을 기르는 것은 원래 귀찮고 힘든 법이다. 하지만 처음 시작할 때 확실히 길들이면 평생 따라다니면서 도움이 된다.

책 읽기 시작한 지 3개월 정도 지나니깐 책 읽는 재미를 느끼게 되고 책 읽는 습관도 완전히 붙었다. 무엇보다 책을 통해 이전에 몰랐던 다양한 지식과 정보를 얻게 되어서 좋았다. 이를 통해 주변의 사물 및 현상을 여러 각도에서 볼 수 있는 힘이 생겼다. 그동안 내가 조그만 우물 안의 개구리였다는 것을 깊이 깨달았다. 그리고 왜 이제서야 책을 읽기 시작했는지, 좀 더 일찍 시작했으면 좋았을 텐데 라는 후회가 들었다. 다독을 결심하게 된 것은 지난 20년 동안 일 핑계로 책을 읽지 않은 것을 만회해야겠다는 생각이 들어서였다. 처음 3개월 정도 정독을 할 때는 한 달에 2~3권의 책을 읽었다. 하지만 다독을 결심한 후에는 일주일에 2~3권, 월 10권을 목표로 연간 100권 이상의 책을 읽기로 결심했다. 책은 주 중에는 퇴근 시간 후, 주말에는 여가에 주로 읽었다. 다독 결심을 했지만 책을 빨리 읽는데 익숙하지 않았고, 책 내용까지 정리하다 보니 일주일에 한 권도 빠듯했다. 하지만 다독 습관을 들이려 계속 노력했고 차츰 책 읽는 요령이 생기면서 한 달에 7~8권까지 나아갈 수 있었다.

질과 양 중에서 양에 집중하는 것이 더 좋은 결과를 낳는다는 기사도 다독 결심에 영향을 주었다. 학생들을 두 그룹으로 나누어 미술

작품을 만들게 했다. 첫 번째 그룹은 그림이나 공예 작품의 양에 관계없이 제대로 만들 것을 요구했다. 두 번째 그룹은 작품의 질에 관계없이 하루에 무조건 10개 이상의 작품을 제출하도록 요구했다. 질을 중요시하는 그룹은 주로 공부하고 회의하면서 시간을 보냈다. 제대로 만들어 보겠다는 생각에 작품이 생각보다 쉽게 나오지 않았다. 양을 중요시하는 그룹은 어렵게 생각하지 않고 단순한 것이라도 하루에 10개씩 작품을 꾸준히 결과물을 제출했다. 이렇게 2주간 실험을 진행했고 제출된 작품 중에서 제일 우수한 작품 5개를 선정했다. 놀랍게도 우수한 작품 대부분이 양을 중요시한 그룹에서 나왔다. 이 기사를 통해 처음부터 제대로 하겠다는 것보다 비록 단순한 것일지라도 다양하게 많은 시도를 해보는 것이 더 좋은 결과를 가져온다는 것을 알게 되었다. 양이 질을 낳고 양이 재능을 이기는 것이다. 『48분 기적의 독서법』의 저자인 김병완은 "많은 책을 읽은 사람이 한 권의 명저를 읽은 사람보다 많은 것을 얻게 될 것이고, 많은 변화를 이룰 것이다"라고 말한다. 아무리 좋은 책이라도 수십, 수백 권의 책을 대신할 수 없다는 의미이다.

다독이 좋으냐 정독이 좋으냐에 있어 정답은 없다고 생각한다. 그 나름대로 장단점을 가지고 있기 때문이다. 나의 경우 오랫동안 책과 떨어져 있어서 그동안 제대로 못한 것을 만회하고 싶어서 다독 결심을 했다. 막상 책을 읽으니 다양한 분야의 좋은 책들이 눈에 많이 띄어서 빨리 읽고 싶다는 욕심과 열정도 생겼다. 짧은 시간 내에 좋은 책을 많이 읽어서 지식과 사고의 폭을 좀더 빨리 넓히고 싶었다. 개인적으로는 다독보다는 정독을 좋아한다. 지금은 다독이 필요한 상황이라 여기에 집중하지만 어느 정도 독서량에 도달하면 그때부터는 정독으로 전환할 생각이다.

　책 읽기는 지식과 사고의 폭을 넓고 깊게 해주는 점도 있지만 정신적으로 스트레스를 해소시켜 준다. 출근해서 회사에서 각종 업무에 시달리고 사람들과의 관계에 치이다 보면 퇴근 즈음에는 몸도 마음도 지친다. 회사 업무에서 스트레스를 받는 이유는 스스로 주도적으로 일하지 못하고 남의 지시에 의해 수동적으로 일하기 때문이다. 내 시간과 에너지를 남을 위해서가 아니라 내가 좋아하고 재미를 느끼는 일에 사용한다면 스트레스를 훨씬 적게 받으며 즐겁게 일을 할 수 있을 것이다. 하지만 현실적으로 먹고 사는 문제와 가족 부양을 생각하면 직장 생활에서 벗어나기가 쉽지 않다. 어떻게든 직장 생활에 적응하면서 여기서 나오는 스트레스를 적절히 해소하는 것이 중요하다. 책 읽는 것이 스트레스 해소에 도움이 될까라고 생각하는데 막상 시작해 보면 상당히 도움이 된다. 퇴근 후의 시간은 업무를 벗어난 내 의지대로 조정할 수 있는 시간이다. 이때 좋아하는 책을 조용히 집중해서 읽으면 업무 스트레스로 인해 혼란스럽고 짜증스러웠던 감정과 마음 상태에서 벗어날 수 있다. 책을 읽기 시작한 후 30분 정도 지나면 정신이 안정되고 마음이 평온해지기 시작한다. 집중해서 계속 책의 내용에 빠져들면 직장에서의 스트레스는 점점 사라진다. 퇴근 후 집에서 텔레비전을 보거나 게임을 하거나 인터넷을 하는 것 대신에 좋아하는 책 읽기에 한 번 도전해 보라. 업무 스트레스에서 벗어날 수 있고 책을 통해 다양한 지식 습득과 사고의 폭을 넓힐 수 있다. 또한 자식들에게 책 읽는 모습을 보여주고 같이 읽음으로써 자식들 교육에도 긍정적 영향을 미칠 수 있다.

다시 한 번 강조하지만 책을 읽으면 일상의 스트레스와 잡념으로부터 벗어날 수 있다. 퇴근 후 책 읽는 습관을 들여보라. 책 읽기에서 재미와 즐거움을 느끼기 시작하면 퇴근 시간이 기다려질 것이다. 회사 일에서 스트레스를 받는 것은 피할 수가 없다. 하지만 퇴근 후 좋아하는 책을 읽고 마음의 안정과 평온을 얻을 생각을 해보라. 그러면 지금의 힘든 상황은 충분히 감당할 수 있고 또한 마음의 여유도 생길 것이다.

다독을 결심한 후 책 읽기 관심 분야는 딱히 정한 것도 아닌데 아래와 같이 진행되어 갔다.

자기계발서 → 인문학, 세계사, 철학 → 고전 소설, 시, 예술 작품

처음에는 직장인으로서 회사 생활에 도움이 되는 자기계발서부터 시작했다. 회사 생활에서 제일 중요한 부분은 일과 인간관계이다. 자기계발서는 일에서의 성공, 원만한 인간관계 구축에 대해 많이 다루기 때문에 직장생활에 도움이 되었다. 살아가는 데 있어 중요한 주제인 일과 인간관계를 좀 더 깊게 공부하려다 보니 자연스럽게 소위 문·사·철이라 불리는 인문학, 세계사, 철학으로 관심이 옮겨가게 되었다. 오랫동안 살아서 우리의 현재 삶에 영향을 미치고 있는 고대 동·서양의 인문학 책들을 조금씩 접하기 시작했다. 내가 발 딛고 서있는 세계를 과거부터 현재까지 재인식함으로써 미래에 대한 통찰력을 키우고 싶었다. 또한 인간의 심리와 본질을 깊게 고민하고 파헤친 철학자들의 사상을 이해하고 싶었다. 직장생활에 도움이 되는 자기계발과 처세술을 익히기 위해 시작한 책 읽기가 그 본질에 대한 의문과 호기심으로 이어지면서 역사, 철학, 사상까지 나아가게 된 것이다. 이런 과정을 거치면서 다양한 지식, 정보, 관점, 경험 들을 폭넓게 쌓을 수 있었다. 이를 통해 일과 인간관계 본질에 대한 나 자신의 관점과 사고를 재정립할 수 있었다. 문·사·철 이후에는 어린 시절 유년기 이후 잃어버린 감수성을 다시 일깨우는 고전 소설, 시, 예술작품으로 관심이 옮겨왔다. 요즘에는 고전 소설, 시, 미술에 관련된 책들을 읽곤 한다. 이 책들을 통해 오감을 자극하여 잃어버리고 꽁꽁 얼어버린 섬세한 감수성을 되찾고 키우려고 노력하고 있다. 어린 시절 풍부했던 감수성을 되찾아야 사물과 현상을 새롭게 볼 수 있는 능력을 키울 수 있고 이를 통해 창의력을 더 크게 발현할 수 있기 때문이다.

문화체육관광부에서 발표한 '2015년 국민 독서 실태 조사' 결과 발표를 보니 지난 1년간 1권 이상의 일반 도서(교과서, 참고서, 수험서, 잡지, 만화를 제외한 종이책)를 읽은 사람의 비율, 즉 연평균 독서율은 성인 65.3%, 학생 94.9%로 나타났다. 2015년 성인의 연평균 독서량은 9.1권이며 독서 시간은 일 평균 25분이었다. 국민 독서 실태는 2년마다 한 번씩 실시되는데 2013년과 비교해 보면 성인 연평균 독서율은 6.1%, 학생 연평균 독서율은 1.1%, 독서량은 0.1권, 독서 시간은 0.6분 감소했다. 2013년과 비교해 볼 때 흥미로운 점은 전체 평균 독서량은 2013년 9.2권과 2015년 9.1권이 비슷하지만, 성인 및 학생 포함 독서자 기준 평균 독서량은 2013년 12.9권에서 2015년 14.0권으로 오히려 늘었다. 이는 독서 인구(독서율)은 감소했지만 책을 읽는 사람은 더 많은 책을 읽었기 때문이다. 책을 읽으면 지식의 양이 늘어나서 생각이 넓어지고 깊어진다. 사물이나 현상을 다양하게 분석할 수 있게 되고 이런 과정에서 새로운 기회를 발견할 수 있게 된다. 이러한 독서의 유익한 점을 책을 읽는 사람들은 잘 알고 있기 때문에 계속해서 책을 더 읽게 되는 것이다. 벤자민 프랭클린은 "지식에 투자하는 것이 항상 최고의 이자를 지불한다"라고 말했다.

2015년 국민 독서 실태 내용을 들여다 보면 연평균 독서율은 65.3%로 한국인 세 명 중 1명은 1년간 책을 단 한 권도 읽지 않는다. 또한 해가 갈수록 독서 인구 비중은 줄어드는 것으로 나타났다(2007년 연간 평균 독서율 76.7%). 평소에 책 읽기가 충분치 못한 이유는 대부분이 일 또는 공부 때문에 바빠서 이거나 책 읽는 것이 싫고 습관이 들지 않아서 일 것이다. 하지만 주변을 보면 바쁘다, 마음의 여유가 없다고 하면서도 술자리, 인터넷 검색, TV 보기는 꾸준히 하고 있다. 나 또한 최근 책 읽기 시작하기 전까지도 다른 사람들과 별반 차이가 없었다. 왜 우리나라 사람들은 책 읽기에 인색할까? 친구와 동료들과의 술자리, 인터넷 검색, TV 보기에는 너그러우면서 말이다. 책 읽기는 혼자 집중해서 몰입하면서 책과 대화하며 사색하는 시간이다. 책을 다른 누군가와 같이 읽을 수는 없다. 책을 제대로 읽기 위해서는 시간을 내서 오롯이 혼자 집중해야 한다. 우리나라 연간 독서량이 저조한 이유는 교육 제도와 주변 환경의 영향이 크다고 볼 수 있다. 학교에 가는 원래 목적은 자신이 좋아하고 재미있어 하는 것을 발견하고 그것을 공부하러 가는 것이다. 하지만 우리나라 교육은 철저히 주입식 및 입시 위주로 흘러간다. 초등학교에 들어가면 학교 규율을 잘 따르고 수업에 충실하면서 시험 점수가 좋아야 칭찬을 받는다. 수업은 대화와 토론보다는 조용히 듣고 빨리 이해하는 것이 우선이다. 다양한 활동보다는 시험을 통한 점수로 순위가 결정되고, 좋은 점수를 받아야 좋은 중학교, 고등학교로 진학할 수 있다. 좋은 대학에 진학해야 결국 많은 월급을 주는 회사에 취업할 수 있다. 즉 현재의 학교 교육은 사회와 기업이 정한 규칙을 충실히 따르는 인간을 만드는 데 집중하고 있다. 이런 환경에서 개인의 자존, 본질, 창의성은 쉽게 무시된다. 부모들도 이런 교육 환경이 탐탁지 않지만 본인들도 그렇게 교육을 받았고 그렇다고 대안 또한 마땅치 않다. 주변 대부분 부모들이 힘들어하면서도 현재 교육 제도를 따라가고 있으니 뒤처지지 않기 위해서 어쩔 수 없이 따라갈 수밖에 없는 구조다. 이러한 본질적 문제를 가진 교육 환경에서 학교 성적과 관련이 없는 책 읽기를 어릴 때부터 유지한다는 것은 매우 힘들다. 초등학교 때 그나마 시간적 여유가 있어 책 읽을 기회가 많은데 요즘은 학교 마친 후 여러 개의 학원을 가기 때문에 이마저도 쉽지 않다. 오히려 요즘 초등학생의 하루 일정이 부모들보다 더 바쁠 정도로 힘들다고 하니 요즘 아이들이 불쌍하게 여겨진다.

마이크로 소프트 창시자인 빌 게이츠는 현재의 자신을 있게 해준 것이 어릴 적 동네에 있었던 작은 도서관이라고 했다. 그리고 하버드

대학 4년 졸업장과도 바꾸지 않고 싶다는 것이 책 읽는 습관이라고 했다. 투자의 귀재라 불리는 워렌 버핏은 일과 중 반을 독서에 할애한다. 그는 취미생활로 책을 보는 것이 아니라 한 시도 손에서 책이 떠나지 않는다. 그는 독서를 통해 통찰력을 터득했고 그 통찰력으로 투자의 귀재가 될 수 있었다. 공자는 '배우고 생각하지 않으면 어둡고, 생각만 하고 배우지 않으면 위태하다'며 독서를 하면서 생각하는 것이 가장 현명해지는 방법이라고 했다.

나폴레옹은 지휘봉보다 책을 더 사랑한 영웅이었다. 책벌레였던 나폴레옹은 52년 평생 무려 8,000여 권의 책을 읽었다. 적어도 일 년에 백육십 권, 이틀에 한 권꼴로 책을 읽은 셈이다. 나폴레옹은 삶과 죽음이 하루에도 몇 번씩 왔다 갔다 하는 전쟁 가운데 막사에서도 틈만 나면 책을 읽고, 심지어 말을 타고 이동하면서도 책을 읽었다. 1815년 워털루 전쟁에서 패하여 유배를 간 대서양의 세인트 헬레나 섬에 숨을 거둔 순간까지 책을 들고 있었다고 한다. 독서에 때와 장소를 가리지 않았음은 물론이고, 언제나 많은 책을 읽었다. 전쟁터에 나갈 때마다 책을 한 마차씩 끌고 갔을 정도였다. 총사령관으로 이집트로 원정 갔을 때는 불과 한 달 머물 계획이었는데도 1,000권이 넘는 책을 싣고 떠났다. 그의 독서 목록을 보면 전쟁과는 상관없는 책도 매우 많았다. 역사, 지리, 여행, 문학, 미술, 과학 분야에 이르기까지 영토만큼이나 관심이 미치지 않은 분야가 없었다. 그가 책을 놓지 않았던 이유는 총의 힘보다 펜의 힘을 믿었기 때문이다. 역사가나 전기 작가들은 입을 모아 나폴레옹을 당시의 학식과 교양이 가장 높은 인물 가운데 한 사람이라고 말한다. 수많은 승리를 이끌어낸 나폴레옹의 리더십은 어릴 때부터 잘 다져 온 지성에서 비롯되었다고 할 수 있다.

김대중 전 대통령은 자타가 공인하는 애서가로 알려져 있다. 고등학교를 졸업하고 해운회사를 거쳐 정치에 뛰어들었던 그에게 스승은 바로 책이었다. 4전 5기로 대통령이 되었을 때 대형 트럭 2대 분량의 책을 들고 청와대에 입성했다고 한다. 이발소에 가던, 밥을 먹던, 침대에 있던 그의 손에는 항상 책이 들려 있었다. 그는 문학, 역사, 철학, 종교, 정치, 경제 등 다방면의 책들을 가리지 않고 읽었다. 독서 후 발췌록이나 메모를 남기는 습관이 있었는데 그의 서재에 있던 많은 책에는 밑줄이 그어져 있고 깨알 같은 메모가 적혀 있었다. 그는 "독서는 정독하되, 자기 나름의 판단을 하는 사색이 꼭 필요하다. 그럴 때만이 저자나 선인들의 생각을 넓고 깊게 수용할 수 있다"고 말했다. 김대중 전 대통령의 지성의 힘, 해박한 지식, 유창한 말솜씨, 친화력, 그리고 리더십은 그의 유별난 책 사랑에서 비롯됐다고 볼 수 있다. 1981년 내란음모사건으로 수감생활을 했고 사형선고를 받은 후 5개월간 독방생활을 했는데 이때 독서가 가장 절친한 벗이자 동지였다. 그는 나중에 당시를 회상하며 "읽고 싶은 책을 맘껏 읽을 수 있다면 감옥에라도 가고 싶다"고 말할 정도로 독서에 대한 애정이 남달랐다. 서거 당시까지도 3만 여권의 책을 소장할 정도로 둘째가라면 서러워할 위대한 독서가였다. 그에게 스승은 바로 책이었고 책을 통해 세상을 읽고 세상의 일을 탐구했으며 깨달은 바를 행동으로 옮겼다.

84세의 나이로 세상을 뜬 토머스 에디슨은 평생동안 1,093건의 특허를 취득했으며 1,300여 건의 발명품을 세상에 발표했다. 그리고 에디슨의 발명품은 대부분 상업적으로 성공했다. 그는 12살 때부터 신문을 팔았고, 15살에는 전신기술을 배워 기술자가 되었다. 그는 전등과 발전기를 발명하고 가정에까지 전기를 공급한 제너럴 일렉트릭(GE)라는 회사를 설립했다. 에디슨이 발명과 사업가로 성공할 수 있었던 중요한 요인 중의 하나는 독서였다. 그는 초등학교 시절 쓸데없는 질문을 많이 해서 저능아로 판정을 받아 학교에서 쫓겨난다. 하지만 어머니 낸시는 아들에게 실망하지 않고, 아들의 잠재력을 깨우기 위해서 독서교육을 선택했다. 에디슨은 학교 교육을 3개월 밖에 받지 못했지만 어머니로부터 책 읽어 주기라는 최고의 선물을 받았다. 책 읽기에 맛을 본 에디슨은 소년 시절에 디트로이트 도서관에 있는 문고판, 백과사전, 전집 등을 비롯한 각 분야의 책들을 가리지 않고 도서관을 통째로 다 읽어버렸다. 에디슨의 독서에 대한 열정을 확인할 수 있는 사건이 있다. 신문을 팔던 시절 기차 안에서 실험하다 기차가 흔들리는 바람에 실험용 약품이 쏟아져 그만 불이 났다. 그 사고로 에디슨의 청각에 이상이 생겼다. 하지만 에디슨은 오히려 귀가 안 들려 발명과 독서에 몰두할 수 있어 감사하다고 말했다. 에디슨은 떠오르는 신통한 생각, 아이디어는 독서를 통해 얻는 것이기에 자신의 연구소를 세울 때에도 도서관을 가장 중요하게 생각했다. 에디슨이 평생 읽은 책은 350만 쪽으로 매일 한 권씩 책을 읽어도 30년이 걸리는 어마어마한 분량이다. 에디슨은 어려서부터 일기에 하루 일과를 기록했고, 어른이 되어서도 보고 들은 것은 무엇이든 옮겨 적는 메모광이었다. 에디슨이 평생 메모한 노트는 3,400여 권에 이를 정도의 엄청난 양이었고 창조적인 발명품을 만드는데 큰 도움이 되었다. 에디슨은 정규 교육을 받은 적이 없지만 엄청난 독서량과 메모 습관을 원동력 삼아 위대한 발명가가 될 수 있었다.

철강왕 카네기는 어린 시절 너무 가난해서 신문 배달을 했다. 하루는 이웃인 한 소령의 집에 신문을 배달하러 갔다. 그 소령은 카네기에게 "네가 책을 읽지 않으면 평생 배달만 해야 한다. 그러니까 틈날 때마다 우리 서재에 와서 책을 읽어라"고 말하며 서재를 카네기에게 개방했다. 이후 책을 읽고 훗날 재벌이 된 카네기는 어린 시절의 자기처럼 자신이 어떻게 살아야 할 지 모르는 사람들에게 빛을 주는 길은 책밖에 없다고 생각했다. 그래서 도서관을 열심히 지어 사람들에게 개방했다. 카네기는 다른 기부요청은 다 거절해도 도서관 짓는 기부요청은 기꺼이 받아들였다고 한다.

어린 시절의 카네기가 어떻게 어디서 꿈과 희망을 얻었을까? 바로 책이다. 당신이 평범하다고 생각하는가? 사람들 사이에서 뭔가 특별한 것도 없고, 남들과 차별화된 전략도 없어 직장에서의 미래가 불안한가? 그럼 책 읽기의 힘을 믿어보기 바란다. 평범함 속에 비범함과 개성이 있고, 누가 보아도 차별화된, 갈아치울 수 없는 존재가 되는 것은 바로 책 읽기에서 시작된다. 아이들에게 책을 읽지 않는다고 나무라지 말고 본인부터 먼저 책 읽기를 시도해 보라. 자신도 책을 읽지 않으면서 아이들에게 책을 읽으라고 얘기해봐야 소용이 없다. 읽더라도 읽는 시늉만 하고 없으면 책을 읽지도 않는다. 아이들은 부모들의 말보다 행동을 보고 배운다. 본인이 여유 시간을 만들고 책을 읽기 시작하면 아이들도 금방 따라서 책을 읽기 시작할 것이다. 아이들에게 물려줄 습관 중에 독서만큼 좋은 것은 없다.

한 권만 읽지 말고 뭐든지 들고 읽기 바란다. 먼저 책 읽기 습관을 들이는 것이 중요하다. 출퇴근 길에는 간단하게 읽을 수 있는 것으로 시작하라. 집에서 읽는 책, 사무실에서 잠시 읽는 책과 같이 따로 분리해서 다른 책을 읽는 것이 도움된다. 이렇게 모든 책을 조금씩 다 읽는 날에는 몇 권의 책을 읽게 된다. 책 읽는 양이 늘어나고 다양한 주제를 읽게 될수록 자신의 사고의 넓이와 깊이가 예전과는 달라져 가는 것을 느끼게 될 것이다. 술자리나 대화할 때도 책을 통해 알게 된 주제가 나오면 술술 막힘 없이 나오고 분위기를 주도하게 된다. 한 마디로 공부하지 않아도 저절로 똑똑해진다. 책을 많이 읽게 되면 무엇보다도 말을 하는 능력이 높아지고, 스스로 할 수 있다는 자신감을 얻게 되고, 상상력이 증가하고, 이해력이 풍부해진다.

그 사람을 알기 위해서는 그 사람이 읽는 책을 보면 된다는 말이 있다. 독서가 사람의 가치관과 사상을 구축하는데 큰 영향을 끼치기 때문이다. 성공을 위해, 먹고 살기 위해 열심히 일하는 것도 중요하지만 독서를 통해 자존, 행복, 인생의 의미에 대해 계속 고민하는 시간을 가져야 한다. 책 읽는 습관을 붙인다는 것은 인생의 거의 모든 불행으로부터 스스로를 지킬 피난처를 만드는 일이다.

행복 :
행복은 바로 지금, 여기에 있다

행복이란 무엇일까? 어떻게 살아야 행복한 삶일까? 10대 때는 공부하느라, 20대 때는 취업 준비하느라, 30대 때는 결혼하고 집 장만하느라 바쁘게 살면서, 어떻게 살아야 행복하게 사는 것인지 진지하게 고민을 하지 않았다. 지난 날을 가만히 돌이켜 보면 행복을 추구의 대상 그리고 미래의 목표로 보고 뛰어왔었다. 중학교, 고등학교 시절에는 부모님의 기대에 부응하여 좋은 성적을 올리고 좋은 대학에 가는 것이 행복인 줄 알았다. 대학교 가서는 좋은 회사에 취업해서 돈 많이 벌면 행복할 것으로 생각했다. 30대 결혼한 이후에는 남들보다 빨리 회사에서 승진하고 연봉을 많이 받는 것이었다. 집 문제, 자식 교육, 노후 문제를 걱정하지 않는 경제적으로 풍족한 여건을 빨리 마련하면 행복해 질 것으로 생각했다. 어려서부터 40대 중반까지 사회와 주변에서 인정하는 부, 명예, 높은 지위 등을 차지하면 행복해 질 것이라 여겼다. 주변에서 부러워하는 성공을 이루기 위해 남들과 경쟁하면서 치열하고 바쁘게 살아왔다. 하지만 아무리 열심히 노력하고 치열하게 살아도 삶에 있어 재미와 즐거움은 점점 더 줄어들었다. 일과 인간관계는 뜻대로 되는 경우보다는 그렇지 않은 경우가 더 많았다. 또한 과거에 대한 후회, 현재에 대한 불만 그리고 미래에 대한 불확실은 늘어만 갔다.

어느 날 문득 이렇게 사는 것이 내가 원하는 행복한 삶인가? 나에게 행복이란 무엇인가? 어떻게 살아야 행복한 삶인가? 라는 의문이 들었다. 40대 중반 인생 반환점에서 행복이란 단어를 새롭게 재정립해 볼 필요성을 강하게 느꼈다. 공자는 인생 40대를 불혹이라 했다. 불혹이란 미혹되지 않는다는 말이다. 마흔이면 세상의 모든 일에 대하여 시비분변是非分辨을 할 수 있고 감정 또한 적절하게 절제할 수 있는 나이로 세상 일을 어느 정도 흔들림 없이 이해하게 된다는 것이다. 물론 기원전 고대 시대의 40대와 2000년대 현대의 40대는 차이가 있다. 하지만 나에게 40대는 불혹이 아니라 더 많은 고민, 불안, 불확실 등에 휩싸였고 어떤 유혹에도 흔들리지 않는 불혹은 영원히 안 올 것처럼 느껴졌다. 소설가 박완서 선생이 낸 역사 장편 소설『미망』에 이런 말이 있다. "공자님이 그랬던가 사십이 불혹이라고. 나한텐 육십 고개도 미혹이건만." 나에게 딱 맞는 말이다.

행복해지기 위해서는 '현재를 살라'는 말을 많이 듣는다. 하지만 우리는 여전히 미래의 행복을 위해 살고 더 나은 미래를 위해 현재를 희생한다. 그렇게 고생해서 원하던 미래의 삶을 살게 됐을 때 우리는 잠시 행복감을 느낀 후에 또 다시 더 나은 미래의 행복을 위해 현재를 희생하는 과정을 되풀이한다. 힘들게 취업 준비를 할 때는 회사에 들어가면 문화생활도 즐기고 여행도 실컷 하겠다는 꿈을 꾸며 현재를 희생한다. 하지만 막상 회사에 들어가면 꿈꾸던 생활을 하는 것은 입사 초기 잠시뿐이다. 매일 계속되는 업무 스트레스와 야근 때문에 문화생활이나 여행은커녕 시간이 나면 집에서 쉬기 바쁘다. 그리고 회사에서 남들처럼 승진하고 경쟁에서 살아남기 위해 더 매몰차게 현재를 희생하며 보낸다. 이러한 현재 희생의 사슬을 끊고 싶었다. 행복에 관련된 책을 읽고 주변 사람들과 행복에 관해 이야기를 나눴다. 인생 반환점에서 행복에 대해 다시 한 번 깊게 생각하면서 깨달은 중요한 5가지를 다음과 같이 정리했다.

첫째, 행복은 행복이라는 목표달성을 하는 데 있지 않고 행복을 향해 나아가는 과정에 있다. 행복을 목표로 보고 과정을 소홀히 할 경우 어쩔 수 없는 상황에 맞닥뜨리면 쉽게 좌절하고 삶이 불행하다고 여기기 쉽다. 부, 명예, 인기, 지위를 성공으로 보고 이를 달성하는 것이 행복이라고 여기면 삶이 고달프고 즐거움과 재미가 없어진다. 왜냐하면 부, 명예, 인기, 지위의 추구는 남을 경쟁 상대로 보고 제쳐야 하는 치열한 레드오션 영역이기 때문이다. 이 레드오션 영역은 능력이 뛰어나고 열심히 한다고 해서 성공한다는 보장도 없고 또한 주변 상황 및 기회와도 잘 맞물려야 원하는 성공을 달성할 수 있다. 어렵게 치열한 경쟁을 물리치고 주변에서 부러워하는 부, 명예, 지위, 인기를 획득했다고 할지라도 목표 지향적 사람은 그 기쁨과 행복을 제대로 누리지 못한다. 왜냐하면 목표 지향적인 관계로 하나의 목표를 달성하면 또 다른 목표를 찾고 추구하기 때문이다.

아내와 해외여행 갈 때를 생각해보면 목표 지향과 과정 지향이 분명히 드러난다. 해외여행을 갈 때 나는 여행 기간과 여행 갈 나라를 정하고 그 나라에 가서 어떤 것을 볼 지에 주로 관심이 있다. 여행을 가서 달성해야 할 목표에 집중하는 목표 지향적이다. 반면에 아내의 여행은 여행가기 전부터 시작된다. 여행에 필요한 다양한 물품 준비와 구입, 여행 가서 입을 옷 준비, 여행지에서 먹을 음식과 구입해야 하는 목록 정리, 여행지에서 어떤 추억을 만들지 등을 상상하면서 여행 떠나기 전부터 즐거워하고 들떠있다. 여행가서 새로운 것을 보고 느끼는 것만큼 여행 준비 과정 그리고 여행지에서의 일상까지도 중요시하게 생각하는 과정 지향적이다. 목표 지향적 삶은 여행을 가서 사진을 찍고 보고 왔다는 것이 중요하다. 나중에 여행을 회상하더라도 웃음 지을 만한 추억거리가 별로 없다. 하지만 과정 지향적 삶은 여행 준비 과정, 여행지에서 입었던 옷, 여행지에서 먹었던 음식, 여행지에서 구입한 기념품까지도 생각하기 때문에 추억거리가 많고 훨씬 더 행복해하고 인생도 풍요로워진다.

프랑수아 를로르의 소설 『꾸뻬 씨의 행복 여행』은 정신과 의사 꾸뻬 씨가 전 세계를 여행하며 행복의 비법을 찾는 이야기다. 『꾸뻬 씨의 행복 여행』을 읽다 보면 "행복은 목표로 삼는 것이 문제다"라는 내용이 나온다. "진정한 행복은 먼 훗날 달성해야 할 목표가 아니라, 지금 이 순간 존재하는 것입니다. 인간의 마음은 행복을 찾아 늘 과거나 미래로 달려가지요. 그렇기 때문에 현재의 자신을 불행하게 여기는 것이지요. 행복은 미래의 목표가 아니라, 오히려 현재의 선택이라고 할 수 있지요. 지금 이 순간 당신이 행복하기로 선택한다면 얼마든지 행복할 수 있습니다. 그런데 안타까운 것은 대부분 사람이 행복을 목표로 삼으면서 지금 이 순간 행복해야 한다는 사실을 잊는다는 겁니다." 행복은 이루어야 할 목표가 아니다. 자신이 일상생활을 하면서 느끼는 순간의 기분 좋은 감정에 가깝다.

현재와 과정을 즐기지 못하고 결과만 따진다면 행복해 질 수 없다. 또 아무리 노력해도 결과가 그리 분명하게 나타나지도 않는 세상이다. 행복에 있어 현재와 과정의 중요성을 깨닫고 이것을 즐기는 법을 배워보기 바란다. 그러면 행복은 어느덧 성큼 자신 앞에 다가와 있을 것이다.

둘째, 행복은 추구의 대상이 아닌 발견의 대상이다. 진정한 행복은 주변에서 추구하는 외적인 요인인 부, 명예, 인기, 지위에서 오지 않는다. 지속적인 행복을 얻으려면 일상의 삶 속에서 즐거움과 기쁨을 누릴 줄 알아야 한다. 새로운 하루의 시작, 아이들 깨우기, 일어나서 회사 가는 것, 아침의 상쾌한 공기, 가로수에 핀 나무와 꽃들의 풍경, 계절의 변화, 파란 하늘 등 일상의 작은 것들에 감사하고 기뻐할 줄 알고 현재에 충실하려고 노력해야 한다. 행복은 멀리 있는 것이 아니라 바로 우리 주변에 있으며 여기서 행복을 발견하는 것이다. 말할 수도, 들을 수도, 볼 수도 없었던 헬렌 켈러가 쓴 수필 『사흘만 볼 수 있다면』을 보면 다음의 감동적인 내용이 나온다.

"첫째 날에는 친절과 겸손과 우정으로 내 삶을 가치 있게 만들어준 사람들을 보고 싶다. 손으로 만져보는 것이 아니라 친구들의 내면적 천성까지 몇 시간이고 물끄러미 바라보면서 내 마음속 깊이 간직하겠다. 오후가 되면 오랫동안 숲 속을 산책하면서 바람에 나풀거리는 아름다운 나뭇잎과 들꽃들 그리고 석양에 빛나는 노을을 보고 싶다.

둘째 날에는 새벽에 일찍 일어나서 밤이 낮으로 바뀌는 가슴 떨리는 기적을 보고 싶다. 그리고 서둘러 메트로폴리탄에 있는 박물관에 가서 손끝으로만 보던 조각품들을 보면서 인간이 진화해온 기적의 궤적을 눈으로 확인해 볼 것이다. 그날 저녁에는 영화나 연극을 보면서 시간을 보내고 싶다. 보석 같은 밤하늘의 별들을 바라보면서 하루를 마무리하겠다.

마지막 셋째 날에는 사람들이 일하며 살아가는 모습들을 보기 위해 아침 일찍 큰 길가에 나가 오가는 사람들의 얼굴 표정을 보고 싶다. 그리고 나서 오페라하우스와 영화관에 가서 공연들을 보고 싶다. 도시의 여기저기에서 행복과 불행을 동시에 눈여겨보며 그들이 어떻게 일하며 어떻게 살아가는지 보고 싶다. 그리고 어느덧 저녁이 되면 네온사인이 반짝이는 쇼윈도에 진열되어 있는 아름다운 물건들을 보면서 집으로 돌아와 나를 이 사흘 동안만이라도 볼 수 있게 해주신 하나님께 감사의 기도를 드리고 영원히 암흑의 세계로 돌아가겠다."

헬렌 켈러가 3일간 경험해 보고 싶었던 것들은 거창한 것이 아니라 우리의 평범한 일상들이다. 행복은 우리의 일상생활에 존재하는 것이고, 일상의 소중함을 깨닫고 여기서 즐거움과 기쁨을 발견하는 것이 진정한 행복의 시작이다.

셋째, 행복은 외적 조건에 달린 것이 아니라 내적 조건에 달려있다. 몇 번 강조하지만 인간을 행복하게 또는 불행하게 만드는 것은 외적 조건인 부, 지위, 인기, 명예가 아니다. 현재 처해 있는 환경과 상황을 어떻게 바라보고 대응하느냐 하는 내적인 부분에 더 큰 영향을 받는다. 아우렐리우스 황제는 "네가 외적인 일들로 인해서 마음고생 하고 있다면, 그것은 그 일들 때문이 아니라 네가 그것들을 어떻게 평가하고 있는가에 의해서다. 그 평가와 판단을 한꺼번에 지워버릴 수 있는 것도 너의 손안에 달려있다"라고 말했다.

노점 행상을 하더라도 내 일이라고 생각하고 재미있고 즐겁게 일하면 많은 월급을 받는 직장인만큼 행복할 것이다. 물론 행복 유지에 있어 어느 정도의 경제적 여건은 충족 되어야 한다. 하지만 경제 상황이 일정 수준 이상이 되면 돈의 많고 적음이 행복에 큰 영향을 미치지 못한다. 물건을 소유한다고 해서 진정한 만족을 느낄 수 있는 것은 아니다. 물질적인 것으로 정서적, 정신적 욕구를 채우려고 하면 더 많은 물질을 원하게 된다. 오히려 만족과 거리가 멀어진다. 반대로 정서적, 정신적 욕구를 올바르게 채우면 소유물이 많든 적든 만족할 수 있다.

월스트리트저널에서 돈과 행복의 관계를 조사한 적이 있다. 기사에 따르면 물건을 구매하기(소유)보다 무언가를 하는 편(경험)이 훨씬 더 큰 만족감을 준다고 한다. 즉 물질에 대해 돈을 쓰는 것보다 삶을 풍요롭게 하는 어떤 삶의 경험에 투자하는 것이 훨씬 더 오래 기억하고 훨씬 더 행복감도 지속된다는 것이다. 그리고 수입과 상관없이 타인을 위해 돈을 쓸 때 더 큰 행복을 느낀다는 결과가 나타났다고 한다.

요즘 부모님 생일 때 필요할 때 쓰시라고 돈을 많이 주곤 하는데 귀찮더라도 여행과 같은 함께 할 수 있는 추억거리를 만드는 게 훨씬 큰 만족감과 행복을 가져다 줄 것이다.

다산 정약용 선생은 재물 활용법으로 "무릇 재물을 비밀스레 간직하는 것은 베풂만 한 것이 없다. 내 재물로 어려운 사람을 도우면, 흔적 없이 사라질 재물이 받은 사람의 마음과 내 마음에 깊이 새겨져 변치 않는 보석이 된다"라고 말했다. 자신이 행복하고 즐겁게 사는 것도 중요하다. 하지만 사회의 어려운 사람들을 위해 봉사하고 다른 사람을 위해 공헌하는 것 또한 진정한 행복을 추구하는 데 있어 중요한 부분이다. 우리는 자신의 존재나 행동이 타인이나 공동체에 유익하다고 생각할 때 자신의 가치를 실감할 수 있고 또한 행복감을 느낄 수 있다.

넷째, 우리는 지금 당장 행복해 질 수 있다. 행복은 습관이다. 에이브러햄 링컨은 "대부분은 자신이 행복하고자 마음먹는 만큼 행복하다"고 말했다. 행복은 마음먹기에 달려 있고 내가 처한 상황을 어떻게 바라보냐에 달려있다. 행복을 어렵게 생각하면 한없이 어렵고 달성하기 힘든 것이 될 수 있으나 자신의 상황과 현실에 맞게 맞추고 편하게 생각하면 항상 행복한 법이다. 노벨경제학상을 받은 프린스턴 대학의 카네만 교수는 '일상의 즐거움'을 행복의 가장 중요한 조건으로 생각했다. 그는 행복을 아주 심플하게 정의한다. 행복이란 '하루 중 기분 좋은 시간이 얼마나 되는가에 의해 결정된다'는 것이다. 기분 좋은 시간이 길면 길수록 행복하고 기분 좋은 시간이 짧으면 짧을수록 불행한 것이다. 내일 행복은 생각지도 말고 지금 당장 행복한 것이 중요하다.

행복은 습관이고 마음먹기 나름이다. 항상 투덜거리고, 흠을 잡고, 불만이 많은 사람이 있다. 반면에 사소한 일에도 감동하고 매사에 감사하고 만족하는 사람이 있다. 이러한 성격과 습관의 차이가 개인의 행복도를 좌우한다. 행복은 정신적 습관이며 태도이기 때문에 바로 지금 그것을 배우거나 연습하지 않으면 경험할 수 없다. 그것은 어떠한 외적인 문제를 해결함으로 인해 부수적으로 얻을 수 있는 것이 아니다. 인생은 문제의 연속이기 때문에 하나의 문제를 해결하면 또 다른 문제가 발생하기 마련이다. 하지만 마음 먹기에 따라서는 우리를 불행하게 만드는 일상생활의 수많은 사건과 주변 상황에서 벗어나 행복하고 즐거운 생각을 하면서 지낼 수 있다. 사람들은 대부분 습관적으로 욕구불만이나 불만족, 분노, 성급함을 드러낸다. 우리가 지금까지 그런 식으로 반응해 왔기 때문에 이러한 반응들이 습관적으로 익숙해진 것이다. 평소에 작은 일에 기뻐하고, 수시로 즐거워하고, 모든 이에게 감사하는 마음을 갖는 것이 개인 행복도를 결정하는 것은 확실하다. 그리고 습관적으로 행복해하면 평생 행복해 질 수 있다.

다섯째, 진정한 행복은 남과 비교하지 않고 나를 찾아가는 과정이다. 박노해 시인은 진정한 행복에 대해 아래의 시로 말하고 있다.

> 나의 행복은 비교를 모르는 것
> 나의 불행은 남과 비교하는 것

남보다 내가 앞섰다고 미소 지을 때
불행은 등 뒤에서 검은 미소를 지으니
이 아득한 우주에 하나뿐인 나는
오직 하나의 비교만이 있을 뿐
어제의 나보다 좋아지고 있는가
어제의 나보다 더 지혜로워지고
어제보다 더 깊어지고 성숙하고 있는가

나의 행복은
하나뿐인 잣대에서 자유로워지는 것
나의 불행은
세상의 칭찬과 비난에 울고 웃는 것

_ 박노해, 「진정한 행복이란」

박노해 시인의 말처럼 행복해 지기 위해서는 남과 비교하지 말아야
한다. 남과 비교해서 좋을 것이 하나도 없다. 자신을 남과 비교하면
보통은 둘 중 하나다. 상대가 자신보다 앞서 있다고 생각해서 풀이
죽거나, 반대로 자신이 상대보다 우월하다고 생각해서 오만해지는 것
이다. 그 어느 쪽도 유익하지 않다. 우리가 비교해야 할 사람은 바로
자기 자신뿐이다. 어제보다 나은 내가 되기 위해 오늘 무엇을 해야
하는지 생각하고 거기에 집중하는 것이 중요하다. 내가 갖고 있는 것
에 감사하고 남과 비교하지 않아야 한다. 진정한 행복이란 남의 시선

에 얽매이지 않고, 남과 비교하는 것을 버리고, 진정한 나를 찾는 과정이라고 생각한다. 남과 비교하지 않고 자신의 의지대로 산다면 삶은 훨씬 쉬워지고 만족도 늘어날 것이다.

사람들에게 인생을 살아가면서 꼭 갖고 싶은 것이 무엇이냐고 물으면 아마 많은 사람들이 행복이라고 답할 것이다. 행복이란, 우리가 삶에 대해 느끼는 만족의 정도라고 할 수 있다. 부유해도 만족하지 못하면 불행한 것이고 빈곤한 삶이라도 스스로 만족한다면 행복한 것이다. 노벨경제학상을 받은 폴 새뮤엘슨 MIT교수는 행복은 소비를 욕망으로 나눈 것이라는 행복지수 공식을 만들었다.

행복지수 = 소비(소득 수준) / 욕망(기대 수준)

소득 수준이 100이고 기대 수준이 100이면 행복지수는 1이다. 기대 수준이 100인 사람이 더 행복해 지기 위해서는 소득을 늘려야 한다. 열심히 노력해서 소득 수준을 200으로 만들면 행복지수는 2가 될 수 있다. 하지만 현실적으로 현재의 소득을 2배로 만들기 위해서는 많은 노력과 치열한 경쟁을 펼쳐야 한다. 일에만 치중할 경우 가정생활과 친구들과의 관계가 영영 멀어질 수 있다. 또한 이렇게 노력한다고 반드시 현재 소득을 2배로 만든다는 보장은 없다. 현재의 소득수준을 유지하면서 행복지수를 높이는 방법은 기대 수준을 낮추면된다. 기대 수준을 50으로 낮추면 현재 소득 수준으로 행복지수를 2로 만들 수 있다. 법륜 스님은 "적게 먹고, 적게 입고, 소박하게 살겠다고 마음을 먹으면 마음의 여유가 생깁니다. 반면에 많이 먹고, 많이 입고, 많이 쓰겠다고 마음을 내면 돈이 많아도 부족함을 느낍니다"라고 말했다. 위에 있는 행복지수 공식에 제일 적합한 말인 것 같다. 세상의 성공 기준에 나를 맞추고 그것을 달성했다고 해서 행복해지는 것은 아니다. 오히려 우리의 욕구를 버리거나 기대를 낮추는 만큼 기쁨이 일어나고 만족이 일어난다.

『꾸뻬 씨의 행복 여행』에서 꾸뻬 씨가 "진정한 행복이란 무엇일까?'라는 고민을 한 후 그것을 찾아 전 세계를 방랑하며 결국 행복의 비법 23가지를 찾아낸다. 그런데 그가 어렵사리 찾아낸 비법이란 것이 고작 '자신을 다른 사람과 비교하지 않는 것' '살아있음을 느끼는 것' '좋아하는 일을 하는 것' '자신이 다른 사람에게 쓸모가 있다고 느끼는 것' '다른 사람의 행복에 관심을 갖는 것'처럼 별로 대단할 것 없는 것들이다. 결국 파랑새는 바로 지금, 여기에 있다. 아니라고? 그러면 불행해진다.

몰입 :
몰입과 집중으로 후회 없는 삶을 살자

살다 보면 유난히 일이 잘 풀리는 날이 있다. 아무리 할 일이 많아도 몸이 가볍고, 좀처럼 지치지 않는다. 몇 시간 씩 일하는데, 시간이 얼마나 흘렀는지도 알아차리지 못할 만큼 집중 도가 높다. 당연히 성과도 높아지고, 무엇보다 가슴 벅찬 뿌듯함이 찾아온다. 그야말로 '되는 날'이다. 이 같은 고도의 집중 상태가 몰입 이다.

회사에서 일할 때 몰입하라는 말을 많이 듣는다. 중요한 일을 수행할 때 주어진 기간 내에 최대의 성과를 거두기 위해서는 집중과 몰입을 하 지 않고서는 힘들다. 같은 시간 동안 일을 하더라도 일에 몰입한 경우 와 그렇지 않을 경우를 비교하면 일의 진척도는 큰 차이를 보인다. 몰입 하면 잡념이 사라지고, 일과 내가 하나가 되어 시간 가는 줄도 모르게 된다. 그리고 오롯이 하나에만 집중하기 때문에 좋은 아이디어가 많이 나오고 창의력도 높아지는 것을 느낀다. 이처럼 몰입을 해야 자신이 가 진 에너지를 극대화할 수 있고, 자신에게 내재된 잠재력과 가능성을 발 현할 수 있다. 몰입은 일뿐만 아니라 행복에도 중요한 영향을 미친다. 인간은 누구나 행복을 추구한다. 행복한 삶은 자신이 진정으로 좋아하는 일을 하고, 능력의 한계를 넓히면서 성장과 발전하는 것과 관련이 있다. 내가 좋아하고 하고 싶은 일을 하면 자연스럽게 몰입하게 되고 그 과정에서 즐거움과 마음의 안정을 얻게 되어 행복을 느끼게 된다. 하지만 인생의 최대 과업인 자신이 좋아하고 재미있어 하는 일을 아직 발견하지 못했고 찾아가는 중이라며 어떻게 할까? 이 경우엔 몰입을 통해 내가 해야 할 일을 좋아함으로써 행복을 추구할 수 있다. 몰입을 통해 해야 할 일을 좋아하고, 그 일을 하면서 행복을 얻는다면 누릴 수 있는 행복은 크게 늘어난다. 해야 할 일을 즐겁게 하기 위해 가장 중요한 것은 그 행위에 능동적으로 몰입하는 것이다. 몰입의 대가는 칙센트미하이 교수다. 그는 시카고 대학 교수로서 40년 동안 재직한 후 현재 피터 드러커 경영대학 교수 및 '삶의 질 연구소' 소장으로 있다. 칙센트미하이 교수는 어떻게 하면 사람들의 삶이 좀 더 창의적이고 행복할 수 있을지에 대해서 평생 연구해 왔다. 칙센트미하이 교수는 몰입을 플로우(Flow)라 부르고 다음과 같이 정의한다.

"플로우란 어떤 행위에 깊게 집중하여 시간의 흐름이나 공간, 더 나아가서는 자신에 대한 생각까지도 잊어버리게 될 때를 일컫는 심리적 상태이다. 플로우는 완벽한 심리적 몰입이며, 오랜 기간 연마해 온 기술을 통해 얻게 된 노력의 산물이다."

쉽고 간결하게 설명을 하면 몰입은 고도의 집중을 유지하면서 지금 하는 일을 '충분히 즐기는' 상태를 뜻한다. 동양 사상의 관점에서 보면 '물아일체物我一體'나 '무아경'과도 같은 개념이다. 대상과 그것을 마주한 주체 사이에 어떠한 구별도 없으며, 마음이 어느 한 곳으로 온통 쏠려 자신의 존재를 잊고 있는 경지이다. 이러한 몰입을 통해서 자신의 능력과 창의성을 극대화할 수 있고, 자신감과 행복도 얻을 수 있다.

몰입은 누구나 한 번씩은 겪어봤을 것이다. 운동 경기를 할 때, 무대에 올라 연기를 하거나 노래를 부를 때, 그림을 그리거나 책을 읽을 때, 누군가와 깊이 있는 대화를 나눌 때 몰입 상태에 빠져든다. 몰입 상태에 들어가면, 주변에 어떤 일이 벌어지든 잘 인식하지 못하게 된다. 대표적인 것이 시간의 흐름이다. 무엇이든 한참을 집중하다 보면 지금이 낮인지 밤인지, 2시간이 지났는지 4시간이 지났는지 잘 모르게 된다. 그리고 몰입 상태에 들어가면, 과도한 노력을 쏟지 않아도 만족할 만한 성과를 낼 수 있다. 다시 말해, 똑같은 일을 하면서 스트레스는 덜 받는다. 몰입을 겪고 나면 사람들은 대게 '삶이 충만하다'고 느끼게 된다. 동시에 이런 감각을 다시 겪고 싶어 한다. 훗날 돌이켜 봤을 때 스스로 밝게 빛난다고 느꼈던 순간, 그것이 바로 몰입이며 사람들은 이 감각을 행복하다고 느낀다.

나의 경우 책 읽을 때와 운동할 때 몰입을 경험한다. 책을 읽기 시작해서 30분 정도 지나면 어느 순간 책 읽기에 빠져들기 시작한다. 그 순간은 세상과 관련된 생각들을 잊어버리는 때이며 몰입하는 순간이다. 이때는 정신도 맑아지고, 온갖 근심, 걱정, 불안 등이 사라진다. 아침에 아내와 다투었던 일도 잊게 되고, 스트레스도 해소되며 기분도 좋아진다. 책을 읽는 목적이 책을 통해 다양한 지식을 얻고 배우는 것도 있지만, 책 읽을 때 몰입에서 얻게 되는 즐거운 기분, 행복감, 스트레스 해소를 경험하기 위함도 분명히 있다. 운동도 마찬가지다. 운동 하려고 할 때 귀찮음이 앞선다. 하지만 일단 운동을 시작하고 몸을 움직이고 땀을 흘리기 시작하면 기분이 좋아지고, 잡념이 사라지며, 정신적으로 유쾌하고 즐거운 상태가 된다. 운동하면 기분이 좋아지고 즐거워지는 이유가 있다. 뇌과학자들에 의하면 운동을 시작해서 땀을 흘리기 시작할 때가 되면 뇌에서 엔도르핀과 도파민이라는 신경 전달 물질이 분비되기 시작한다고 한다. 엔도르핀은 마약 성분과 같은 물질로 통증을 없애주고 즐거움과 기쁨을 안겨주는 작용을 하는 호르몬이다. 엔도르핀은 양귀비에서 추출되는 마약성 진통제인 모르핀보다 진통 효과가 200배나 강하다. 도파민은 에너지와 의욕을 불어 넣어주는 뇌 화학물질이다. 운동을 하면 이 두 호르몬이 뇌에서 분비되기 때문에 기분이 좋아져서 스트레스 해소가 되고 새로운 의욕도 생기게 된다. 마라톤은 육체적으로 많은 에너지를 요구하는 힘든 경기인데 심한 육체적 활동으로 뇌혈류가 감소하면 엔도르핀이 분비된다. 마라토너들이 고통없이 무아지경에서 달리게 되는 것은 뇌에서 분비되는 엔도르핀 덕분이다. 마라톤처럼 오랜 시간 동안 격렬하게 달리거나, 기진맥진한 상태까지 계속 운동을 할 때 러너스 하이(Runner's High)를 느낀다고 한다. 러너스 하이란 달리기를 할 때 느끼는 짜릿한 쾌감이나 도취감을 말한다. 일종의 무아지경 내지는 황홀경 같은 것이다. '내가 내 몸 밖으로 빠져나간 기분'이라고 표현하는 사람도 있다.

몰입하면 어떤 좋은 점이 있을까? 어떤 일에 몰입하는 경험을 하고 나면 스스로 '진화한다' '성장한다' '발전한다'라고 느끼게 된다. 또한 한 분야에 대한 몰입이 습관화되면 다른 분야의 일을 할 때도 보다 쉽게 몰입할 수 있게 된다. 몸과 마음이 일종의 준비 상태를 갖추고 있기 때문이다. 쉽게 잡념을 잊고 효율성을 높일 수 있다. 어떤 일을 하든 이상적인 조건을 만들 수 있게 된다.

어떻게 하면 몰입을 잘할 수 있을까? 칙센트미하이 교수는 다음과 같이 말한다.

"몰입을 하기 위해서는 세 가지 조건이 필요합니다. 첫째, 명확한 목표가 있어야 하며, 둘째, 하고자 하는 일이 적절한 수준의 난이도를 가지고 있어야 하며, 셋째, 결과에 대한 피드백이 빨라야 합니다. 연구 결과에 의하면 자신의 능력보다 5~10% 정도 어려운 일을 수행할 때 몰입 상태에 가장 잘 빠져들 수 있는 것으로 나타났습니다. 일이 너무 쉬우면 지루해서 흥미를 잃게 됩니다. 일이 너무 어려우면 처음부터 포기하고 적당히 일 처리를 하게 됩니다. 많은 사람이 매일 비슷한 일을 반복하고 있습니다. 이런 상황에서는 일에 몰입하기 힘들고 또한 보람을 느끼기도 어렵습니다. 하지만 주변을 살펴보면 지루한 일을 하면서도 몰입에 빠져드는 사람들이 있습니다. 이런 사람들에게는 공통점이 하나 있습니다. 스스로 도전 목표를 정하고 달성 수준을 높여간다는 것입니다. 즉, 몰입 상태에 빠져들기 위해 일의 난이도를 의도적으로 조정하는 겁니다. 예를 들어 공장 생산라인의 노동자라면 지금까지 10분 동안 하던 작업을 8분 미만으로 줄이기 위해 노력하는 겁니다. 결국 몰입은 노력 여하에 따라 의식적으로 빠져들 수 있습니다."

또한 몰입할 때 중요한 부분은 어떤 일에 몰입하기 위해서는 그 일을 스스로 선택하고 결정했다는 느낌을 받아야 한다. 해야 할 일이 강압적으로 혹은 타인에 의해 주어진다면 몰입의 경험이 생겨나기는 쉽지 않을 것이다.

생활 속에서 날마다 우리는 원하지 않는 강요된 사고와 근심의 포로가 된다. 일반적으로 대부분의 직업과 가정생활은 잡념이나 불안이 자동적으로 배제될 만큼 집중력을 요구하지 않는다. 따라서 일상적인 마음의 상태는 우리의 의식에 부정적인 영향을 주는 심리적 무질서 상태에 있다. 고통, 공포, 불안, 분노, 질투와 같은 무질서들은 우리의 주의를 바람직하지 못한 여러 가지 사물에 분산시키고, 결국 우리가 원하는 활동들을 수행하지 못하게 만든다. 몰입할 때 경험하는 특징 중의 하나는 인생의 불쾌한 감정인 고통, 걱정, 분노, 질투 등을 모두 잊어버릴 수 있다는 것이다. 현재의 일에 주의를 완전히 집중해야 하기 때문에 관련 없는 정보 및 감정에 신경 쓸 여유가 없기 때문이다. 바로 이러한 몰입의 특징이 우리의 경험의 질을 변화시키고 향상시킨다. 행동에 대한 명확한 요구와 몰입을 함으로써 우리의 의식에 질서를 부여할 수 있고 심리적 무질서의 간섭을 배제시킬 수 있다. 한형조의 『붓다의 치명적 농담』에 나오는 이야기다.

"스님도 도를 닦고 있습니까?"

"닦고 있지."

"어떻게 하시는데요?"

"배고프면 먹고, 피곤하면 잔다."

"에이, 그거야 아무나 하는 것 아닙니까? 도 닦는 게 그런 거라면 아무나 도를 닦고 있다고 하겠군요."

"그렇지 않아. 그들은 밥 먹을 때 밥은 안 먹고 이런저런 잡생각을 하고 있고, 잠잘 때 잠은 안 자고 이런저런 걱정에 시달리고 있지."

현재 일에 집중하라는 말이다. 밥 먹을 때는 걱정하지 말고 밥만 먹고, 잠잘 때는 계획을 세우지 말고 잠만 자라는 이야기다. 이 삶의 지혜는 동서양을 막론하고 마찬가지다.

나는 애완견 두 마리를 키우고 있다. 한 녀석은 스피치로 2살 암놈이다. 다른 녀석은 마르티즈 수놈으로 7살이다. 아내가 애완견을 좋아해서 키우게 됐다. 스피치는 아내가 유기견 보호소에 갔다가 불쌍하고 측은한 생각이 들어서 데리고 왔다. 마르티즈는 아내 친구가 임신으로 인해 더 이상 키우기 힘든 상황이어서 아내가 키우기로 해서 데려왔다. 주중에는 회사 일 때문에 많이 못 놀아주지만, 주말에는 산책도 시켜주고 될 수 있는 한 많이 놀아주려고 노력한다. 애완견을 키우다 보니 개의 삶을 가만히 들여다보게 되었고 정말로 현재에 충실한 삶을 살고 있다는 것을 알게 되었다. 개들은 주인이 나갔다 돌아오면 좋아서 꼬리를 흔들고 달려들어 온갖 애교를 다 부린다. 이때는 주인이 모든 것이면 다른 생각 없이 주인에게 반가움과 충성을 표시하기 위해 최선을 다한다. 밥을 주면 밥 먹는 것에만 집중한다. 밥먹을 때 밥 먹기 전에 실수한 것, 밥 먹은 후 어떤 일을 할 지 신경 쓰지 않는다. 오로지 먹는 것에만 집중한다. 그러다 피곤해서 지치면 잠을 잔다. 아침에 새로운 하루가 시작되면 어제는 완전히 잊어버리고 새로운 하루에 기뻐하면서 즐거워한다. 어제와 내일은 개들에게는 없고 오늘만이 있으며 오로지 현재에만 집중할 뿐이다. 인간이 개처럼 현재에 집중하는 삶을 살기 위해서는 몰입할 수밖에 없다. 의도적으로 몰입해야 온갖 잡생각과 불안한 심리 상태에서 벗어날 수 있고 행복과 즐거움을 지속할 수 있다. 행복이란 현재에 집중과 몰입을 얼마나 지속적으로 유지할 수 있느냐에 달려있다고 볼 수 있다.

구약성서 창세기를 보면 하느님은 아담에게 지식의 열매를 따 먹은 대가로 이마에서 땀이 맺히도록 일을 해야 하는 벌을 내리셨다. 이렇게 일과 노동이 처음부터 안 좋게 시작되어선지 몰라도 우리는 일이란 가능한 피해야 하는 힘들고 고단한 것으로 여긴다. 우리는 회사에서 일하면서도 항상 일을 벗어나 주말과 같이 여가 생활을 즐길 수 있기를 꿈꾼다. 일을 그만두고 여가 생활을 마음껏 즐기면 마냥 행복할 것 같기 때문이다. 우리는 노동은 언제나 자유롭게 선택한 여가 활동보다는 즐겁지 못한 것이라는 고정관념을 가지고 있다. 하지만 칙센트미하이 교수는 우리가 일을 떠나 여가 생활을 즐긴다고 해서 항상 행복한 것이 아니라고 말한다. 사람들은 일을 마친 후 그리고 주말에 여가를 활용하려 하지만, 막상 집에 있으면 무엇을 해야 할지 전혀 생각이 나지 않는 경우가 흔하다. 우리는 보통 휴식을 취하고 스트레스를 푼다는 생각으로 여가 대부분을 텔레비전 시청을 하거나, 음악을 듣거나, 게임을 하거나, 영화 또는 운동 경기를 보면서 보내곤 한다. 하지만 이러한 수동적 참여는 시간을 낭비하는 것에서 오는 공허함을 일시적으로는 달래 줄 뿐이다. 여가 시간은 일정한 틀이 없기 때문에 더 많은 노력을 기울여야만 즐겁고 유쾌한 것으로 만들 수 있다.

역설적으로 일은 여가 활동보다 더 즐기기 쉽다. 왜냐하면 일은 몰입 활동에 필요한 조건들, 즉 목표가 있고 피드백, 규칙, 도전 등을 갖추고 있기 때문이다. 직장에서 사람들은 훨씬 많은 기술을 사용하고 직면하는 도전들도 많다고 느낀다. 이 때문에 회사에서 업무를 처리할 때 스스로 더 행복하고 강하고 창의적이라 느끼며 더욱 큰 만족감을 갖게 된다. 현대그룹 창업자인 고 정주영 회장은 "10배로 일하는 사람이 10배는 피곤해야 맞는 이치인데, 피곤해하고 권태로워 하는 것은 오히려 게으름으로 허송세월하는 이들인 것을 보면, 인간은 일해야 하고, 일이야 말로 신이 주신 축복이라고 나는 생각한다"고 말했다.

반면에 여가에는 대체로 목표를 정해놓고 몰입할 일이 별로 없고 자신의 기술도 많이 쓰지 않는다. 이 때문에 수동적이 되고 지루하고 불만족스럽게 느끼는 경향이 있다. 물론 개인적 관심사, 기술이 필요한 취미활동, 목표와 한계를 정해주는 습관이 있으면 몰입을 통해 즐겁고 유쾌한 기분과 보람을 더 쉽게 느낄 수 있다. 그러나 전반적으로 사람들은 일하는 시간보다 오히려 여가에 즐길 수 있는 기회를 놓쳐 버리는 경우가 더 많다.

만약 원하지 않는 일에 몰입해야 한다면 어떻게 해야 할까? 칙센트미하이 교수는 아래와 같이 몰입하기 위한 준비 과정을 실행해 볼 것을 권유한다.

"당신의 몰입과 집중을 방해하는 여러 가지 것들로부터 벗어나는 마법의 주문을 만들어 볼 것을 권합니다. 제가 아는 한 의사는 아침에 출근해서 가운을 차려입고 일을 시작하기에 전에 3분 정도 자리에 앉아 명상합니다. 일에 몰입하기 위한 준비 과정입니다. 유명 작가들도 글을 쓰기 전에 몰입하기 위한 준비 과정으로 자신만의 주문을 가지고 있습니다. 어떤 작가는 커피 한 잔을 마시며 15분 동안 주변을 한 바퀴 산책합니다. 그리고 자리에 앉으면 글이 써진다고 합니다. 어떤 작가는 집에서 기르는 고양이를 쓰다듬어야 마음이 차분해지면서 글 쓸 준비를 할 수 있다고 합니다. 몰입하기 위한 준비 과정이 어느 정도 습관이 된 후에는 집중력을 유지하는 시간을 정해야 합니다. 저는 30분 정도 집중한 후 5분 휴식을 취합니다. 집중력이 좋고 젊은 사람은 1시간 정도 집중하고 5분이라도 휴식을 가져야 합니다. 마지막으로 지금 일하는 데 반드시 필요한 도구만 두고 나머지는 모두 치워두는 것도 방법입니다."

몰입하기 위해서는 무언가에 깊은 주의를 기울여야 하므로 집중을 방해하는 요소는 치워두는 것이 좋다. 요즘 스마트폰과 인터넷이 널리 퍼지면서 집중력을 빼앗기고 잡념이 늘어가고 있다. 스티브 잡스는 정말 필요하다고 느끼는 때를 제외하고는 어지간하면 휴대전화를 가지고 다니지 않았다고 한다. 출장 때 컴퓨터를 빼놓고 가기도 했다. 아이러니하게도 집중에 방해되는 요소인 아이폰이나 맥북 모두 잡스의 발명품이다.

회사 생활을 하든 여가 생활을 하든 즐겁고 뭔가 가치를 느끼려면 몰입과 집중은 반드시 필요하다. 먹고 살기 위해 어쩔 수 없이 일해야 되는 상황에서 회사 일을 수동적으로 하면, 직장 생활이 그만큼 고달파지고 힘들며 회사 생활을 그만뒀을 때 남는 것도 없다. 오히려 회사 일을 내 일이라는 주인 의식을 가지고 주어진 일을 몰입해서 수행하다 보면, 성취감도 느끼고 지금보다 더 성장 발전할 수 있다. 여가 활동도 텔레비전 시청, 인터넷 검색 또는 게임, 운동 경기 관람 등으로 보내게 되면 자신이 수동적이고 약하다고 생각하게 되며, 지루하고 불만족스러운 기분을 흔히 느끼게 된다. 빌 브라이트는 "미래는 교육을 많이 받은 사람의 것일 뿐 아니라, 여가를 현명하게 활용하도록 교육받은 사람의 것이 될 것이다"라고 말했다. 일이나 여가를 우리가 제대로 통제하지 못하면 실망스럽기 마련이다. 일을 즐길 수 있고, 여가를 낭비하지 않는 사람이 결국 자신의 삶이 전반적으로 훨씬 더 가치 있다고 느끼게 될 것이다.

취미활동을 통해 삶을 다채롭게 하면서 몰입을 즐길 수 있다. 퇴근 후나 주말에 오로지 혼자만의 시간에 몰입할 수 있는 근사한 취미를 가지면 다채롭고 가치 있는 삶, 일상의 스트레스를 날려버리는 상쾌한 삶을 누릴 수 있다. 몰입할 수 있는 취미가 있으면 어떤 점이 좋을까? 취미를 통해 먼저 삶을 더 풍요롭고 세련되게 만들 수 있다. 스트레스를 해소할 수 있고 좋은 에너지도 충전할 수 있다. 오로지 나에게 집중할 수 있고 잡념과 번민에서 벗어날 수 있다. 그리고 자신과의 부단한 대화를 통해 삶이 단단해진다. 취미를 넘어 수준이 높아지면 사업으로까지 발전시킬 수 있다. 취미활동을 통해 몰입을 즐길 수 있을 뿐만 아니라 취미활동 과정에서 새로운 세상에 도전하는 기회도 발견할 수 있다. 정성희가 쓴 『몰입하는 시간의 즐거움』은 다양한 취미를 통해 아주 특별한 나를 만나고 몰입의 즐거움을 느끼며 열정적으로 살아가는 주변 사람들의 모습을 현장 인터뷰를 통해 생생하게 소개하는 에세이다. 힘들고 바빠도 취미를 즐기며 취미생활이 삶의 중요한 부분이 되는 이유가 고스란히 담겨 있다. 본문 내용 중에서 '나무를 다듬는 투박한 여유' 부분을 잠깐 소개한다.

"손무길 씨가 처음 목공에 관심을 가지게 된 건 다소 엉뚱한 계기였습니다. 책과 소설을 너무나도 사랑했던 손무길 씨는 늘 책을 멋지게 진열할 좋은 책장을 꿈꿔왔다고 합니다. 책장을 만들고 싶어서 시작된 관심이었지만, 나무를 다루어 물건을 만드는 일은 손무길 씨의 적성에 완벽하게 들어맞았습니다. 나무를 만지고 있노라면 너무 재미있어서 시간 가는 줄도 모를 정도였습니다."

중국의 근대 사상가 양계초는 "사람은 취미 속에서 생활해야 가치 있는 인생이 된다. 취미가 없다면 살아도 사는 것이 아니다"라고 말했다. 반복되는 일상이 지루하고 무덤덤하게 느껴질 때, 오직 나 혼자만의 세계에 깊이 빠져들고 싶을 때, 뜨거운 열정으로 색다른 즐거움을 만끽하고 싶을 때, 보다 행복한 삶을 원한다면 진정으로 몰입할 수 있는 취미생활을 찾아보자.

우리 몸을 활용해서 의도적으로 의식을 몰입 상태로 만들 수 있다. 케벨은 "아무리 가진 것이 없는 사람이라고 할지라도 자신의 몸이라는 잔고가 있다. 그렇지만 이 잔고는 우리에게 매우 흥미로운 즐거움을 선사할 수 있다"라고 말했다. 우리가 불행하거나 우울할 때 그리고 지루할 때 신체를 최대한 활용하여 기쁨을 얻을 수 있는 다양한 방법이 있다. 삶의 질을 향상시킬 수 있는 가장 손쉬운 단계는 우리의 몸과 감각을 통제하고 조절하는 법을 배우는 것이다. 인간의 육체는 뛰고, 던지고, 받고, 보고, 듣고, 만지고 등의 많은 기능을 실행할 수 있다. 그리고 이와 같은 기능을 통해 우리는 몰입 상태를 경험할 수 있다. 운동 선수들만이 신체적 기술을 활용하여 몰입경험을 얻을 수 있는 것은 아니다. 신체를 활용하여 얻을 수 있는 기쁨과 즐거움은 누구나 누릴 수 있는 것이다. 걷기와 등산이 그 좋은 예이다.

걷는 것은 누구나 할 수 있는 가장 단순한 활동이다. 걷기는 기분 전환과 스트레스 해소에 좋고 집중력을 향상에도 도움이 된다. 걷기는 효과적인 유산소 운동으로 전신의 혈액순환이 좋아지고 관절에 무리가 가지 않으며, 장시간 지속할 수 있는 장점을 가지고 있다. 같은 리듬으로 계속해서 걷다 보면 생각이 정리되고 마음이 안정된다. 짧게는 30분 이상, 길게는 1시간 이상 걸으면 에너지가 충전된다. 무기력할 때는 시장을 걷고, 조용히 있고 싶다면 공원을 산책하면 좋다. 정 시간이 없으면 퇴근길에 한 정거장 먼저 내려서 걸어보자.

등산은 신체뿐만 아니라 정신까지 건강하게 만들어주는 힘이 있다. 특히 혼자 등산을 하면 깊은 사고와 사색하는 것이 가능해진다. 생각을 방해하는 번잡한 요소들로부터 철저하게 멀어지기 때문이다. 이 때문에 등산하면 아이디어가 더 잘 떠오른다. 평소에 머리를 복잡하게 하던 문제들의 해결 방안도 예상외로 쉽게 얻을 수 있다. 산이나 숲에는 피톤치드라 특별한 물질이 있다. 숲 속의 식물들은 박테리아나 해충으로부터 자신을 보호하기 위해 피톤치드를 만들어낸다. 피톤치드는 식물들이 만들어내는 살균성을 가진 모든 물질을 일컫는다. 피톤치드 가득한 맑은 공기는 우리의 심장과 폐와 기분을 상쾌하게 만들어 준다. 또한 고민과 스트레스에 찌들어 있는 우리의 사고체계도 맑고 분명하게 만들어준다. 산행 당시 해결책이나 아이디어가 딱히 떠오르지 않을 수도 있다. 하지만 직면한 문제들에 더욱 잘 대처할 수 있도록 만들어주는 '단순하고 맑은 두뇌'를 산행 도중에 이미 얻었을 가능성이 크다.

몰입은 크게 두 부분, 즉 대상에 대한 몰입과 자신에 대한 몰입으로 나눌 수 있다. 지금까지 언급한 것은 대상에 대한 몰입이었다. 나 자신에 대해 몰입하는 것도 중요하다. 나에 대한 몰입은 어떠한 생각도 하지 않고, 어떠한 감정도 품지 않으며, 오직 나만을 바라보는 상태다. 오로지 호흡에만 집중하면서 자신의 몸과 마음을 편안하게 쉬게 해 주는 것이다. 이렇게 하면 마음이 고요해지면서 몸과 마음이 이완된다. 이완된 상태에서는 자연치유력이 발생되면서 우리의 몸과 마음이 원위치 된다. 마치 꼬였던 실타래가 풀리듯이 몸과 마음이 청정해진다. 나에 대한 몰입은 나의 의식을 '생각'이 아닌 '감각'에 집중하는 것이다. 생각은 최대한 억제하고 몸으로 느끼는 것이다. 생각하지 않고 오감으로 느끼는 것이다. 언제 어디서나 생각을 감각으로 전환시킬 수 있는 가장 쉽고 가장 확실한 방법은 호흡에 의식을 집중하는 것이다. 고요한 방에서 눈을 감고 단정히 앉는다. 이때는 최대한 편안한 자세를 취해야 한다. 허리도 너무 세우지 말고 편하게 앉으면 된다. 지금이 몇 시인지 내가 지금 어디 있는지 등 시간과 공간도 잊어버리고 오로지 들어오고 나가는 호흡에만 정신을 집중한다. 이때 숨을 코로 깊이 들이쉬면서 배를 앞으로 내밀고, 내 쉴 때는 입으로 천천히 내쉰다. 의식은 내밀고 당기는 배에 집중한다. 이처럼 걱정, 불안, 두려움과 같은 생각의 잡음에 방해받지 않고 능동적으로 감각을 느끼는 훈련을 하면 필요할 때 의식을 모아 집중할 수 있는 능력이 길러진다. 일이나 공부에 대한 몰입이 힘들어지면, 나에 대한 몰입을 통해 몸과 마음을 재충전하자. 몸과 마음이 충전되면 다시 일이나 공부에 몰입하면 된다.

몰입이란 순간에 온전히 집중하는 것이다. 몰입해서 일하거나 공부하면 잡념이 없어지고 기억력, 창의력, 사고력이 증가하고 영감이 솟아난다. 근심 걱정이 사라지고 진전이 있을 경우 뿌듯함과 행복감을 느낀다. 대부분 사람들은 몰입에 대한 이해나 경험이 부족하다. 몰입에 대해 관심을 가져본 사람이라도 너무 막연하거나 어렵게 생각하는 경우가 많다. 몰입은 학력, 지적 수준과 상관없이 가능하다. 누구나 적절한 훈련을 하면 몰입 능력을 높일 수 있다. 몰입훈련을 통해 몰입력을 높이면 어떠한 잡념의 방해도 받지 않고 내가 원하는 생각만을 일정 시간만큼 기분 좋게 유지할 수 있고, 인생도 달라지게 된다.

많은 위대한 인물들은 몰입해서 공부하고 노력한 사람들이다. 철학자 임마누엘 칸트가 하루는 부엌에서 간단한 요깃거리로 계란을 삶고 있었는데, 마침 동료가 방문해 급작스럽게 학술 토론을 벌였다. 30여 분의 이야기 끝에 동료가 '왜 손에 달걀을 쥐고 있느냐'고 물었다. 칸트는 그제야 자신이 이야기에 집중하느라 달걀 대신 반대편 손에 쥐고 있던 회중시계를 끓는 물 속에 던져 넣었다는 걸 깨달았다. 칸트가 매사에 몰입했다는 반증이며 이러한 지속적인 몰입을 통해 위대한 철학 이론을 정립할 수 있었다.

국내 최고의 몰입 전문가인 서울대 황농문 교수는 'Work Hard'하지 말고 'Think Hard'하라고 강조한다. 별 생각 없이 닥치는 대로 주어진 일을 열심히 하는 것이 아니라 두뇌를 활용해서 몰입하여 일하라는 말이다. 황 교수는 '몰입이란 두뇌 가동률을 올리는 것'이라고 말한다. 즉 의식 전체가 오직 한 가지 문제로 가득 채워진 상태가 몰입이라는 것이다. 몰입하는 순간에 두뇌는 최고의 기능을 발휘한다. 뉴턴에게 만유인력의 법칙을 어떻게 발견했냐고 물었을 때 뉴턴은 "끊임없이 그 생각만 했습니다"라고 대답했다. 아인슈타인은 "나는 몇 달이고 몇 년이고 생각하고 또 생각했습니다. 그러다 보면 99번은 틀리고 100번째가 되어서야 맞는 답을 얻게 됐습니다"라고 말했다. 뉴턴과 아인슈타인은 어려운 문제에 직면했을 때 지속적인 몰입과 포기하지 않는 끈기를 통해 해결책을 찾았고 결국 위대한 발견을 할 수 있었다. 황 교수는 "몰입을 해서 한 가지에 집중하고, 끈기 있게 지속하면, 아이디어가 떠오르고, 결국 해결책을 찾을 수 있다"고 말한다. 몰입을 지속하기 위해서는 몸을 이완시킨 상태에서 생각에 필요한 뇌의 부분만 가동시키는 'Slow Thinking'할 것을 추천한다. 몰입하게 되면 지금 당장 해답을 찾지 못해도 몰입 자체가 '생각하는 힘'을 키워준다. 몰입 고수는 몸을 이완시킨 상태에서 느긋하게 집중하며, 생각하는 힘을 키우는 과정 지향적이며, 실패는 문제 해결의 과정일 뿐이라고 생각하며, 하나만 진득하게 자나 깨나 고민한다. 하지만 몰입 초보는 비장한 각오로 인해 온몸이 긴장되어 있고, 꼭 해결해야 한다는 결과 지향적이고, 실패는 두렵고 피하고 싶은 것으로 생각하고, 이것저것 동시에 멀티태스킹을 한다. 우리가 살면서 추구하는 활동의 대부분은 생존과 행복에 관련되어 있다. 삶에 있어 궁극적으로 지향하는 목표는 자기가 가진 가능성과 잠재력을 극대화해서 자아 실현하는 것이라고 생각한다. 이렇게 살아야 죽을 때 한

치의 후회가 없다. 황 교수는 몰입을 통해 생존을 위한 삶, 행복을 위한 삶, 자아실현을 위한 삶, 모두를 추구할 수 있다고 말한다. 두뇌 능력을 100% 발휘하는 몰입으로 자기 안에 숨어있는 가능성과 잠재력을 끌어 낼 것을 강조한다.

소프트 뱅크의 손정의는 "두뇌를 자나 깨나 계속 사용하면 어느 순간 매일 넘치는 아이디어 때문에 잠을 못 이룰 지경에 이르게 되며, 결국에는 좋은 아이디어가 떠올라 성공할 수 있습니다. 옛날에 저는 비즈니스맨은 타고나는 것 아니냐고 생각했습니다. 그러나 지금은 누구나 그렇게 될 수 있다고 확신합니다"라고 말한 적이 있다. 여기서 두뇌를 자나 깨나 계속 사용한다는 말은 몰입 상태를 지속한다는 의미다. 몰입하게 되면 타고난 재능하고는 상관없이 자신의 잠재력을 최대한 발휘할 수 있게 되고 결국 원하는 바를 이룰 수 있다는 말이다. 버크셔의 직원들은 "워렌 버핏은 하루 24시간 버크셔에 대해 생각한다"고 말했다. 조지 소로스는 "나는 내가 산 주식이 급등하는 꿈을 자주 꾸곤 했는데, 내가 깨어났을 때 그것이 꿈인지 실제로 그런 것인지 분간하기 어려울 때가 많았다"라고 말했다. 두 명의 위대한 투자자들 역시 몰입하는 삶을 살았기 때문에 큰 성공을 거둘 수 있었다.

나중에 삶을 돌이켜 볼 때, '그러지 말걸' 또는 '그것만큼은 꼭 할걸'이라는 후회를 하지 않기 위해서는 몰입하는 삶을 살아야 한다. 아직 몰입할 수 있는 대상이 없다면 찾기를 멈춰서는 안 된다. 몰입하는 방법을 모른다면 훈련을 통해 몰입력을 높이자. 몰입을 통해 자신의 가능성과 잠재력을 100% 가동하여 자아실현을 하고 후회 없는 삶을 살자.

건강 :
건강은 즐거움과 행복의 어머니다

인생 반평생을 산 40대 중반에 접어드니 몸 여기저기서 이상 신호가 오기 시작한다. 제일 먼저 기능 저하가 시작된 곳은 눈이다. 40대 중반이 되자 눈에서 노안이 시작됐다. 사람 신체 기관 중에서 제일 먼저 노화가 시작되는 곳이 눈이라는 기사를 본 적이 있다. 나이가 들면서 신체 기능이 조금씩 저하되기 시작하는데 눈에서 제일 먼저 정직하게 변화가 나타난다. 보통 만 42~45세가 되면 누구에게나 노안 현상이 나타난다. 사람의 눈은 자동카메라의 오토 포커스 기능보다도 훨씬 우수한 자동 초점 조절 장치를 갖고 있다. 눈의 수정체는 먼 곳을 볼 때는 두께가 얇아지고, 가까운 곳을 볼 때는 두꺼워진다. 이러한 조절 작용이 순식간에 이루어지기 때문에 본인은 느끼지 못한다. 그런데 40대 중반 즈음되면 가까운 곳을 볼 때 수정체를 두껍게 해서 초점을 맞추는 기능이 점점 약해지기 시작한다. 이로 인해 가까운 곳의 작은 글씨가 차츰 흐리게 보이기 시작하는 것이다. 다행히 먼 곳을 보는 기능은 평생 변함이 없다고 한다.

몸의 근육은 30대부터 조금씩 감소하기 시작한다. 40대가 되면 매년 1%씩 본격적으로 근육이 감소한다. 근육이 줄어드는 주요 원인은 근섬유 기능이 약화되고, 성장 호르몬과 성호르몬이 감소하기 때문이다. 노화는 근육을 구성하는 세포인 근섬유 기능을 약화시킨다. 근섬유가 끊임없이 자극을 받아야 근력이 유지된다. 하지만 나이가 들수록 근육의 수축과 이완을 담당하는 신경의 민감도가 떨어지고 기능이 약해진다. 이 때문에 근섬유 기능이 약해진다. 근섬유 속의 모세혈관 수도 나이가 들면 감소한다. 이로 인해 근육으로 가는 혈류 공급이 줄면서 근육세포 크기가 작아져 근력이 감소한다.

성장 호르몬은 청소년기에는 단백질 합성을 촉진해 근육을 생성하는 역할을 한다. 그리고 성인기가 되면 근육량을 유지하는 역할을 한다. 성장 호르몬은 20대 이후 10년마다 약 14%씩 감소하며, 60대 이후에는 20대의 절반 수준으로 떨어진다. 성장 호르몬이 줄어들면서 근육량도 자연 감소하게 된다.

성호르몬의 분비 감소 역시 근육 손실로 이어진다. 성호르몬은 내장지방의 축적을 억제하고 근육을 유지하는 역할을 한다. 남성의 경우 20대 이후부터 분비량이 감소하고, 여성은 폐경 이후부터 급격히 성호르몬이 감소해 근육 손실이 나타난다.

건강상의 문제를 느끼지 않고 일상생활을 하려면 남성 기준으로 근육량이 체중의 35%이상을 유지해야 한다. 감소하는 근육을 지키기 위해서는 근육강화 운동을 꾸준히 해야 한다. 그렇지 않으면 나중에 나이 들어 지팡이를 짚고 다니는 시점이 더 빨리 올 수 있다. 일본 최고 노화 전문가인 이시하라 유미 박사는 "노화는 근육의 쇠퇴 정도와 비례해 진행되기 때문에 젊음을 유지하고 활기차게 오래 살려면 근력을 유지하는 것이 무엇보다 중요하다"고 강조한다.

20~30대는 아직 젊고 건강하다고 생각하기 때문에 운동을 등한시할 수도 있다. 하지만 40대가 되면 근육량과 신체 기능이 눈에 띄게 저하되기 시작한다. 100세 시대를 맞은 요즈음 길어진 노후를 대비하기 위해서는 40대부터 꾸준히 운동해야 한다. 한국 남자의 경우 40대에 가족 부양의 책임과 직장에서의 생존 때문에 스트레스를 많이 받는다. 이런 과도한 스트레스를 해소하기 위해서는 충분한 운동과 휴식, 고른 영양 섭취가 필요하다. 하지만 현실은 오히려 술과 담배, 과로를 껴안고 살고 있다. 통계 자료를 보면 한국 40대 남성의 사망률은 OECD 국가 중 제일 높다. 한국 남성의 40대 사망률은 여성의 3배 이상이다. 한국 남성의 기대 수명은 여성보다 약 7년이 적다. 한국 남자의 경우 40대는 위기의 시기이지만 40대만 잘 넘기면 90세 이상을 살수 있다고 긍정적으로 생각할 수 있다. 이런 이유 때문에 40대에 건강을 챙기고 운동을 하는 것은 그 어느 때보다 중요하다. 그렇지만 건강을 제대로 관리하고 챙기는 40대는 드물다. 가족 부양을 위해 돈 번다고 40대에 건강과 운동을 챙기지 않고 오로지 일에만 매달리면 나중에 큰 후회를 하게 된다. 건강을 해치면서 회사에서 승진하고 돈을 많이 버는 것은 아무 소용이 없다. 높은 지위에 오르고 돈도 벌었지만 회사 은퇴 후 여가 생활을 즐기면서 실컷 놀고 싶은데 몸이 따라 주지 않으면 정말 잘못된 삶을 산 것이다. 돈은 많이 벌었지만 건강이 좋지 않아 몸을 제대로 움직이지 못하는 사람보다 돈은 많지 않지만 몸을 건강하게 유지해서 마음대로 여행 다니고, 운동하고, 주변 사람들과 잘 어울리는 사람이 훨씬 삶의 만족도가 높다.

고령화 시대를 맞아 죽기 전까지 어떻게 건강한 삶을 유지하느냐에 점점 관심이 높아지고 있다. 건강에 관련된 기사를 보면 우리나라 노인들이 죽기 전에 병에 시달리다 보내는 기간이 다른 나라보다 길다고 한다. 오래 사는 것도 중요하다. 하지만 얼마나 오랫동안 건강을 유지하면서 병으로 앓는 시간을 최소화하느냐가 더 중요하다. 단순히 오래 사는 '수명의 양'이 아니라 건강하게 오래 사는 '수명의 질'이 더 중요하다는 것이다. 현대 의학의 발전으로 수명이 길어져 오래 살게 되었다는 것은 분명히 축복이다. 하지만 그만큼 오래 앓게 됐다는 것을 아는 사람은 많지 않다. 통계조사에 의하면 한국인의 수명은 지난 10년 사이에 3년이 더 늘었다. 하지만 그중 2년은 질병을 안고 사는 기간이다. 한 의대 교수는 "수명에 관한 한 한국인은 체력도 없는데 멋 모르고 높은 산에 올라가서 멋진 돌을 욕심껏 배낭에 쟁여 넣었다가, 뒤늦게 다리가 후들거려 더 올라가지도 내려가지도 못하는 형국"이라고 비유했다. 아프지 않고 건강하게 사는 기간, 다시 말해 기대수명에서 아픈 시간을 뺀 기간을 건강수명이라고 한다. 가령 기대수명이 80세인데 건강수명이 70세라면 평생 10년은 일상생활을 못 할 정도로 아프다는 뜻이다. 죽기 전의 아픈 기간만이 아니라 평생에 걸쳐 아팠던 시간의 총합을 따지자면 생각보다 우리나라 사람들의 건강수명은 짧은 편이다. 최근 통계 조사에 의하면 한국인의 건강수명이 70세에 불과하다고 한다. 그리고 태어나서 죽을 때까지 10년 이상 질병을 앓는 것으로 조사됐다. 2011년에 태어난 아기의 건강수명은 70세, 기대수명은 81세 수준으로 나타났다. 평균 11년 정도를 질병을 앓으면서 살아가는 것이다. 성별로는 남성의 건강수명은 69세, 여성은 72세로 3년 정도의 차이가 있다. 기대수명은 남성은 77세로 84세인 여성보다 7년 정도 낮다. 여성이 남성보다 7년 정도 더 오래 살지만 7년 중 4년은 앓는 기간이다. 기대수명이 늘어나는 것은 분명 축복이다. 하지만 늘어난 기대수명 기간 중에서 앓는 기간의 비중이 크다면 축복이 아니라 재앙이 될 수 있다. 중년들이 모이는 동창회 같은 자리에서 무난한 건배사가 '구구팔팔이삼사'다. 한 사람이 '구구팔팔'하고 선창을 하면 나머지 사람들은 '이삼사'라고 힘차게 외친다. 참석자들의 성향이나 형편, 처지를 불문하고 유용하게 써먹을 수 있다. 99세까지 팔팔하게 살고 2~3일 아프다 죽는 것은 건강수명이 그만큼 중요하다는 것을 의미한다.

건강수명을 늘리기 위해서는 어떻게 해야 할까? 전문가들은 꾸준한 운동, 식습관 및 생활 습관 개선, 여러 만성질환의 사전 예방 관리가 중요하다고 지적한다. 이 중에서 꾸준한 운동은 근력과 심폐기능을 강화하고 쓸모없는 체지방을 줄여 건강을 유지하는 데 도움을 준다. 꾸준히 운동하면 다음과 같은 좋은 결과를 얻을 수 있다.

① 근육량이 늘어나고 강해져 잘 안 넘어진다.
② 뼈가 강해져 골다공증에 잘 안 걸린다.
③ 체온조절 능력이 발달해 감기에 잘 안 걸린다.
④ 혈액 속 지방이 줄고 근육이 증가한다.
⑤ 혈액 안에 좋은 콜레스테롤이 늘어 뇌경색 위험이 줄어든다.
⑥ 근육 안의 모세혈관이 증가해 혈압이 내려간다.

⑦ 배설이 촉진돼 위장 움직임이 좋아진다.

⑧ 쾌감 호르몬(엔도르핀, 도파민)이 분비돼 스트레스가 해소된다.

⑨ 폐기능이 강화돼 감기, 기관지염, 폐기종이 예방된다.

운동하면 근육 강화뿐만 아니라 근육의 혈류가 좋아진다. 이 때문에 우리 몸의 장기와 조직, 세포로 통하는 혈류까지 좋아진다. 다시 말해, 운동을 하면 영양소나 면역물질의 공급기능과 세포에서 만들어진 노폐물의 운반기능도 좋아져 병을 예방하고 개선하는 데 효과적이다. 전문가들은 노화가 진행되기 시작한 40~50대는 내장지방을 분해·연소하면서 근력을 키우는 근육운동과 유산소 운동을 병행하는 것이 바람직하다고 조언한다. 근력운동은 어깨와 허리, 가슴, 복부, 다리 등 주요 근육을 골고루 발달시켜 주는 것이 중요하다. 아령 및 덤벨 들어 올리기, 헬스클럽에서 부위별 근력 강화, 요가 등이 근력운동에 좋다. 유산소운동은 걷기, 자전거 타기, 조깅, 러닝머신 등이 권장된다. 엘리베이터 대신 계단을 이용하고 식사 후 산책을 하는 것도 근육량을 유지하는 데 도움이 된다.

건강을 유지하는 데 있어 운동과 더불어 중요한 것이 식습관이다. 조선 21대 임금 영조는 많은 공적과 함께 조선시대 최장수 왕으로 잘 알려져 있다. 당시 평균 수명이 44세였는데 비해 영조는 무려 82세까지 장수를 누렸다. 그 비결은 현재 학자들은 바로 다른 왕들과 차별화된 식습관에 있다고 보고 있다. 보통 하루 다섯 번 준비했던 수라를 세 번으로 줄일 정도로 소식을 즐겼다. 육식보다는 채식 위주의 식단을 따르고, 열두 가지가 넘는 반찬 수를 반으로 줄이고, 잡곡이 섞인 밥을 즐겨 먹었다. 영조는 이미 200여 년 전에 웰빙의 비밀을 터득했던 것이다.

요즘 노화와 질병을 일으키는 원인 중의 하나로 지목받는 것이 활성산소이다. 호흡을 통해 체내로 들어온 산소 중 물로 환원되지 않은 일부가 불안정한 상태의 활성산소가 된다. 활성산소는 주위 물질로부터 전자 하나를 얻어 더 안정된 상태가 되려는 성질이 있다. 이런 특성 때문에 활성산소는 정상 세포들을 공격한다. 정상 세포가 활성산소를 만나면 정상 세포의 DNA는 손상을 입게 돼 신체 각 부분은 병과 노화에 노출되는 것이다. 각종 암은 물론 심근경색, 당뇨, 고혈압 등 질병 중 90% 정도는 일상생활에서 발생하는 활성산소가 직·간접적으로 영향을 미친다고 한다. 우리가 호흡으로 얻은 산소의 2~3%는 활성산소로 변한다. 세포와 조직을 공격하는 활성산소가 체내에 있어도 우리가 건강하게 살 수 있는 이유는 몸에서 자체 생성되는 '항산화 효소' 때문이다. 가장 대표적인 항산화 물질로는 비타민 C와 비타민 E가 있으며, 신선한 과일과 채소에 많이 들어있다. 전문가들은 활성산소를 줄이고 젊음과 건강을 지키기 위해서는 전체적인 식사량을 줄이고, 채소와 과일의 섭취량을 늘리고, 꾸준히 운동할 것을 권한다.

운동과 음식 이상으로 건강에 큰 영향을 미치는 것이 있다. 잠이다. 일반적으로 건강을 챙겨야겠다고 결심을 하면 운동을 시작하거나 몸에 좋은 음식을 먹으려고 노력한다. 보통의 경우 제일 먼저 신경 쓰는 것은 운동이고, 다음으로는 음식, 그리고 마지막이 잠이다. 하지만 전문가들의 조언에 의하면 우리가 건강하기 위해 제일 먼저 신경 써야 하는 것은 잠이고 다음이 음식이고 마지막이 운동이다. 전문가들은 잠이 건강에 약 70%의 영향을 미치고 음식이 20% 그리고 운동이 10% 정도 영향을 미친다고 말한다. 하지만 사람들은 건강을 챙기려 할 때 운동을 먼저 생각하며 아침에 잠을 줄이면서 운동을 시작한다. 전문가들은 이렇게 하는 것은 좋지 않다고 지적하며 우선적으로 충분히 잠을 자라고 권유한다. 잠만 체질에 맞게 충분히 잘 자면 운동하지 않아도 건강할 수 있다고 말한다.

사람들은 학교나 직장에서 남들보다 앞서고 경쟁에서 살아남기 위해 스펙을 쌓고 자기계발에 열중한다. 자신의 능력과 경쟁력을 키울 시간을 확보하기 위해서 보통 잠을 줄인다. 잠을 필요할 때마다 빼먹을 수 있는, 쉽게 줄여도 되는 것으로 여긴다. 성공한 사람들의 얘기를 들어보면 잠을 줄이며 일했고 아침형 인간이 되라고 강조한다. 성공한 사람들은 대부분 아침형 인간이며 이렇게 타고난 경우가 많다. 하지만 7~8시간 정도를 자야 하는 사람이 잠을 줄여 아침형 인간이 되려고 노력하면 오히려 역효과가 발생할 수 있다. 누구나 아침형 인간이 될 수 없으며 체질대로 살아가는 것이 건강에 좋다고 전문가들은 말한다.

잠에 대해 서울대에서 진행한 실험을 EBS에서 본 적이 있다. 하루 평균 6시간 자던 학생들을 4시간만 잠을 자게 한 뒤 시험을 보게 했다. 결과는 판단력, 추리력, 순발력, 암기력 등 모든 뇌 기능이 큰 폭으로 저하됐다. 또한 몸도 피곤해지고 신경도 예민해졌다. 결국 2시간 수면을 줄인 것이 다음 날 24시간을 몽롱하고 얼떨떨한 실속 없는 하루로 만들어 버린 것이다.

인간은 지난 수천 년 동안 최소 7~8시간 이상을 꾸준히 수면을 취해 왔다. 하지만 에디슨이 전구를 발명한 이후 저녁이 낮과 같이 밝아지면서 인간의 수면 시간이 빠르게 줄어들기 시작했다. 요즘 바쁘게 살아가는 현대인들이 예전처럼 충분한 수면을 취하는 것은 드물다. 주변을 보면 충분한 수면을 갖지 못해 항상 피곤해 시달리는 사람을 자주 볼 수 있다. 잠이 부족하면 몸이 무겁고 집중력이 떨어지고 피로감을 쉽게 느낀다. 수면 부족이 지속되면 만성 피로에 시달리게 되고 수면 질환까지 이어질 수 있다. 수면이 부족할 경우 나타나는 대표적 증상은 아래와 같다.

1. 기억력 감퇴

우리의 뇌는 잠을 자는 동안 단기기억을 장기기억으로 바꾸어준다. 즉 낮에 본 사람이나 사건, 대화에 대한 기억들은 일단 대뇌의 해마(기억을 잠시 저장해 두는 곳)에 임시 저장되었다가 저녁에 잠을 자는 동안 대뇌피질로 옮겨가 장기기억이 된다. 수면시간이 부족하면 이러한 기억 정돈 과정에 영향을 미쳐 기억력 감퇴의 원인이 된다. 충분한 휴식을 취하지 못하면 뇌는 정보처리 능력을 비롯하여 인지기능이 저하되어 학업 및 업무 효율을 떨어뜨린다. 그리고 정리되지 못한 정보들로 인해 새로운 정보를 저장하는 능력도 떨어지게 된다.

2. 우울증, 신경과민

수면이 부족하면 신경과민과 우울증이 형성된다. 잠을 자는 시간이 부족하면 그 영향으로 스트레스 호르몬 분비가 증가하여 불안감이 높아지고 집중력이 떨어진다. 이 때문에 신경이 예민해지고 신경

질적 반응을 보이게 된다.

3. 비만

우리의 몸은 충분한 수면을 취하지 못하면 섭취하는 칼로리가 증가하게 된다. 우선 깨어있는 시간이 길어짐에 따라 음식 섭취가 늘어날 수 있다. 식욕을 억제하는 호르몬인 렙틴과 식욕을 증가시키는 호르몬인 그렐린이 우리 몸의 수면 상태에 따라 상호작용을 한다. 수면이 부족하게 되면 그렐린이 더 많이 분비되어 음식 섭취에 대한 절제를 어렵게 만든다.

4. 약물 중독

부족한 수면 시간은 자기 절제력을 떨어뜨려 알코올이나 흡연에 대한 의존성을 높인다. 수면 시간이 부족한 사람이 그렇지 않은 사람들에 비해 폭음의 빈도나 흡연량이 많은 경향을 띠는 이유가 이 때문이다.

오늘날 잠을 적게 자는 사람들이 정신적으로 강하고 능력 있어 보이는 편견이 있다. 이것은 잠이 적은 사람들의 이야기지 모두가 따라 할 필요는 없다. 잠이 많은 사람은 게을러 보이고 나태하다고 생각하는데, 이건 타고나게 잠이 많은 것일 뿐이다. 잠이 많은 사람은 체질에 맞게 충분히 잠을 자고, 깨 있는 시간을 그만큼 압축적으로 효율적으로 사용하면 된다. 잠을 만만하게 보고 줄여서는 안 된다. 수면 부족이 원인이 되어 발생하는 사고가 예상외로 상당히 많다. 특히 자동차 사고의 경우 그 원인을 자세히 조사해 보면 수면 부족과 연관되어 있는 경우가 많다. 수면 부족이 운전에 미치는 영향이 음주 운전 상태와 비슷하다는 연구 결과도 있다. 수면의 비밀이 상당히 밝혀진 미래에는 아마도 음주 단속처럼 수면 부족 단속도 일어날 것으로 예상된다. 미래에는 수면 부족 상태에서 운전하다가는 운전 면허를 박탈당할 수도 있다.

쇼펜하우어는 "날마다 규칙적인 운동을 하고 섭취하는 음식물에 대한 조절이 필요하다. 건강하면 모든 것이 기쁨이 원천이 된다. 재산이 아무리 많더라도 건강하지 않으면 즐길 수 있는 마음의 여유를 가질 수 없다"라고 말했다. 몽테뉴는 "쾌락도 지혜도 학문도, 그리고 미덕도, 건강이 없으면 그 빛을 잃어 사라지게 될 것이다"라고 말했다. 건강보다 나은 재산은 없으며 건강한 이에게는 매일 축제다.

건강은 자신에게 관심을 갖고 있는 사람에게 자비의 손을 내민다. 건강은 꾸준히 관심을 기울여야지 지킬 수 있는 것 중의 하나이다. 자신의 몸에 관심을 기울여야 건강의 경고를 알아챌 수 있다. 모든 질병은 초기에 알아채지 못하면 더욱 증세가 심화되고 극단적인 경우 병을 고칠 수 없는 지경에 이르게 된다. 항상 자신의 건강에 관심을 갖는 사람만이 자신의 건강을 지킬 수 있다.

히포크라테스는 "현명한 사람은 건강이 가장 가치 있는 재산이며, 자신의 판단으로 질병을 어떻게 치료해야 할지 배울 준비가 되어 있는 사람이다"라고 말했다.

건강한 사람은 자기의 건강을 모르며 병자만이 건강이 무엇인지를 알고 있다. 병에 걸리기 전까지 건강이 얼마나 중요한지 모른다. 건강할 때 충분한 수면, 식습관 개선, 꾸준한 운동을 통해 건강을 유지하는 것이 최선이다. 건강은 즐거움과 행복의 어머니다.

PART 4

행복은 좋은 관계로부터

의사소통 :
내가 하고 싶은 말이 아닌 상대가 듣고 싶은 말을 하라

인간은 사회적 동물이고 끊임없이 다른 사람들과 의사소통을 하면서 살아간다. 의사소통은 회사, 단체와 같은 사회생활뿐만 아니라 부부, 친구와 같은 인간관계에서도 매우 중요하다. 의사소통이 제대로 되지 않으면 관계의 난맥상이 생기고 그로 인해 기본 생활이 힘들어진다. 사람이 살아가면서 부딪히는 많은 문제는 의사소통이 제대로 되지 않아 발생하는 경우가 많다. 즉 의사소통만 제대로 되면 문제들을 사전에 막을 수 있고 발생한 문제들을 빨리 해결할 수 있다. 의사소통은 인간관계와 사회생활에서 일어나는 무수한 문제들을 해결하기 위해, 인간이 사용할 수 있는 방법 중 가장 수준 높은 방법이다. 그리고 인간이 인간답게 생활을 영위해 나가는 데 매우 중요한 요소이다. 의사소통의 주체는 사람이다. 사람들 사이에 형성되는 관계는 의사소통 방식이나 태도에 많은 영향을 미친다. 세계적인 지식 경영학자 피터 드러커는 "인간에게 있어서 가장 중요한 능력은 자기표현이며, 현대 경영이나 관리는 커뮤니케이션 능력에 의해 좌우된다"라고 말했다. 그리고 오늘날 인간이 가진 능력 중 가장 중요한 것이 의사소통 능력이라고 강조했다.

우리는 왜 의사소통을 할까? 의사소통의 목적은 크게 3가지로 볼 수 있다.

① 원만한 인간관계 구축을 위해
② 정보 및 지식을 주고받기 위해
③ 타인에게 영향력을 미치기 위해

원활한 의사소통은 인간관계와 조직에서 특히 중요하다. 인간관계에서의 의사소통은 인간관계를 형성하고 유지시키는 근본적인 활동이다. 우리는 학교, 사회, 단체에서 사람들을 만나고 서로 관계를 맺으며 살아간다. 이 관계는 의사소통을 통해 가능하다. 인간은 태어나면서부터 자신을 둘러싸고 있는 모든 것들과의 관계 속에서 자신의 존재를 확인한다. 인간관계에서 정서적 소통을 잘하게 되면 인간관계의 질이 높아진다. 사람들과 잘 사귀고 인간관계를 잘 맺는 사람은 위기에 강하고 사회적으로 성공할 확률이 높다고 한다. 의사소통을 잘하면 애정과 결속력을 강화시킬 수 있고, 서로에 대한 이해를 바탕으로 차이를 인정하고 갈등을 해결할 수 있다.

의사소통을 잘하기 위해서는 어떻게 해야 할까? 원활한 의사소통을 위해 중요한 6가지를 소개한다.

1. 내가 하고 싶은 말이 아닌 상대가 듣고 싶은 말을 하라

대부분의 사람은 말을 하는 목적이 내 뜻을 전달하거나 상대방을 설득하는 것에 있다. 그러다 보니 상대방의 말을 듣기 보다는 자연스레 자신이 하고 싶은 말을 하는데 집중한다. 하지만 상대방이 내 말을 들으려는 준비가 되어 있지 않으면 아무리 말을 해도 소용이 없다. 자기 하고 싶은 얘기만 하면 상대방은 겉으로는 당신의 말을 듣는 척하지만 속으로는 따분해 하며 다른 생각을 하기 때문이다. 따라서 상대방의 관심사를 파악하고, 상대가 공감할 만한 이야기나 공통적인 공감대를 형성해서, 상대의 심리적 장벽을 허물고 심리적 거리를 가깝게 하는 것이 중요하다. 즉 상대방의 니즈(Needs)를 파악해서 그에 맞춰서 이야기를 해야 한다. 의사소통을 할 때 상대방의 말을 먼저 듣고 질문한다는 것은 상대를 존중한다는 뜻이다. 자신의 말보다 상대방의 말이 더 중요하다는 사실을 절대 잊어서는 안 된다. 자신이 전달한 의미보다 상대방이 받아들인 의미가 더 중요하다는 뜻이다.

2. 입이 아닌 가슴으로 말하라

커뮤니케이션 학자들은 우리가 하는 말은 단지 7%만을 전달할 뿐이라고 한다. 나머지 93%의 의미는 표정, 태도, 음성과 어조, 몸짓 등과 같은 비언어적 표현 요소에 실려 전달된다고 한다. 이러한 비언어적 표현 요소를 일일이 모두 의도적으로 통제하는 것은 불가능하다. 이 때문에 이야기에 진심을 담아내지 않으면 상대방에게 읽히게 되거나 무의식적인 벽에 막히는 경우가 많다. 즉 상대방의 관심사나 상대방이 듣고 싶은 말을 하면서도 겉으로만 번지르르하게 표현하거나 아부성으로 얘기를 한다면 제대로 된 의사소통을 이룰 수 없다. 내가 뜻하는 것을 진심으로 이해시키고 전달시키려면 반드시 진심을 담아서 이야기해야 한다.

3. 정서적으로 공감하라

상대방과 의사소통을 할 때 말의 내용이나 상대방에 대해 감정이입을 하고 정서적 교감을 하여 공감을 이끌어내야 한다. 공감은 상대방의 감정에 초점을 맞추어 인간적으로 이해하는 것이다. 옳거나 그르다고 판단하지 않고 상대방의 입장을 공감해 주는 것만으로도 충분한 의사소통의 효과를 볼 수 있다. 상대방에 집중하는 공감은 원활한 의사소통을 위해 꼭 필요하다. 공감하지 않으면 제대로 된 의사소통을 했다고 볼 수 없다.

4. 적극적으로 경청하라

사람의 입이 하나고 귀가 두 개인 이유는 말을 많이 하기 보다는 많이 듣는 것이 훨씬 중요하기 때문이다. 경청은 대화의 질을 좌우하는 중요한 요소이다. 똑같이 시작된 얘기도 공감을 해주고, 더 깊이 이해해주면 말하는 사람은 훨씬 더 깊은 이야기로 나아간다. 반면 건성으로 들으면 말하는 사람은 원래 하려고 했던 이야기의 절반도 하지 않고 돌아서게 된다. 카네기 리더십에서 스튜어트 루빈과 마이클 크롬은 "경청은 당신의 두 귀로 사람을 설득시키는 방법이다"라고 말한 적이 있는데 이것은 사실이다. 경청은 당신이 세상을 바라보는 방식으로 다른 사람도 볼 수 있게 설득시킬 수 있는 굉장한 힘을 가진 도구이다. 단순히 귀만 쫑긋 세우고 열심히 듣는 척해서는 훌륭한 경청이라고 할 수 없다. 성리화는 그의 저서 『명쾌통쾌 성공학』에서 삶을 바꾸는 놀라운 마술 '경청'을 다음의 세 가지 듣기 형식으로 정리했다.

첫째, 몸으로 듣기이다. '나는 당신의 이야기에 집중하고 있다'는 사실을 먼저 자세로써 말해야 한다. 몸으로 듣기 위해서 제일 먼저 갖춰야 할 자세는 몸을 상대방 쪽으로 향하는 것이다. 그 다음으로 표정을 자연스럽게 하고 시선을 따뜻하게 하는 것이다. 경청하면서 가끔 고개를 끄덕이거나 시선을 맞추면서 "흠" "아하" "그래요"와 같은 추임새를 넣어야 한다.

둘째, 마음으로 듣기이다. 흔히 듣기에서 실패하는 가장 큰 원인은 상대방의 이야기를 자기식으로 해석하기 때문이다. 마음으로 듣기 위해서는 먼저 자신의 기준을 버려야 한다. 자신의 사고방식을 버리고, 자신의 경험을 버리고, 지레짐작하지 말아야 한다. 이렇게 할 때 비로소 상대방의 입장이나 처한 상황, 여건을 제대로 볼 수 있다. 그러면 상대방이 하고자 하는 이야기의 본질을 파악할 수 있으며 그렇게 들어주면 상대방은 자신이 하고자 했던 이야기뿐 아니라 그 이상의 이야기를 쏟아내게 된다. 마음으로 듣는다는 것은 상대편의 입장과 여건, 상황을 받아들여 상대편과 눈높이를 맞춘다는 뜻이다. 그렇게 했을 때 상대방은 자신의 문제는 물론 자신의 해답까지 발견하게 되고 그렇게 스스로 찾아낸 해답만이 문제를 풀 수 있다.

셋째, 직관으로 듣기이다. 직관으로 듣기는 마음으로 듣기가 숙성했을 때 자연스럽게 할 수 있다. 자기 기준을 치우면 치울수록 직관을 발휘하기가 쉽기 때문이다. 상대편이 직면하고 있는 상황 등이 어느 순간 갑자기 느껴진 경험이 있을 것이다. 직관으로 얻어진 그 느낌은 매우 섬세한 질문을 할 수 있게 하는 좋은 재료가 된다. 섬세한 질문은 상대방으로 하여금 쉽게 자신의 이야기를 풀어놓게 한다. 직관이 발달하면 상대방이 미처 말로 표현하지 못한 어떤 부분까지 알아낼 수 있다. 그리고 그 내용이 질문으로 상대방에게 돌아가서 그가 자신의 이야기를 풀어내게 하는 데 큰 도움이 된다. 직관으로 듣고 질문을 하게 되면 상대방은 그동안 막연했던 자신의 문제가 좀 더 구체화되고 분명해짐을 알 수 있게 된다. 그리고 마침내 자신이 가진 문제와 해답을 동시에 얻게 된다.

5. 대화를 독점하지 말고 주고받으며 말하라

적당히 말을 하고 상대방에게 말할 기회를 주는 것은 의사소통에서 중요한 부분이다. 사람들은 보통 차례로 번갈아 가면서 말하는 것이 자연스럽게 이루어지고 있다고 생각한다. 하지만 실제로 대화를 주고받는 것에 서투른 사람이 의외로 많다. 이런 사람들은 일방적으로 자기 혼자서만 말을 하거나 상대방의 말을 불쑥 자르고 들어간다. 원활한 의사소통을 하기 위해서는 적당히 말하고 상대에게도 적당히 말할 기회를 줘야 한다. 즉 내가 이야기하면 상대편에게 순서를 넘겨줘야 한다. 내 순서가 있으면 상대방 순서도 있어야 한다는 이야기다. 일방적인 대화는 없다. 강사 혼자 하는 강의도 의사소통의 원리로 보면 결코 혼자 하는 것이 아니다. 뛰어난 강사는 청중에게 반응할 기회를 반드시 준다. 정서적 상호작용이 서로 순서를 바꿔가며 일어나야 한다. 말을 아무리 청산유수로 할지라도 이 정서적 순서 바꾸기가 망가지면 곧바로 지루해진다. 혼자만 하기 때문이다. 개인 간의 대화에서도 마찬가지다. 누군가와 대화를 하다가 기분 상하는 느낌이 드는 경우는 대부분은 이 '순서 바꾸기'가 망가졌을 때다. 상대방만 일방적으로 이야기하고 나는 듣고만 있어야 할 때, 기분이 상하는 것이다. 상대방에게 도무지 이야기할 순서는 물론 반응할 기회조차 주지 않는 이런 종류의 실수는 스스로 도덕적으로 우위에 있다고 생각하는 이들에게서 주로 나타난다. 상대방을 계몽과 설득의 대상으로 여기기 때문이다.

6. 전달 방법을 다변화하라

말로 되지 않을 때, 편지나 여행이나 파티 등 다양한 방법으로 접근할 필요가 있다. 상대에 따라 소통하기 때문에 그 상대가 어떤 취향을 갖고 있는지 존중하고 배려하는 자세가 필요하다. 그렇게 말도 되지 않던 일이 여행을 통해, 즐거운 식사를 통해 우호적 관계가 형성되고 쉽게 풀리는 경우도 있다. 이것도 넓게 소통 영역에 포함시킬 수 있다.

인간관계에 있어서 뿐만 아니라 조직에서의 의사소통도 매우 중요하다. 조직에서의 의사소통이란 관리 기능을 수행하기 위한 도구이며 동시에 기술이다. 효과적으로 의사소통을 하지 못하는 사람은 절대로 직장에서 생산적인 사람이 될 수 없다. 회사 구성원 각자가 해야 할 일에 관해 정확하게 커뮤니케이션을 하지 못한다면 그 일을 제대로 수행할 수 없다. 관리자가 부하 직원에게 업무 지시를 정확하게 했다 하더라도 직원이 그것을 제대로 인식하지 못하면 업무는 비효율적으로 진행될 것이다. 이렇게 되면 직원들의 사기는 떨어지고, 업무를 제대로 수행하지 못하게 된다.

　이케아(IKEA)는 스웨덴에서 출발한 저가형 가구, 액세서리, 주방용품 등을 생산, 판매하는 다국적 기업이다. 특히 이케아는 좋은 디자인과 싼 가격, 그리고 무엇보다 손수 조립할 수 있는 가구로 유명하다. 2015년 8월 기준으로 28개 국가의 328개의 매장에서 15만 5,000명의 직원이 일하고 있으며 9,500여 종의 제품을 판매하고 있다. 전세계 매장에 하루 200만 명의 고객이 방문하고 있으며 유럽인의 10%가 이케아 침대에서 잉태된다. 이케아가 지금과 같은 큰 성공을 거둔데에는 이케아만의 독특한 기업문화가 자리잡고 있다. 일본에서 이케아의 성공을 밀착 취재한 다테노이가즈에는 그의 저서 『이케아 Insight』에서 이케아 팀워크에서 빼놓을 수 없는 것이 '일대일 대화 (One to one talk)'라고 말한다. 이케아는 사장과 점장, 점장과 부문장, 부문장과 매니저, 매니저와 코워커, 이렇게 보고 라인이 서로 이야기를 나누는 시간을 중요하게 지키고 있다. 일대일 대화에서는 상사와 부하라는 수직관계를 떠나 이케아에서 일하는 같은 동료로서 이야기를 나눈다. 일방적인 보고나 면담이 아니라 직위를 떠나 대등한 인간끼리 나누는 수평적 커뮤니케이션이다. 가족, 취미도 화제에 올리고 편하게 대화하면서 서로의 성격을 이해하고 신뢰를 쌓을 수 있는 중요한 시간이다. 일대일 대화는 모든 부서에서 시행된다. 이케아가 글로벌 기업이면서 여전히 가족적인 분위기를 유지할 수 있는 이유는 일대일 커뮤니케이션을 중시하는 자세 때문이다. 이케아에서 회의 자료, 상사에 대한 보고, 결재 자료와 같은 사내용 서류는 의사 결정을 위한 참고 자료로서 완성도를 높일 필요가 없다. 내용만 정확하게 파악할 수 있으면 되고 부족한 부분은 구두로 설명하면 된다. 서류를 잘 만들려는 시간을 줄여서 가족과 친구들과 즐거운 시간을 보내거나 업무에 대한 공부나 시장 조사에 시간을 쓰는 편이 훨씬 합리적이라고 생각한다. 이런 상황에서 일대일 대화를 통해 꾸준히 신뢰를 쌓아 놓은 것이 효과를 발휘한다. 상호 간에 신뢰관계가 있으니 상사도 안심하고 결정을 내릴 수 있다. 가족 같은 관계이므로 남들에게 보이기 위한 서류처럼 구색을 갖춰 만들 필요가 없다.

이케아의 진짜 힘은 창업자인 캄프라드 개인이 아닌, 13만 직원이 하나처럼 움직이는 조직에서 나온다. 이케아 조직의 힘은 상하 간의 신뢰와 믿음에서 나오며 그 밑바탕에는 원활한 의사소통을 가능하게 하는 주기적인 일대일 대화가 있다. 치열하고 끊임없이 경쟁하는 비즈니스 세계에서 의사소통의 실패는 조직 경영의 실패로 직결된다. 수익이 떨어지고 능률도 저하된다. 진취적이고 도전적인 직원을 다른 곳으로 내모는 결과도 가져온다. 이케아의 예처럼 개인이든 회사든 성공하려면 의사소통의 중요성을 인식하고 의사소통 기술을 향상시키기 위해 노력해야 한다.

전 세계 항공사 중에서 기업문화가 가장 성공적으로 정착하여 결실을 맺은 항공사로 단연 사우스웨스트항공을 꼽는다. 사우스웨스트항공은 개방적인 커뮤니케이션과 강력한 팀웍을 통해 적극적인 직장문화를 만들어 내고 있다. 현재 종업원이 4만 5000명을 넘었지만 일관되게 가족적인 사풍이 이어지고 있다. 직원들끼리 항상 밝은 농담이 오간다. 생일을 맞은 직원에게는 반드시 파티를 열어 축복해준다. 그리고 갖가지 명목의 파티를 열고 있는데, 어떤 구실을 붙여도 아무 문제가 되지 않는다. "제발 구실을 만들어서 모여라"라는 식이다. 인재전략은 개인의 능력보다는 팀 전체의 성과에 초점을 맞춰 팀의 발전을 지향하고 있다. '업무와 사생활의 밸런스'를 유지하면서 종업원의 공동체와 가족적인 관계를 유지하도록 장려하고 있다. 사원끼리뿐만 아니라, 사원가족도 포함시킨 관계를 권장하고 있으며, 회사가 주최하는 파티에 가족들을 초대한다. 이밖에 직원의 자녀들을 정기적으로 직장으로 데리고 오도록 장려하고 있다. 사우스웨스트 항공 회장인 허브 켈러허는 하버드 비즈니스 리뷰 인터뷰에서 "상하 간의 지나친 위계질서는 직원들의 창의적인 발상을 저해할 뿐만 아니라, 서로 간 대화의 단절로 인해 직원들의 스트레스 수치가 높아지고 결국 매출 저하로 이어질 수 있다"고 말했다. 켈러허는 위계질서 타파를 통한 원활한 의사소통을 위해 사내 지위와 상관없이 호칭을 서로 퍼스트네임(이름)으로 부르도록 통일했다. 켈러허는 사우스웨스트의 규모가 커지면서 관료화되는 것을 우려했다. 그래서 조직의 계층을 단순화해 누구든 원하는 직원은 사장과 직접 대화할 수 있게 했다. 수하물을 다루는 직원도 새로운 공항을 개설하는 문제가 궁금하면 담당 임원이나 사장에게 직접 물어볼 수 있는 곳이 사우스웨스트다. 조직의 단순화와 격의 없는 의사소통은 켈러허가 소중히 여기는 요소 중 하나이다. 사우스웨스트의 성공은 기본적으로 의사소통과 팀웍에 집중하고, 그 안에서 목표와 지식을 공유하고, 상호 존중하는데 전념했기 때문이다. 비즈니스에 있어 성장과 수익을 보장받기 위한 중요한 요소 중의 하나는 의사소통에 초점을 맞추는 것이다.

　의사소통은 사람의 의사나 감정의 소통으로 인간이 사회 생활을 하기 위해서 가장 필수적으로 가지고 있어야 하는 능력이다. 의사소통을 제대로 하지 못하면 인간관계나 직장생활이 힘들어지고 원하는 것을 얻을 수 없게 된다. 인간의 의사소통 형태 중 가장 기본이 되는 것이 대화이다. 대화는 우리가 동물과 구별되는 특징이기도 하다. CNN 방송의 명앵커인 래리 킹은 "말 잘하는 사람이 성공한다"라고 주장하며 화술의 중요성을 강조했다. 래리 킹은 1957년 미국 라디오 진행자로 방송을 시작한 이후, 50여 년간 5만 명 이상의 사람들과 인터뷰를 해온 방송계의 살아있는 전설이다. 래리 킹은 1985년부터 CNN의『래리 킹 라이브』를 진행하면서 스타 인터뷰어의 반열에 올랐다. 2010년 종영 때까지 25년간 방송된『래리 킹 라이브』는 전 세계에서 가장 영향력 있는 프로그램으로 인정 받았다. 스티브잡스에게 검은색 터틀넥과 청바지가 있다면, 래리 킹에게는 네모난 뿔테안경과 멜빵이 그를 연상시키는 물건 중의 하나이다. 래리 킹의 저서『대화의 신』에는 토크쇼를 진행하기까지의 노력과 토크쇼에 나왔던 실제 인물과의 대화 방법에 대한 이야기를 유형별로 정리되어 있다. 래리 킹이『대화의 신』에서 강조한 '어떤 상대도 사로잡는 대화의 3가지 기본 원칙'을 소개한다.

1. 말, 잘하든 못하든 무조건 연습하라
수영, 골프, 자동차 운전, 가게 운영처럼 말하기도 많이 하면 할수록 익숙해지고 실력이 는다. 더 많이 연습하고 시도할수록 더 잘하게 되고 재미를 느끼게 된다. 아무리 재능을 타고난 사람이라도 그것을 계발하기 위해 노력하지 않으면 타고난 재능은 아무 소용이 없다. 노력과 연습이야말로 자신의 재능을 실력으로 바꾸어주는 유일한 도구이다. 말하는 방법에 관한 책을 보고 공부도 하고, 방이나 차 안에서 혼자서 말하기 연습하라.

2. 솔직함은 소통을 위한 최고의 무기이다

일에서든 방송에서든 다른 어떤 상황에서든 말을 할 때 잘못이 있을 수 있다. 그러나 잘못했을 때 솔직하게 말하면 결코 잘못된 방향으로 나가게 되지는 않는다. 래리 킹은 방송국 복도를 지나가고 있는데 방송국 사정으로 그가 갑자기 방송을 진행해야 되는 상황이 발생한다면, 그는 모든 상황을 시청자들에게 솔직하게 밝히겠노라고 말한다. 그러면 시청자들은 그가 뉴스를 처음하고 있으며, 현재 상황을 잘 모르고 있고 그저 생소한 것들을 읽고 있다는 사실을 알게 된다. 그리고 시청자들은 그가 솔직하다는 사실을 깨닫게 되고, 나름대로 최선을 다하고 있다는 점을 인정하고 이해하게 된다. 래리 킹은 방송뿐만 아니라 모든 상황에서 좋은 소식이건 나쁜 소식이건 상관없이 솔직하게 말하라고 강조한다.

3. 진실된 태도로 상대방의 마음부터 열어라

래리 킹은 대화를 잘하기 위해서는 적극적인 노력과 솔직함 이외에도, 적어도 다음 2가지 요소가 더 필요하다고 말한다. 하나는 타인에 대한 진정한 관심이고, 다른 하나는 그들에게 당신 자신을 개방하는 것이다. 타인에 대한 진정한 관심은 가능한 상대방의 눈을 똑바로 쳐다보며 말하고, 진심으로 그들을 존중하는 것이다. 만일 옆에 앉은 사람의 말에 관심이 없거나 존중하지 않으면 그와 성공적인 대화를 나눌 생각은 버려야 한다. 아울러 말하는 동안 자신을 드러내야 한다. 당신이 지나온 길은 어떠하며, 당신이 싫어하고 좋아하는 것은 무엇인지를 말해주는 것이 대화의 기본 태도이자, 서로를 조금씩 알아가는 방식이다. 말을 잘 전달하기 위해서는 듣는 사람들로 하여금 나의 경험을 함께 공유하도록 해야 한다.

세상 만물의 모든 진리가 그러하듯 대화의 비법 또한 어쩌면 정말 단순한 것이 아닐까 싶다. 상대방에게 관심을 가지면 자연스럽게 그의 말에 귀를 기울이게 되고, 솔직하게 자신을 열어 놓는다면 상대방 또한 그렇게 할 것이라고 생각한다. 진심, 솔직함으로 무장한 대화는 화려한 언변술보다 더 뛰어나다. 래리 킹은 말 잘하는 사람에게는 다음의 8가지 특징이 있다고 말한다.

① 익숙한 주제라도 '새로운 시각'을 가지고 사물을 다른 관점에서 바라본다.
② '폭넓은 시야'를 가지고 일상의 다양한 논점과 경험에 대해 생각하고 말한다.
③ 열정적으로 자신의 일을 설명한다.
④ 언제나 '자기 자신'에 대해서만 말하려 하지 않는다.
⑤ 호기심이 많아서 좀 더 알고 싶은 일에 대해서는 '왜?'라는 질문을 던진다.

⑥ 상대에게 공감을 나타내고 상대의 입장이 되어 말할 줄 안다.

⑦ 유머 감각이 있어 자신에 대한 농담도 꺼리지 않는다.

⑧ 말하는 데 '자기만의 스타일'이 있다.

가족이든 친구든 직장 동료든 모든 관계를 성공적으로 끌어가는 핵심은 '말'이다. 아무리 의도나 행동이 좋아도 말을 잘하지 못하면 관계에서 점수를 잃고 자칫 잘못하면 오해와 함께 비난을 받기도 한다.

당나라 때 관리를 선발하던 기준은 신언서판身言書判으로 선비가 지녀야 할 네 가지 덕목을 말한다. 첫째는 신身으로, 풍채가 건장한 것을 말한다. 둘째는 언言으로, 언사가 분명하고 바른 것을 말한다. 셋째는 서書로, 필치가 힘이 있고 아름다운 것을 말한다. 넷째는 판判으로, 글의 이치가 뛰어난 것을 말한다. 이 네 가지를 다 갖추고 있으면 뽑을 만하다는 것이다. 사람을 판단하는 기준으로 외모 다음으로 그 사람의 말을 꼽을 정도로 '말'은 중요한 요소이다. 사회생활 특히 인간 관계를 잘하기 위해서는 '말'처럼 중요하고 어려운 것은 없다. 제대로 된 대화 태도를 갖추고 열린 자세로 다른 사람을 대하자. 그러면 누구와도 성공적인 대화를 할 수 있을 것이다. 주변의 말 잘하는 사람들은 태어날 때부터 말을 잘했던 것은 아니다. 수많은 시간을 들여서 연습과 노력을 한 결과다. 결국 말을 잘해서 인간관계를 성공적으로 이끌기 위해서는 끊임없는 노력이 필요하다.

리더십 :
위기 때 최고의 배는 리더십이다

회사 생활 초년기에는 회사 업무를 익히고 선배들이 시키는 일을 열심히 하느라 정신없이 보낸다. 이때는 보통 업무 능력 향상, 다양한 경험 쌓기, 주어진 업무 빠른 처리에 주력한다. 중장기적 관점의 성장과 발전 그리고 리더십 능력을 기르는 것은 나하고 거리가 멀게 느껴진다. 회사 경력이 늘어나고 후배들이 들어오면서부터는 관리의 중요성을 느끼게 된다. 맡은 일을 깔끔하게 잘 처리하는 것도 중요하지만 중간관리자로서 윗분들과 후배들의 교량 역할을 하며 의사소통을 원활히 잘하는 것이 중요해진다. 중간관리자의 역할을 지나 파트장, 팀장, 임원으로 올라가면 여러 가지 갖추어야 할 능력 중에서 리더십이 중요해 진다. 일반적으로 리더가 자신의 경험과 능력을 바탕으로 사람들을 이끌고 목표를 향해 나아가는 것을 리더십이라고 생각한다. 그리고 리더십은 높은 지위에 올라가면 자연스럽게 생긴다고 생각한다. 하지만 리더십은 리더의 경험과 능력, 사람들을 이끄는 방식, 일하는 스타일 등으로 여기면서 넘어갈 단순한 것이 아니다. 리더십에 따라서 조직의 목표달성이 달라지고 조직의 생사까지 좌우되기 때문이다. 비즈니스 세계는 전쟁 상황과 같이 비교되곤 한다. 비즈니스와 전쟁의 공통점은 사람들이 실행하는 것이며, 변화에 즉각 대응해야 하고, 목표를 향해 일사불란하게 움직여야 하며, 승리를 쟁취해야 살아남을 수 있다는 것이다. 이런 비즈니스와 전쟁의 닮은 점 때문에 비지니스 리더십을 얘기할 때 알렉산더 대왕, 카이사르, 징기스칸, 나폴레옹, 이순신과 같은 훌륭한 군사 지휘관들이 빠지지 않고 거론된다.

한국 전쟁사에서 위대한 리더십을 발휘해 나라를 위기에서 구한 인물로는 단연 이순신 장군이 손꼽힌다. 이순신 장군은 임진왜란 때 23번의 싸움에서 모두 일본군을 물리쳤다. 해전 역사상 23전 23승은 인류 역사상 전례가 없는 위대한 업적이다. 이순신 장군이 23번의 싸움을 모두 이길 수 있었던 것은 철저한 사전 준비를 통해 충분히 이길 수 있는 환경을 만든 상태에서 싸웠기 때문이다. 불리한 위치에서 열세의 병력으로는 절대 싸우지 않았고, 원균 등 다른 병력과 합세해서 유리한 조건을 만든 후에 유리한 조건으로 싸워서 이겼다. 진정한 고수는 싸움을 쉽게 하고 쉽게 이긴다. 어렵게 힘들게 이기는 싸움은 하수가 하는 것이다. 월등한 태세를 갖추고 쉽게 이길 수 있는 것이 가장 좋은 승리라고 할 수 있다. 이러한 쉬운 승리를 가능하게 한 중요한 요소 중의 하나가 리더십이다. 솔연은 중국 향상(상산)에 사는 전설적인 뱀이다. 솔연의 머리를 치면 꼬리가 덤비고, 그 꼬리를 치면 머리가 덤비며, 그 허리를 치면 머리와 허리가 함께 덤비는 뱀으로 싸움 기술이 능하다. 이순신 장군은 어떤 상황에서든 각자 위치에서 맡은 일을 자발적으로 수행하는 솔연과 같은 부대를 만들기 위해 철저히 노력했다. 솔연 부대는 회사로 비유하면 CEO, 중간관리자, 직원 모두가 자기 위치에서 자기 역할을 충실히 하고, 목표를 향해 하나가 되어 움직이는 조직이다. 이순신 장군은 한산도의 운주당(제승당)에서 조직 일체감을 형성시켰다. 제일 먼저 파벌을 없애고 완전히 하나로 만들었다. 그리고 함께 모여서 대화를 함으로써 상하 이해와 단결을 위한 적극적 소통을 했다. 같이 모였을 때 칭찬과 격려를 했고 모든 사람의 의견을 듣고 종합하여 승리할 수 있는 전략을 짰다. 즉 파벌 타파, 소통, 칭찬과 격려, 승리 확신을 통해 솔연 부대를 만들었다. 솔연 부대의 위력이 발휘된 것이 한산대첩이다. 학익진은 일본 육전에서 사용하는 전법이다. 육전 전법을 바다 위에서 사용하기 위해서는 완전히 하나가 되어야 성공할 수 있고 또한 위력을 발휘할 수 있다. 평상시 완전히 일체가 되지 않으면 사용하기 힘든 전법이다. 이순신 장군은 학익진 전법으로 한산도 대첩을 승리로 이끌었다. 일본 배 73척 중 겨우 14척만이 탈출했다. 솔연 부대 구축과 학익진 전법 사용은 이순신 장군 리더십의 결정체라고 할 수 있다.

임진왜란 때 활약한 와키자카라는 일본 장수가 있었다. 와키자카는 전형적인 사무라이로 2천의 군대로 조선육군 5~6만 명을 물리친 일본의 명장이었다. 와키자카는 한산도 대첩에서 패배한 이후 충격으로 6일간 굶었다고 본인이 기록 했다. 그는 "나는 이순신이라는 조선의 장군을 몰랐다. 단지 해전에서 몇 번 이긴 그저 그런 다른 조선 장수 정도였을 거라 생각했다. 하지만 내가 겪은 그 한 번의 이순신 그는 어느 조선의 장수와는 달랐다. 나는 그 두려움에 떨려 음식을 며칠 먹을 수가 없었으며, 앞으로 전쟁에 임해야 하는 장수로서 나의 직무를 다할 수 있을지 의문이 갔다"라고 기록했다. 그는 또 흥미롭게도 이순신 장군을 다음과 같이 언급했다. "내가 제일로 두려워하는 사람은 이순신이며, 가장 미운 사람도 이순신이며, 가장 좋아하는 사람도 이순신이며, 가장 흠모하고 공경하는 사람도 이순신이며, 가장 죽이고 싶은 사람 역시 이순신이며, 가장 차를 함께 마시고 싶은 이도 이순신이다."

이순신 장군은 솔연 부대를 만들기 위해 군대를 혹독하게 훈련시켰다. 이순신 장군의 『난중일기』를 보면 123회(처형 28회, 곤장 44회, 처벌 36회, 구속 15회)에 걸쳐 엄격한 군법을 적용했다. 이런 힘들고 혹독한 훈련 속에서도 병사들이 따르는 이유는 이순신 장군이 병사와 백성을 아끼는 그의 깊은 마음을 알기 때문이었다. '운덕'이라는 명나라 사신이 있었는데 이 사람이 후일 이순신 장군에 대해 이렇게 기록했다. "하루는 어두운 밤에 눈이 몹시 내리고 그 바람이 칼날 같아서 살결을 찢는 듯하니, 감히 밖으로 나서지 못하겠더라. 그러한데 그 속을 통제사 영감이 홀로 지나가니, 무슨 까닭으로 이 어둡고 추운 바람 속으로 거닐고 있는 걸까? 궁금하던 차에 한 번 따라가 보니 통제사 영감이 가고 있던 곳은 바로 왜놈이 잡혀있는 현장으로 가는 거 아닌가. 더욱이 이상하여 더 밟아보니 통제사 영감 손에는 한 권의 책이 있더라. 밖에서 보니 통제사 영감은 그 왜군에게 명심보감 중 효행 편을 읽어주고 있는 것이 아닌가. 다음날 알아보니 그 왜군의 나이는 15세이더라. 10살의 어린 나이에 병사가 되어 왔음에 이 아이가 포로가 된 후 이를 딱히 여긴 통제사 영감이 별도로 감싸주었다. 10살에 포로가 되었으니 벌써 5년이 되었고 그동안 왜군의 아이는 조선말을 배

웠으며 간간히 통제사 영감이 책을 읽어주기도 했다고 한다. 서로 죽이고 죽이는 전쟁이지만, 저 두 사람을 보면 어찌 서로를 원수라 하겠는가. 내가 본 저 두 사람은 조선 장수 대 왜군이 아닌 한 아버지와 그의 아들로 보였으니. 통제사 영감이 저러하다면, 그의 백성과 병사를 아끼는 마음 무엇으로 나타낼 수 있겠는가!"

미국 해군사관학교에는 '위기 때 최고의 배는 리더십이다(The best ship in times of crisis is leadership)'라는 글귀가 적혀 있다고 한다. 배 한 척에 의지하여 망망대해를 항해하는 중 예상치 못한 폭풍우를 만나게 되면 선원들은 그야말로 선장의 얼굴만 쳐다보게 된다. 급박한 위기 속에서 리더에 대한 의존도는 더욱 커지며 리더의 냉철한 상황 판단과 지혜로운 결단만이 선원들과 배를 지켜낼 수 있기 때문이다.

손자병법을 보면 싸움에서 가장 중요한 요소는 장수이다. 비즈니스에 적용하면 조직의 꽃인 최고 전문 경영자인 CEO이다. 이런 까닭에 손자는 장수가 갖추어야 할 5가지 자질을 제시한다. 지知, 신信, 인仁, 용勇, 엄嚴이 그것이다.

첫째, 객관적 분석과 능력을 가진 사람이다. 손자가 장군의 자질로 "능력智"을 첫 번째로 꼽는 것은 중요한 의미를 지닌다. 능력은 없고 인간성만 좋은 착한 리더보다 인간성은 조금 떨어지지만 능력이 있는 사람이 경영자로 적격이라고 본 것이다. 인간성仁은 손자에게 있어서 능력智 다음이다. 능력이 없어서 조직원의 생명과 안위安危가 위협당하는 것보다 능력 있는 경영자 밑에서 생명을 보장받고 생존력을 높이는 것이 더욱 중요하다는 것이 손자의 기본적인 생각이다.

둘째, 믿을信 수 있는 사람이다. 직원이 믿을 수 있는 경영자, 병사들이 믿을 수 있는 장군만이 전쟁에서 승리를 얻는다. 신뢰信는 손자 병법 뿐만 아니라 다른 고전에서도 중요한 지도자의 덕목으로 제시된다. 공자의 제자인 자공이 공자에게 물었다. "정치는 어떻게 해야 합니까?" 공자가 대답하였다. "정치는 백성들을 배부르게 해야 하고足食, 백성들을 방어하기 위한 군대가 강해야 하고足兵 백성들의 국가에 대한 믿음이 있어야 한다民信之." 그리고 공자는 이 세 가지 중에서 가장 중요한 정치가 백성들의 신뢰信라고 말하고 있다.

셋째, 인仁은 사랑이다. 따뜻함이다. 눈물이다. 상대방에 대한 배려다. 따뜻한 휴머니즘이다. 손자는 「지형」편에서 "병사들을 어린아이처럼 돌봐주면 함께 깊은 계곡물에 뛰어들 수 있고, 자식처럼 아껴주면 병사들은 같이 죽을 수도 있다"고 했다.

넷째, 용기勇 있는 사람이다. 용기는 솔선수범하는 장군의 행동이다. 진정한 용기를 가진 사람은 조직을 위해서 굽힐 줄도 알고, 물러설 줄도 안다. 장군의 용기는 병사들의 마음을 안정시키고 사기를 격앙시킨다. 용기는 조직을 튼튼하게 만드는 힘이다. 용장勇將 밑에 약졸弱卒이 있을 수 없다. 조직을 위해 대세를 읽을 줄 알고 행동하는 것이 장군의 진정한 용기다.

다섯째, 조직의 시스템을 엄숙嚴하게 지키는 사람이다. 손자의 관심은 개인보다 조직이다. 한 개인이 뛰어난 능력이 조직의 세勢를 올리는 것이 아니라, 시스템法이 조직의 파워와 에너지를 높인다고 봤다. 장군이 조직의 시스템을 엄격하게 운용할 때 그 조직은 살아난다.

기업이 신제품을 개발하고 판매하기 전에 미리 결과를 알 수 있다면 그 기업은 언제나 승리하고 위기에 빠지지 않는 조직이 될 것이다. 신제품에 대한 고객의 반응이 별로라는 것을 알 수 있다면 개발을 미리 포기하여 전력의 낭비를 막을 수 있다. 변화하는 환경 속에서 제품의 약점을 미리 알 수 있다면 약점을 강점으로 바꾸어 시장 환경에 대응할 수 있다. 손자는 "적어도 이 다섯 가지를 가지고 있으면 반드시 승리할 것이다"라고 단언했다. 손자가 제시한 승리하기 위한 다섯 가지 요소는 다음과 같다.

첫째, 싸우기 전에 상대방이 싸울만한 상대인지 아닌지 정확히 판단할 수 있는 자가 이긴다. 계란 쥐고 바위를 깨겠다고 덤비는 미련한 짓은 하지 말라는 말이다. 이길 수 없는 싸움을 미리 피하는 건 부끄러운 게 아니다. 남들의 비아냥거림을 감수하면서 고개를 숙일 수 있는 건 오히려 용기다. 진정한 고수는 싸우기 전에 상대가 나보다 힘이 센지 약한지 알고 싸운다. 그러기에 항상 승리하는 것이다.

둘째, 군대의 많고 적음을 쓸 줄 아는 자가 이긴다. 여기에 대규모 인원을 투입할 것인가? 아니면 소수 정예부대를 운용할 인가를 판단하고 결정하는 것은 결국 장군이다. 장군은 리더다. 조직의 리더는 인력운용에 성공하여야 한다. 어떤 임무에 얼마큼의 인력을 투입할 것인가를 끊임없이 고민하고 결정하여야 한다. 인원이 많다고 잘되는 것은 아니다. 때로는 소수의 인력으로도 얼마든지 기대 이상의 효과를 낼 수 있다. 승리는 부대원 간의 화합에 있지 숫자에 있는 것은 아니다.

셋째, 상하가 일치단결해야 이긴다. 조직에서 경영진이나 일반 직원들이 같은 비전과 목표를 인식하고 이의 달성을 위해 일사불란하게 움직이는 조직은 승리할 수밖에 없다. 맹자는 "전쟁에서 하늘의 기상조건이 내게 유리함은 지형조건의 유리함보다는 못합니다. 지형조건이 내게 유리함은 내부 인원의 화합만 못 합니다"라고 말했다.

넷째, 싸울 준비를 끝내고 적을 기다리는 자가 이긴다. 단순한 이야기 같지만 준비된 자가 준비하지 못한 자와 싸워 이기는 것은 당연하다. 문제는 잘난 조직, 잘난 사람이다. 의외로 잘난 사람이 지는 경우가 많은데 너무 잘나서 준비에 소홀했기 때문이다. 대기업도 상대를 얕보고 준비하지 않고 싸우다가는 지는 경우가 많다. 능력이 있건 없건 준비를 철저히 해야 이긴다.

다섯째, 장군이 능력 있고 군주가 간섭 안 하면 이긴다. 병권을 주고 장군을 임명하는 권한은 군주에게 있지만 전쟁을 결정하는 것은 장군에게 있다. 능력 있는 관리자를 선발하여 일을 맡기고 기다려서 지켜볼 여유가 있는 조직은 승리한다. 현장 책임자의 목소리를 인정하고, 탁자 위에서 정책이 나오는 것이 아니라 현장에서 나와야 한다. 자신이 믿고 맡긴 사람을 의심하고 현장 업무에 간섭하려 하면 그 조직은 망할 수밖에 없다. "한번 맡겼으면 믿어라!"라고 손자는 충고한다.

장수나 리더가 전쟁에서 이기기 위해서는 이 다섯 가지 승리의 조건을 분명히 이해하고 끊임없이 발전시켜 나가야 한다. 세상에 우연하게 다가오는 승리란 없다. 승률은 준비하고 계산한 자에게 높아지기 마련이다. 훌륭한 리더십이란 철저한 사전 준비에서 오는 것이며 전투에 임하기 전에 이길 수 있는 환경을 만들어 놓고 싸우는 것이다.

리더십에 있어 나에게 가장 많은 가르침을 준 책은 세계적인 리더십 전무가인 존 맥스웰이 쓴 『리더십 불변의 법칙』이다. 전 세계적으로 가장 유명한 강연가이자 최고의 동기부여가인 지그 지글러는 이 책을 한마디로 '리더십의 교과서'와 같은 책이라고 표현했다. 읽기 쉬우면서도 깊이가 있고 또 리더십에 대한 개념이 명확하게 정리되어 있는 책이다. 『리더십 불변의 법칙』은 존 맥스웰이 30년 동안 리더십에 관해 직접 경험하고 체득한 것들을 오롯이 담고 있다. 존 맥스웰은 "모든 성공과 실패는 결국 리더십에 의해서 결정된다"고 말하며 리더십이 얼마나 중요한지 강조하고 있다. 그는 자신의 삶 전반에 걸쳐 리더십에 관해 공부하고 체득한 모든 것을 21가지의 법칙으로 응축시켜서 정리했다. 존 맥스웰의 리더십 불변 21가지 법칙 중에서 특히 중요하다고 판단되는 11개의 법칙을 아래와 같이 소개한다.

1. 한계의 법칙: 리더십 역량이 성공의 한계를 결정한다

리더십 역량은 언제나 개인이나 조직의 성공 한계를 결정한다. 리더십이 강하면 조직 성공의 한계는 높지만 그렇지 않으면 한계는 낮다. 그 때문에 조직이 어려움에 봉착하면 자연스럽게 새로운 리더십을 찾게 된다. 리더십과 성공의 관계가 가장 극명하게 드러나는 곳이 스포츠 분야다. 프로 스포츠팀에서 선수의 재능이 중요한 이슈로 등장하는 경우는 거의 없다. 언제나 리더십 문제다. 구단의 소유주부터 감독 그리고 주장 선수들의 리더십이 다른 팀들과의 차이를 만든다.

2. 영향력의 법칙: 리더십의 진정한 척도는 영향력이다

진정한 리더가 말을 하면 사람들은 듣는다. 리더십은 그 이상도 그 이하도 아닌 딱 영향력 그 자체이다. 리더십은 오직 영향력에 의해서만 가능한 것이고, 영향력은 강제할 수 있는 것이 아니다. 지위가 줄 수 있는 것은 오직 한 가지 시간을 벌어주는 것뿐이다. 그 시간 동안 어떻게 하느냐에 따라서 영향력은 커질 수도 있고 반대로 줄어들 수도 있다. 자신이 리더라고 생각하는 데 따라오는 사람이 없으면 그것은 산책일 뿐이다. 사람들이 따르지 않는다면 당신은 리더가 아니다.

3. 신뢰의 법칙: 리더십의 기본 토대는 신뢰이다

리더에게 신뢰는 얼마나 중요할까? 가장 중요하다! 신뢰는 리더십의 토대이다. 신뢰는 조직을 하나로 묶는 접착제이다. 만약 반복해서 신뢰를 무너뜨렸다면 구성원들에게 영향력을 발휘할 수 없을 것이다. 신뢰를 쌓으려면 능력, 관계 그리고 성품을 보여줘야 한다. 이 3가지

중 성품과 관련해서는 아주 작은 잘못이라도 리더에게는 치명타가 될 수 있다. 리더십은 전략과 성품의 효과적인 조합이다. 만일 둘 중 하나를 버려야 한다면 전략을 버려라. 성품과 리더십은 항상 함께한다. 성품이 신뢰를 낳고 신뢰는 리더십을 낳는다.

4. 직관의 법칙: 리더는 모든 것을 리더십 직관으로 바라본다

리더들은 전체 정보의 40~60% 정도만 수집하고 나머지는 자신의 경험을 바탕으로 의사 결정을 한다. 바꿔 말하면 사실과 함께 직관에 바탕을 두고 의사결정을 한다. 뛰어난 리더와 평범한 리더가 구별되는 곳이 바로 이 지점이다. 잡스가 아이팟 사업을 시작한 것은 그의 리더십 직관을 보여준다. 프로젝트 시작한 후 잡스는 자신의 시간 100%를 이 일에 쏟아부었다. 이전에 그런 프로젝트는 거의 없었다. 잡스는 리더로서의 직관을 통해 아이팟이 회사에 얼마나 큰 영향을 미칠 것인지 알았기 때문이다.

5. 관계의 법칙: 리더는 사람의 마음을 먼저 움직여야 한다

유능한 리더가 되려면 구성원들과 관계를 잘 맺어야 한다. 어떤 일을 요구하기 전에 먼저 마음을 열어야 하기 때문이다. 모든 위대한 리더들은 이 진실을 알고 거의 본능적으로 이에 맞게 행동한다. 사람들을 감정적으로 움직인 후에야 비로소 그들을 진짜 움직일 수 있게 된다. 사람들과 소통하는 것이 바로 리더의 일이다. 성공하는 리더들은 항상 자신이 먼저 구성원들에게 다가간다. 먼저 손을 내밀고 관계를 맺기 위해 노력한다. 쉬운 일은 아니지만 이것은 조직의 성공을 위해 대단히 중요한 일이다.

6. 이너서클의 법칙: 리더십이 리더 주위에 모이는 사람을 결정한다

어떤 사람을 끌어당길지 결정하는 것은 '우리가 어떤 사람을 원하는 가'에 달려있는 것이 아니다. 바로 '우리가 어떤 사람이냐' 하는 것에 달려있다. 사람들은 평범한 사람들에게 끌리지 않는다. 뛰어난 재능을 지닌 사람에게 끌린다. 특히 자신이 재능이 있는 분야에서 더 뛰어난 자질을 갖고 있다면 그를 존경하고 따른다. 주위 사람들의 리더십 역량이 만족스럽지 않다면 자신의 리더십 역량을 향상시켜야 한다. 자신이 더 뛰어난 리더가 되어야 더 유용한 사람을 끌어당길 수 있다.

7. 권한 위임의 법칙: 자존감이 있는 리더만이 다른 사람에게 권한을 위임할 수 있다

훌륭한 리더는 인재를 찾고, 키우고, 필요한 자원과 권한 그리고 책임을 제공한 다음 성과를 낼 수 있도록 도움을 준다. 조직에서 최고의 구성원을 선택해서 성공할 수 있도록 도와주어라. 훈련시키고 필요한 자원을 제공한 다음 구성원 자신과 조직 모두에 도움이 되고 달성 가능한 목표를 설정하도록 하라. 그리고 그 목표를 달성하는 데 필요한 책임과 권한을 부여하라. 구성원들에게 권한을 위임하고 그들의 역량을 계발하는 데에서 오는 즐거움과 성과를 경험하게 되면 오히려 권한을 나눠주는 것을 멈추기 어려워질 것이다.

8. 모범의 법칙: 훌륭한 리더가 훌륭한 부하를 기른다

구성원들은 리더가 하는 말을 믿지 않을지 몰라도 리더가 하는 행동은 믿는다. 리더가 올바른 행동을 통해서 어떻게 해야 하는지 보여주면 구성원들도 리더와 똑같이 행동한다. 그리고 그렇게 하면 성공하게 된다. 상황이 어렵고 혼란스러울 때 구성원들에게 가장 필요한 것은 리더가 방향을 명확하게 설정해 주는 것이다. 리더가 말이 아니라 행동을 통해서 보여주는 비전은 구성원들이 좌절하지 않고 계속해서 앞으로 나갈 수 있게 활력과 열정 그리고 동기를 제공해준다.

9. 승리의 법칙: 리더는 무조건 조직을 승리로 이끈다

승리하는 리더들은 한 가지 공통점을 갖고 있다. 바로 패배를 받아들이지 않는다는 것이다. 승리하는 것 외에는 다른 대안이 존재하지 않기 때문에 그들은 어떻게 해서든지 방법을 찾아 승리한다. 압력이 가해질 때 위대한 리더들은 최고의 능력을 발휘한다. 그들의 내면 깊숙이 자리 잡고 있던 모든 힘이 밖으로 분출되기 때문이다. 뛰어난 리더들은 '리더십은 책임을 지는 것이다' '승리는 불가피하다'는 마음가짐으로 비전을 설정한 후 구성원들과 함께 반드시 승리를 쟁취하겠다는 각오로 문제에 접근한다.

10. 곱셈의 법칙: 크게 성장하기 위해서는 리더를 이끌어야 한다

리더십을 비약적으로 성장시키기 위해서는 리더를 양성해야 한다. 작은 성장을 하려면 추종자를 리드하면 된다. 그러나 리더십을 극대화하고 조직의 잠재력을 최대한 발휘하려면 리더를 양성해야 한다. 그것이 폭발적으로 성장할 수 있는 유일한 방법이다. 리더를 양성하는 리더는 조직에서 놀라운 곱셈효과를 경험한다. 그것은 자원을 증가시키고, 비용을 절감하며, 이익률을 높이고, 시스템을 개선하며, 품질 절차를 시행하는 등 그 어떤 방법으로도 달성할 수 없는 것을 해낼 수 있다.

11. 유산의 법칙: 장기적인 관점에서 리더의 가치는 승계에 의해 측정된다

유산을 남기지 않으면 성공이란 별 의미가 없다. 가장 좋은 방법은 리더십 유산을 남기는 것이다. 리더로서 우리의 능력은 우리가 만든 건물, 우리가 만든 조직, 우리가 일할 때의 성과에 의해서 측정되지 않는다. 우리의 능력은 우리가 양성한 사람들이 우리가 사라진 뒤에 그것을 얼마나 잘 해내는지에 의해서 측정된다. 누군가의 삶에 영향을 미치는 것을 제외한다면 인생에는 특별한 의미가 없다. 우리는 결국 유산의 법칙에 따라 평가받을 것이다. 장기적인 관점에서 리더의 능력은 승계에 의해서 측정된다.

살아가면서 많은 일을 하려고 하면 할수록 어떤 차이를 만드는 것은 결국 리더십이라는 것을 깨닫게 된다. 다른 사람들과 함께하는 모든 일에서 노력이 결실을 맺느냐 아니면 실패로 끝나느냐 하는 것은 당신의 리더십에 달려 있다. 하지만 성공의 열쇠인 리더십을 계속 공부하고 향상시켜 나가는 것은 쉬운 일은 아니다. 책 몇 권을 읽고 세미나 몇 번 참석했다고 해서 리더십을 안다고 할 수 없다. 리더십 계발은 긴 여정이며 더 많은 리더십 법칙을 배우고 체득할수록 더 뛰어난 리더가 될 수 있다. 성공하는 리더는 공부하는 사람이다. 그리고 그 과정은 쉼 없는 자기 훈련과 인내로 이루어진다.

인간관계 :
역지사지의 마음을 갖자

　　　　　살아가는 동안 제일 많은 갈등과 고민, 행복
과 불행을 가져다 주는 것이 인간관계다. 즉 인간의 모든 행복과 불행
은 인간관계에서 나온다고 해도 과언이 아니다. 그만큼 사람과 사람
의 관계는 삶의 큰 부분을 차지한다. 사람이 혼자서 모든 것을 할 수
있으면 인간관계 자체가 필요 없을지도 모른다. 하지만 인간은 사회
적 동물이고 생존하고 살아가기 위해서 끊임없이 서로 관계를 맺고
서로 의지한다. 고고학 자료에 의하면 인간은 기원전 1만 2000년경에
사냥 채집 경제에서 농업 정착 생활로 전환했다고 한다. 이 사건이 바
로 신석기 혁명이다. 이때부터 인간은 마을과 도시를 만들고, 수로 개
발과 저장 기술을 통해 잉여 농산물을 확보했다. 그리고 인간은 정교
한 노동 분화와 장거리 무역, 계급사회, 중앙집권적 정치형태를 이루
어 문명사회로 진보했다. 마을과 도시에 모여 생활하다 보니 당연히
갈등도 생기고 신석기시대부터 인간관계가 본격적으로 중요해지기 시
작했을 것으로 보인다. 인간은 끊임없이 타인과 관계를 맺으면서도
인간관계 자체로부터 스트레스를 받고 갈등하고 괴로워한다. 하지만
인간관계를 잘 맺고 잘 관리하면 주변에서 다양한 도움을 받을 수 있

어 사회생활에서 성공할 가능성이 높다. 성공학자인 시비 케라(Shivi Khera)는 성공의 85%가, 행복학자인 포웰(J.Powell)도 행복의 85%가 원만하고 바람직한 인간관계에 달려 있다고 강조한다. 좋은 인간관계는 우리를 즐겁고 행복하게 하며 우리는 이를 통해 성장한다. 하지만 심리학자들에게 상담하는 대부분은 인간관계 때문에 상담을 한다고 한다. 그만큼 인간관계가 어렵다는 의미다. 프랑스 철학자 장 폴 사르트르는 "타인은 지옥이다"라고까지 했다.

인간관계를 잘 형성하고 지속하려면 인간의 본질적 속성을 먼저 알아야 한다. 인간은 기본적으로 자신을 우선 생각하는 자기중심적이고 이기적인 존재다. 어떤 특정한 일에 대해 집중하는 상황이 아니면 사람들은 대개 시간의 90% 이상을 자기 자신에 관련된 생각을 하며 보낸다고 한다. 자기중심적이고 이기적으로 살아온 삶의 방식으로 인간관계를 형성하고 지속하려면 당연히 많은 문제가 발생할 수밖에 없다. 이러한 기본 상황을 인식하고 이 속에서 얼마나 상호 간에 정서적으로 공감하고 인간적으로 의사소통을 하느냐에 따라 인간관계의 승패가 좌우된다.

나이 들수록 사람 사귀기 힘들다는 말을 자주 듣는다. 나이 들수록 원만한 인간관계를 위해서는 많은 노력과 연습이 필요하다는 의미이기도 하다. 마음에 드는 사람을 만났을 때나 껄끄러운 이를 만났을 때나 좋아하는 감정이든 싫어하는 감정이든 있는 그대로 나타내기는 부담스럽다. 오랜 친구를 만날 때의 편안함을 느끼기 힘들다. 예를 차려 대했는데 상대는 되레 자신을 멀게 느낀다고 오해할 수도 있다. 싫어하는 티를 내는데도 상대는 못 알아차리는 일도 있다. 그래서 인간관계는 머리가 아프다. 상대가 오해하지는 않을지, 나를 우습게 여기지는 않을지 등을 늘 계산하고 따져봐야 하니 말이다. 이 때문에 인간관계가 힘들게 느껴지고 스트레스를 받게 된다. 인간관계를 다룬 책들과 강의가 넘쳐나는 이유가 바로 여기에 있다.

인간관계를 주제로 다룬 책 중에서 가장 감명 깊게 읽은 책은 데일 카네기의 『인간관계론』이다. 이 책이 1936년 첫 출판이 되고 이후 80년 동안 전세계적으로 6천만 부가 판매되는 경이로운 기록을 세웠다. 인간관계의 본질을 서술했으며 읽기 쉽고 정리도 잘 되어 있다. 하버드대 4년 과정과도 바꾸지 않겠다는 말이 헛말이 아니다. 데일 카네기 이후의 모든 자기계발서들은 사실상 카네기를 벗어나지 못하고 있다고 해도 지나치지 않다. 카네기는 교사, 세일즈맨 등으로 사회생활을 하면서 수많은 실패를 경험했다. 1912년 YMCA에서 성인을 상대로 하는 대화 및 연설 기술을 강연하게 되면서 그의 이름이 알려지게 되었다. 사례 중심으로 펼쳐지는 그의 강의는 선풍적인 인기를 끌었다. 카네기는 최고의 처세 컨설턴트로서 복잡한 인간관계에서 나타나는 심리와 스트레스를 분석하여 인간관계론과 자기관리론을 체계화시켰다. 카네기는 인간관계에서 사람을 다루는 데 있어 가장 본질적이고 기본이 되는 테크닉 3가지를 제시했다.

첫째, 사람들에 대한 비판, 비난, 불평을 삼가라

카네기는 비판은 쓸데없는 짓이라고 이야기한다. 왜냐하면 비판은 다른 사람으로 하여금 스스로를 방어하도록 만들고, 일반적으로 자신을 정당화하기 위해 안간힘을 쓰게 만들기 때문이다. 또한 비판은 사람들의 소중한 자존심에 상처를 입히고, 자신의 가치에 대해 회의를 갖게 하며 원한만 불러일으킨다. 친구 사이에서도 어떤 일로 시시비비가 붙으면 서로 잘못을 인정하기보다는 남의 탓이나 환경 탓을 한다. 교도소 소장 말에 의하면 죄수들 가운데 자신이 나쁜 사람이라고 여기는 죄수는 거의 없다고 한다. 그들도 인간이기 때문에 왜 자신이 죄를 지을 수밖에 없었는지를 합리화하고 변명거리를 만들어낸다는 것이다. 바로 이런 게 인간 본성이다. 잘못을 저질러 놓고도 남을 탓하고 자신의 잘못을 인정하지 않는 게 인간이다. 그것은 누구나 마찬가지다. 다른 사람을 비난하는 것은 어리석은 일이다. 다른 사람이나 환경을 원망하기보다는 나 자신의 부족함을 극복하기 위해 노력하는 것이 훨씬 낫다.

둘째, 솔직하고 진지하게 칭찬하라

인간의 가장 기본적인 본성 중의 하나가 인정받고자 하는 갈망이다. 이것은 절대 사라지지 않는 인간의 욕구다. 사람들이 가지고 있는 인정 받고자 하는 욕구를 제대로 충족시켜주는 사람만이 사람들을 자신이 원하는 대로 움직일 수 있다. 제철의 최고 권위자인 찰스 슈워브는 이렇게 단언했다. "세계 각국의 뛰어난 사람들을 많이 만나 보았지만, 인정받을 때보다 비난받을 때 더 열심히 일하고 더 좋은 실적을 내는 사람은 만나 본 적이 없습니다. 이는 아무리 훌륭하고 지위가 높은 사람도 마찬가지였습니다." 사람들이 최대의 능력을 발휘할 수 있도록 하는 방법은 칭찬과 격려이다. 회사에서 일할 때 비난이나 질책을 받으면 의욕이 꺾이고 소극적이 된다. 하지만 인정이나 칭찬을 받으면 매사에 적극적이고 되고 더 좋은 실적을 낸다. 다른 사람의 장점을 찾아내 진심으로 인정하고 아낌없이 칭찬하자. 사람들은 그 말을 가슴속 깊이 소중하게 간직하며 평생 되풀이할 것이다.

셋째, 상대방의 관점에서 사물 및 현상을 보라

당신이 좋아하는 것만 이야기하는 것은 아무 소용이 없다. 왜냐면 다른 사람은 아무도 당신이 원하는 것에 관심을 기울이지 않기 때문이다. 모든 사람이 다 똑같다. 사람들은 자신이 원하는 것에만 관심을 기울인다. 사람을 움직이는 유일한 방법은 그가 원하는 것에 대해 이야기를 나누고 그가 그 일을 하고 싶어 하도록 만드는 것이다. 헨리 포드는 "성공을 위한 비결이 하나 있다면 그것은 상대방의 관점을 이해하고, 내 관점뿐만 아니라 상대방의 관점에서 사물 및 현상을 보라"라고 말했다. 원만한 인간관계를 위해서는 무엇보다 상대방에 대한 배려와 한결같은 이해심이 필요하다. 자기 생각이 옳다라는 자기중심적 사고를 버리고 상대방을 먼저 생각하고 존중하는 마음 자세가 올바른 인간관계 형성을 위한 기본이다.

데일 카네기의 『인간관계론』에는 위에서 언급한 사람을 다루는 3가지의 기본 테크닉 외에 사람의 호감을 얻는 6가지 방법, 상대방을 설득하는 12가지 방법, 반감이나 반발 없이 상대를 변화시키는 9가지 방법, 행복한 가정을 만드는 7가지 방법이 다양한 예시와 함께 자세히 설명되어 있다. 이 중 '상대방을 설득하는 12가지 방법'은 인간관계에서든 직장생활에서든 많이 활용할 수 있으며 주요 내용은 다음과 같다.

1. 논쟁에서 이기는 방법은 논쟁을 피하는 것뿐이다

논쟁하지 말라. 사람의 마음은 논쟁으로 바뀌지 않는다. 거의 언제나 논쟁은 양측 참가자 모두 논쟁 이전보다 더 확실하게 자신이 옳다고 생각하는 것으로 끝난다. 논쟁으로는 이길 수 없다. 혹시라도 사소한 논쟁이 벌어질 경우 우리의 고객, 친구, 연인, 남편 또는 아내가 이길 수 있게 하자.

2. 상대의 의견을 존중하라. 상대의 잘못을 지적하지 말라

다른 사람들에게 틀렸다고 말하지 말라. 상대의 감정이 상하면 내가 바라는 대로 이끌 수 없다. 틀린 점을 지적할 때 "제 생각은 조금 다르긴 한데, 제가 틀릴 수도 있습니다. 종종 틀립니다. 우선 사실부터 살펴볼까요?" 라고 시작하자. 할 수 있다면 다른 사람보다 현명한 사람이 되어라. 그러나 내가 더 현명하다고 상대에게 말하지 말라.

3. 잘못했을 경우 빨리, 분명하게 잘못을 인정하라

상대가 말하려는 나에 대한 비난을 선수 쳐서 먼저 얘기하라. 이러면 상대가 관대한 태도로 나의 실수를 사소한 것으로 만들 가능성이 무척 높아진다. 싸워서는 절대 충분히 얻지 못하나 양보하면 기대한 것 이상을 얻는다. 자신의 잘못을 인정하는 사람은 다른 사람에 비해 돋보이게 되고 스스로 생각할 때도 왠지 고결한 것 같은 생각이 들어 마음이 흐뭇하게 된다.

4. 우호적으로 시작하라

당신에 대해 반감과 악감정을 품고 있다면 어떤 논리로도 그 사람을 설득할 수 없다. 오히려 상냥하고 다정하게 대할 때 그들 의견이 바뀔 가능성이 더 높다. 이솝 우화에 의하면 해가 바람보다 더 빨리 외투를 벗길 수 있다. 친절과 우호적 접근, 칭찬은 그 어떤 비난과 질책보다도 더 쉽게 사람의 마음을 바꿀 수 있다.

5. 상대가 선뜻 "네, 네"라고 대답할 수 있게 만들어라

말을 잘하는 사람은 처음에 "네"라는 대답을 몇 번 이끌어낸다. 그럼으로써 듣는 사람의 심리가 긍정적인 방향으로 순환하도록 만든다. "아니오"라는 반응은 가장 극복하기 어려운 장애물이다. 상대에게 부드러운 질문, 즉 상대가 "네. 네"하고 대답할 수밖에 없는 질문을 던져라. 가능하면 상대가 "아니오"하지 않도록 만들어라.

6. 나보다 상대가 더 많이 얘기하게 하라

다른 사람을 설득하고자 할 때 혼자 떠드는 치명적 실수를 저지르지 마라. 그에게 질문하고 상대가 말을 하도록 해야 한다. 적을 만들려면 친구에게 이겨라. 벗을 만들려면 친구가 이기게 하라. 자신의 업적은 최소로 드러내야 한다. 겸손해야 한다. 자기 자랑은 그만두고 상대방이 얘기하도록 이끌어라.

7. 상대가 스스로 생각해 냈다고 느끼게 하라

약간의 힌트만 제시하고 상대가 스스로 결론에 도달하도록 하는 것이 훨씬 현명한 행동이다. 판매 대상이 되거나 지시받기를 원하는 사람은 없다. 우리는 우리가 원해서 구매를 하거나 우리 자신의 생각에 따라 행동하고 느끼는 편을 훨씬 선호한다. 제품 및 서비스를 팔려고 노력하지 말고 고객이 스스로 구매하도록 만들어라.

8. 상대의 입장에서 사물을 보려고 진심으로 노력하라

상대가 완전히 틀렸더라도 비난하지 말고 이해하려고 노력하라. 사람을 잘 다루고 못 다룸은 상대의 처지를 얼마나 잘 이해하느냐에 달려있다. 언제나 상대의 처지에서 생각하고 자신과 상대의 관점 둘 다를 가지고 사물을 보려는 경향이 늘어날수록 그것은 우리 앞날의 커다란 이정표가 될 것이다. 상대가 그렇게 생각하고 행동하는 데는 다 이유가 있다. 숨겨진 이유를 찾아내면 그의 행동도 이해할 수 있고 어쩌면 그의 성격까지도 이해할 수 있다.

9. 상대의 생각과 욕구에 공감하라

논쟁을 그치게 하고 반감을 없애주며 호의를 불러일으키는 마법의 말은 "그렇게 생각하시는 것이 당연합니다. 나라도 틀림없이 그렇게 생각했을 것입니다"이다. 내 처지를 이해시키기 위해서는 상대방의 처지를 먼저 공감해 주어야 한다. 동정심은 모든 인간이 동일하게 갈망하는 것이다. 상대를 설득하고 싶다면 상대의 생각과 욕구에 진심으로 공감해 주어라.

10. 상대의 고상한 동기에 호소하라

모든 인간은 마음으로는 이상주의자이기 때문에 그럴듯해 보이는 동기도 고려하고 싶어 한다. 따라서 상대를 변화시키고 싶다면 고상한 동기에 호소하라. 사람들은 보통 정직하며 자신들의 의무를 다하고자 한다. 이 원칙에서 벗어나는 사람은 비교적 드물며, 당신을 속이려 드는 사람도 당신이 그를 정직하고 공정한 사람으로 봐주면 대부분 호의적으로 반응할 것이다.

11. 당신의 생각을 극적으로 표현하라

요즘은 연출의 시대다. 단순히 사실을 말하는 것만으로는 부족하다. 사실을 생생하고 재미있게 극적으로 제시하라. 극적인 효과와 쇼맨십을 사용하면 사실 나열보다 더 나은 결과를 얻을 수 있다.

12. 도전 의욕을 불러일으켜라

일이 되게 하려면 경쟁심을 자극해야 한다. 돈벌이에 급급한 치사한 경쟁심이 아니라 남보다 앞서고 싶다는 경쟁심을 자극해야 한다. 남보다 앞서고 싶다는 욕구! 도전! 과감히 덤비기! 이런 것이야말로 용감한 사람들에게 호소할 수 있는 절대적인 방법이다. 돈만으로는 좋은 사람들을 데려오거나 붙들 수 없다. 게임 자체가 중요하다. 성공한 사람들은 자기표현의 기회! 자신의 가치를 증명하고 남보다 앞서고 이길 수 있는 기회! 이러한 게임을 좋아한다.

인간관계를 향상시키고자 하는 사람은 데일 카네기의 『인간관계론』을 꼭 읽어 볼 것을 추천한다. 이 책을 통해 사람을 만나고 사람을 다루는 데 있어 실질적인 도움이 되는 다양한 방법들을 배울 수 있다. 지금껏 시도해 본 어떤 방법보다 이 책이 당신에게 더 나은 도움을 줄 것이다.

인간관계의 본질에 있어서는 동양과 서양은 동일하다. 한 가지 흥미로운 사실은 인간관계를 바라보는 관점에 있어서 차이가 있다는 것이다. 사람은 다른 사람과의 관계 속에서 본질이 결정된다고 생각해 인간人間으로 불린다. 이 인간이라는 단어에서 서양인은 '인'에 집중해 인간의 본질을 탐구했다면, 동양인은 '다른 사람과의 관계'인 '간'에 집중했다. 즉 서양의 인간 개념과는 달리 동양에서는 사람과 사람 사이의 관계를 더 중요하게 생각한다. 이름을 봐도 동양과 서양의 차이를 알 수 있다. 동양에서는 개인이 한 가족의 구성원, 즉 관계를 우선시하여 이름 앞에 성이 먼저 오지만, 서양에서는 개인이 중요하기 때문에 자신만의 고유한 이름이 성 앞에 온다.

동양인과 서양인의 인식의 차이는 '소-닭-풀 관계 실험'을 통해서도 알 수 있다. 어린이들에게 소, 닭, 풀 3장의 그림을 보여주고 서로 관계가 있는 둘을 묶으라고 했다. 실험 결과는 매우 흥미로웠다. 나중에 결과를 보면 동양인은 소와 풀을 많이 선택하고, 서양인은 소와 닭을 많이 선택한다. 이유를 물어보면 동양인은 '소가 풀을 먹는다'라는 관계를 연상하여 소와 풀이라는 2개 단어를 선택했다. 하지만 서양인은 소와 닭이 동물이라는 범주에 속하기 때문에 소와 닭을 선택했다. 이 실험을 통해서 동양인이 서양인에 비해 사물을 전체적인 맥락 안에서 파악하고 그들 간의 관계를 중요시한다는 것을 알 수 있다. '개별적 사물을 통해 세상을 인식하는 서양인'과 '사물들의 관계를 통해 세상을 인식하는 동양인'이라는 차이가 있는 것이다. 이처럼 동양인이 서양인보다 사물 자체 대상보다 사물 간의 관계에 더 집중하게 된 이유는 무엇일까? 김용규가 쓴 『생각의 시대』에서는 다음과 같이 이유를 설명한다.

중국, 인도와 같은 고대 농경 국가는 평탄한 농지, 낮은 산으로 이루어져 농경 생활에 적합했다. 농경 생활에서 중요한 부분은 농사를 짓는 데 필요한 물을 논밭에 대는 것이었다. 농사에 필요한 물을 끌어오기 위해서는 지역 주민의 공동 작업이 필수적이었다. 이 때문에 제반 시설을 관리하고 주민의 이동을 통제하는 중앙집권적 권력 구조가 유리했다. 이렇게 주민의 이동이 자연스럽게 통제되면서 이곳에 사는 사람들은 주변 사람들과의 화목이 매우 중요했다. 이처럼 같은 지역에서 오랜 기간 매일 얼굴을 보며 생활해야 하는 농경생활이 원만한 인간관계를 중시하는 사고와 행위를 만들어냈다. 생각이 다른 사람을 만날 기회도 적은 데다가 남들과 다른 의견을 내세웠다가 위로부터 혹은 주변으로부터 심한 제재를 당했기 때문이다. 그래서 오랜 세월 동안 "서로 다른 주장 중 더 타당한 것을 결정하는 절차"보다 "불협화음을 없애고 서로 간에 합의점을 찾는 것"을 중요시했다. 동양인이 사물을 파악할 때 전체를 고려하며 관계를 중요시하고, 일상 문제를 해결함에 있어 참과 거짓으로 양분되는 형식논리를 덜 사용하며, 서로 대립되는 모순을 받아들이는 중용의 도를 찾는 이유가 바로 이것이다.

반면 그리스는 해안까지 산으로 연결되어 있어 농업보다는 사냥, 목축 그리고 무역에 적합했다. 농업도 올리브, 포도 나무와 같이 비교적 물을 덜 필요로 하는 과수 농업이 유리했다. 이런 과수 농업은 다른 사람과의 협동을 덜 필요로 했다. 다른 사람들의 도움 없이도 사냥하고 목축할 곳을 고르고, 누구에게 상품을 팔 것인지를 결정할 수 있었다. 이러한 환경적 영향으로 고대 그리스인은 중국인들과는 달리 자기 이익을 희생하면서까지 남들과의 화목을 유지할 필요가 없었다. 게다가 그리스인들을 통제하는 절대적인 신이나 전제 군주도 없었기 때문에 그들은 자유롭게 생각하고 행동할 수 있었다. 그리스인들은 자유로웠고 삶을 즐겼으며, 그 자유를 자신들의 이익을 위한 토론과 논쟁을 하는 데 이용했다. 이와 같은 자연적, 사회적 구조에서 아테네 민주정치의 기반이 닦여졌다. 그리고 토론과 학문의 근간인 타당한 논증 형식을 연구하는 형식논리학이 형성됐었으며, 그것을 바탕으로 철학, 수학, 과학이 발달했다.

결국 동양과 서양 두 사회의 생태적 환경의 차이가 인간의 사고방식과 사물에 대한 인식의 차이를 초래했다. 그리고 이러한 사고방식과 인식이 다시 정치적, 사회적, 경제적, 문화적 환경을 바꾸어 나가면서 지금과 같은 차이를 발생시켰다.

살아가면서 많은 시간을 보내는 곳 중의 하나가 바로 일을 하는 직장이다. 많은 시간을 가정보다는 동료, 상사, 후배로 구성된 조직 속에서 매일 부대끼면서 생활한다. 이 때문에 회사 생활에서 인간관계는 업무 능력 이상으로 중요한 부분이다. 직장생활에서 발생하는 스트레스의 많은 부분은 결국 인간관계에서 비롯된다고 볼 수 있다. 좋은 직장 환경이나 자유로운 분위기 속에서 업무를 할 수 있으면 좋지만 실제 현장은 그리 녹록하지 않다. 여기저기 눈치 봐야 하는 사람도 많고, 조금만 실수해도 나를 비난하거나 질책하는 사람도 곳곳에 널려있다. 이러한 상황 속에서 직장에서의 인간관계를 잘하기 위해서는 어떻게 해야 할까? 인간관계에 정도란 없지만 개인적으로 다음 정리한 내용들만 잘 지키면 무난하게 사회생활을 할 수 있으리라 생각한다.

1. 자신의 업무를 잘 처리하자

직장생활에서 인간관계도 중요하지만 그보다 더 중요한 것은 자신의 업무를 잘 처리하는 것이다. 아무리 성격 좋고 사람들과 잘 어울려도 결정적인 순간에는 일 못 하는 사람이 가장 어려움을 겪게 되어 있다. 직장은 회사의 발전과 이익을 위해 일하는 사람들이 모인 곳이다. 이 때문에 업무 능력이 떨어지는 사람이 회사 생활을 힘들게 할 수밖에 없다. 자기 일을 최선을 다해 꾸준히 하는 사람은 결국 인정을 받는다. 자신이 일을 잘하지 못하면 성격이라도 일단 온순하고 열심히 일하는 모습을 보여줘야 한다. 중요한 것은 주어진 일을 제때 잘 처리할 수 있도록 배우며 능력을 키우고, 성실하게 한 걸음씩 꾸준히 나아가는 것이다.

2. 타인을 비방하거나 험담하지 말자

어느 조직을 가더라도 맘에 안 들고 보기만 해도 짜증나는 사람들이 있다. 그렇다고 그 사람들을 욕하거나 흉을 봐서는 안 된다. 아무리 친한 동료라 할지라도 믿고 안 믿고를 떠나 타인에 대한 험담은 피해야 한다. 순수한 마음으로 불만을 털어놨다가 발없는 말이 천리를 간다고 나중에 그것 때문에 피해를 당할 수 있다. 그 사람이 상급자이면 진급이나 직장생활에 큰 타격을 줄 수 있다. 말이 많은 사람이라면 여기저기 나를 험담하거나 깎아내릴 수 있다. 이미지라는 것이 한 번 안 좋게 인식되면 제대로 돌리기 힘들기 때문에 항상 조심해야 한다. 내가 누군가를 욕하는 만큼 다른 사람도 똑같이 나에게 욕을 하게 될 것이다.

3. 밝고 긍정적인 사람이 되자

인간관계에 있어서 사람들은 긍정적이고 밝은 사람을 좋아한다. 자주 웃고 즐겁게 살아가는 것이 인간관계를 잘하는 것이다. 웃는 얼굴에 침 뱉지 못한다. 자꾸 인상 쓰고 짜증내고 있으면 주변 사람도 부정적으로 대하기 마련이다. 어차피 해야 할 일이라면 가능한 긍정적으로 생각하고 즐겁게 하는 것이 좋다. 아무리 투덜댄다고 해서 그 상황이나 여건이 결코 달라지지 않기 때문이다.

4. 역지사지의 마음을 갖자

내 입장에서 보면 화날 일도 많고 이해 안 될 일은 더더욱 많다. 잠시 눈을 돌려 다른 사람 입장에서 보면 그 행동이나 말이 이해되는 경우가 많다. 어차피 오랜 시간 같이 직장 생활해야 하는 사람이라면 다툼 없이 좋은 모습으로 지내는 것이 좋다. 일일이 따지고 싸우다가는 회사 다니는 것 자체가 지겹고 짜증날 수가 있다. 타인을 위한 것이 아니라 나 자신의 즐거움을 위해서 역지사지의 마음을 갖자. 현명한 인간관계를 이야기할 때 가장 많이 나오는 말이 역지사지이다. 좋은 뜻인 줄 알지만 현실에서는 아무리 입장을 바꿔봐도 상대에 대한 생각을 바꾸기 힘든 경우가 많다. 불편한 관계 때문에 오랫동안 감정 소모를 하다 보면, 머리로는 상대 입장이 이해되더라도 마음에선 계속 거부감과 원망이 들기 때문이다. 가장 어렵지만 이것을 잘 이해하면 그만큼 내 마음이 넓어질 것이고 정신이 강해지는 체험을 하게 될 것이다.

5. 실수를 인정하자

업무를 하다 보면 실수할 때가 있다. 실수하면 상사의 꾸지람을 듣게 된다. 이때 자신의 실수를 솔직하게 인정하고 다음부터는 그렇지 않겠다는 다짐을 하자. 실수에 대해 변명을 늘어놓거나 실수에 대한 책임을 다른 사람에게 떠넘기는 사람들이 있다. 그런 모습은 상사가 볼 때 호감도가 깎이는 상황이다. 특히 상사가 충고하는 도중에 말을 끊고 변명을 하는 건 굉장히 예의 없는 행동이다. 직장생활에서 좋은 인간관계를 맺고 즐겁게 일하기 위해서는 실수를 인정하는 용기를 갖자.

6. 적당한 아부도 때로 필요하다

백화점에서 왜 여직원들이 손님들에게 "사장님, 사모님 오늘 너무 멋지세요"라고 말하겠는가? 사람은 누군가가 칭찬해주고 장점을 말해주면 그냥 기분이 좋아진다. 상사는 나의 진급이나 인사에 중요한 역할을 하기 때문에 적당한 아부를 통해 좋은 인상을 심어 놓을 필요가 있다. 물론 없는 것을 만들어내어 아부해서는 안 된다. 상급자에 대한 존경의 마음과 함께 이왕이면 좋은 말을 해주는 것이 좋다는 것이다. 장점을 말해주는 것은 긍정적 관점에서 최고의 아부가 될 것이다.

7. 내가 인정받기 위해서는 상대를 먼저 존중하자

직장생활에서 인간관계는 주고받는 '기브 앤 테이크(Give & Take)'이다. 부모, 자식이 아닌 이상 일방적인 관계는 오래 지속되기 힘들다. 인간관계에서 이기적인 발상을 하는 것은 곧 관계 잠식의 지름길을 걷는 것과 같다. 다른 사람을 존중하라는 것은 단순히 다른 사람에게 잘해야 한다는 도덕적인 문제는 아니다. 상대방을 존중해야 내가 존중받을 수 있기 때문이다. 내가 하는 만큼 나한테 돌아온다. 너와 내가 다르다는 것을 인정하는 바탕 위에서 상대를 이해하고 존중하자. 인정받기를 원하면 먼저 상대를 인정해야 한다.

인간관계는 상대방 입장에서 생각하면 실마리가 어느 정도 보인다. 하지만 상대방의 입장에서 생각하다가도 결국 자기 입장에서 행동하기 때문에 인간관계가 꼬이기 시작하거나 스트레스를 받는다. 나와 다른 사람의 생각이 다르다는 것을 인식하자. 그리고 가능한 상대방의 입장에서 사물과 현상을 이해하려고 노력하면 지금보다 더 진전된 인간관계를 형성할 수 있을 것이다.

은퇴 후 행복한 부부 생활 :

은퇴 후 즐겁고 행복한 삶을 꿈꾸며

요즘 평균 수명이 늘어나서 은퇴 후 부부가 함께 생활하는 시간도 길어지고 있다. 은퇴 후 행복한 부부생활을 꿈꾼다면 은퇴 전부터 미리 준비해야 기대와 현실의 차이를 줄일 수 있다고 전문가들은 조언한다. 은퇴 후 부부 생활의 한 단면을 보여주는 기사를 읽은 적이 있다.

은퇴를 앞둔 남편이 곰곰이 생각해 보았다. 그동안 직장 생활하면서 일 때문에 바쁘다는 핑계로 아내에게 너무 무신경했다는 것을 깨달았다. 자신이 직장생활을 잘할 수 있도록 내조해주고 자식들 뒷바라지를 묵묵히 수행해 준 아내가 고맙고 소중한 존재로 느껴졌다. 그래서 남편은 은퇴하면 그동안 아내에게 제대로 못해 준 것에 보답하면서 살기로 결심했다. 은퇴 후 남편은 최대한 많은 시간을 아내와 함께 보내려고 노력했다. 같이 식사를 하고 함께 산책했다. 아내가 쇼핑을 가면 따라가서 기다렸다가 짐도 집까지 들고 왔다. 아내와 함께 하는 시간을 더 갖기 위해 등산, 배드민턴과 같은 운동과 공동의 취미 생활도 만들려고 노력했다. 남편은 이러한 자신의 노력에 아내가 만족해 하고 있다고 생각했다. 이렇게 두 달 정도가 지났을 때 아내가 갑자기 할 말이 있다고 했다. 아내는 은퇴 후 한가해진 남편이 자신에게 많은 관심을 가져주고 함께 시간을 보내 주는 것을 처음에는 고맙게 생각했다. 처음 1~2주는 남편의 이러한 노력과 행동이 좋았다. 하지만 남편이 한 달이 넘어서도 자신을 계속 졸졸 따라다니자 편하고 고맙기보다는 오히려 부담으로 느껴지기 시작했다. 남편이 직장 생활한다고 가정생활을 등한시 했을 때 아내는 혼자서 많이 힘들었다. 하지만 긴 시간을 통해 남편 없이도 혼자서 생활하는 방법을 터득했다. 남편 없이도 친구나 이웃 그리고 자녀들과 함께하면서 자신만의 생활과 주변 관계 그리고 취미 활동을 만들었다. 그래서 남편 없이도 충분히 혼자서도 시간을 잘 보낼 수 있게 되었다. 이런 상황에서 은퇴 후 한가해진 남편이 갑자기 자신의 생활에 끼어들자 불편하고 스트레스를 받게 됐다. 그래서 남편에게 더 이상 자기를 따라 다니지 말아 달라고 요구했다. 아내는 자신의 개인적 스케줄과 생활을 보장해 주고 남편은 자신의 일과 생활을 찾을 것을 요구했다. 남편은 이러한 아내의 요구에 큰 충격을 받았다고 한다. 이러한 상황을 맞지 않기 위해서는 은퇴 전에 미리 준비해야 한다.

평균 수명이 길어지면서 은퇴 후의 삶에 대해 관심이 높아지고 있고 은퇴 후의 삶에 대한 다양한 연구 조사 결과가 발표되고 있다. 한국보건사회연구원이 2015년 5월에 조사한 '가족의 갈등과 대응방안 연구' 보고서에 따르면 부부갈등 경험은 60대 후반에서 35.3%로 가장 높았고 20대에서 20%로 가장 낮았다. 60대 후반에 부부갈등이 제일 높은 이유는 은퇴 남성이 집에 머무는 시간이 60대 후반부터 길어지기 때문이다. 부부갈등의 원인도 성격(20.1%)이나 생활방식(19.5%)이 경제적 이유(17.9%)보다 컸다. 같이 지내는 시간이 갑자기 길어지면서 전에는 도드라지지 않던 갈등 요인이 부각되는 것이다. 그 중심에 '밥'도 있다. 종일 집에 있으면서 '삼시 세끼'를 요구하는 퇴직 남편을 아내들은 '삼식이'라고 부른다. 아내에게 삼식이 취급을 당하지 않기 위해서는 기본적인 요리는 할 줄 알아야 하는 시대가 됐다. 요즘 TV를 보면 음식을 만들고 먹는 모습을 보여주는 방송이 유행이다. 배우 차승원, 외식 사업가 백종원처럼 요리 잘하는 남자들이 큰 인기를 얻고 있다. 차줌마 차승원, 집밥 백선생은 되지 못하더라도 가족들에게 가끔은 밥 한번은 차려줄 수 있는 요리 실력을 갖춰야 한다. 그래야 은퇴 후에 아내와 자녀들에게서 사랑을 받을 수 있고 또한 삼식이라는 소리를 듣지 않는다.

은퇴는 은퇴자 본인뿐만 아니라 배우자 건강에도 영향을 미치는 것으로 밝혀졌다. 한국고용정보원이 주관한 '2015 고용패널학술대회 학생 논문 공모전'에서 '은퇴가 은퇴자 및 배우자의 건강에 미치는 영향'이라는 논문이 최우수상으로 선정되었다. 이 논문에 따르면 은퇴 직후 은퇴자와 배우자 모두 건강이 안 좋아졌다가 은퇴한 지 3~4년이 지난 뒤 다시 건강을 회복하기 시작했다고 한다. 주목할 점은 은퇴가 은퇴 당사자보다 배우자의 건강에 더 부정적인 영향을 미칠 수 있다는 것이다. 은퇴가 당사자에게는 부정적 변화와 긍정적 변화를 함께 주지만, 배우자에게는 주로 스트레스만 불러일으키기 때문이다. 은퇴자에게 은퇴는 기존의 사회적 연결망이 줄어들고 정체성의 혼란을 겪는 부정적 영향을 준다. 하지만 일에서 받는 압박이 사라지고 시간적 여유가 생기는 긍정적 측면도 있다. 반면, 배우자는 가구 소득이 줄어 경제적 어려움을 경험하는 데다 은퇴한 배우자와 갑작스레 많은 시간을 함께 보내게 돼 불편함까지 느끼게 된다. 다만 은퇴자와의 생활에 적응하면서 은퇴 3~4년 후에는 배우자의 건강이 회복하는 것으로 나타났다. 부부갈등을 최소화하고 건강까지 지키려면 은퇴 후의 생활을 미리부터 준비하는 수밖에 없을 것 같다.

삼성생명 은퇴 연구소는 '부부 은퇴생활, 기대와 현실'이라는 보고서에서 은퇴 전후 부부의 은퇴생활에 대한 전망과 현실 인식을 분석했다. 조사 결과 아직 은퇴하지 않은 남편을 둔 아내는 남편의 은퇴 후 예상되는 어려움으로 '남편의 끼니 챙기기'를 1순위로 꼽았다. 그러나 정작 은퇴한 남편을 둔 아내들은 같은 질문에 '남편의 잔소리'라고 답한 비중이 가장 높았다. 즉 은퇴자의 아내들은 남편 뒷바라지보다는 부부간 정서적, 성격적 갈등에 더 많은 어려움을 느끼는 것으로 나타났다. 은퇴 부부의 경우 남편은 함께 있을 때 가장 즐거운 대상으로 배우자를 꼽았고 그 비율은 60%에 달했다. 그러나 아내들은 37%만이 배우자를 꼽았고, '친구나 이웃'(29%), '자녀'(26%)가 그 뒤를 이었다. 은퇴 후 남편의 아내 의존도가 아내의 남편 의존도보다 상대적으로 높다는 얘기다. 또한 은퇴 후 자신을 가장 힘들게 하는 사람에 대해 남편들은 '자녀'라고 대답했지만 정작 아내들은 '남편'이라고 했다. 은퇴자가 가정에서 가족들을 힘들게 하는 존재가 아니라 사랑받고 존경받는 존재가 되기 위해서는 많은 노력이 필요하다. 은퇴한 남편들이 가장 먼저 해야 할 일은, 가족 구성원으로서 가져야 할 자기의 역할을 빨리 되찾는 것이다. 생활비를 벌어다 주는 전통적 가장이 아니라, 아내의 멋진 친구로서, 자녀들의 멋진 아버지로서의 새로운 역할을 되찾는 것이다. 이런 노력은 머리로만 생각해서는 안 되고, 행동의 변화를 통해 실천해나가야 한다. 내게 필요한 일은 직접 하는 것이 원칙이다. 아침에 집 앞 신문도 가져오고, 커피도 끓여 먹고, 집안 청소도 하고, 간식도 만들어 먹는다. 때때로 직접 요리를 하여 아내와 자녀들을 기쁘게도 해 본다. 아내가 백화점에 갈 때 자동차를 운전하고 짐도 들어준다. 가장으로서의 권위를 내려놓고 다정한 남편과 아버지의 역할을 되찾아야 한다고 전문가들은 조언한다.

은퇴 부부의 사이가 좋아진 이유로 '배우자와 여가를 즐길 수 있어서'라는 답변이 가장 많은 것으로 나타났다. 이것은 부부가 함께 보내는 시간의 질이 중요하다는 것을 말해주고 있다. 경제적인 준비뿐만 아니라 부부가 어떻게 소통할 것인지, 역할 분담을 어떻게 할 것인지, 여가를 어떻게 활용할 것인지 등을 미리부터 준비하고 조율해 나가는 노력이 필요하다. 은퇴는 인생의 새로운 제2막의 시작이며 은퇴 이후 20~30년을 부부가 함께 시간을 보내야 한다. 은퇴 후 길어진 삶에서 부부관계를 원만하게 유지하는 것이 행복한 노후의 첫 번째 조건이다. 은퇴 후 부부가 변화에 적응하고 인생 2막을 행복하게 살아가기 위해서 실천할 수 있는 방법은 어떤 것이 있을까?

첫째, 부부간의 인식 차이를 극복해야 한다. 이러기 위해서는 역지사지의 자세가 필요하다. 남편은 은퇴 시기를 전후해서 신체적, 정서적, 환경적 변화를 동시에 겪는다. 신체 기능은 예전 같지 않고, 남성 호르몬이 감소하면서 점점 감정적으로 변한다. 회사가 인생의 우선순위였다가 퇴직하면서 삶 전부를 잃은 것 같은 상실감을 느낀다. 집에서 대부분의 시간을 보내면서 아내와 자녀들에 대한 간섭이 늘고 서운한 일이 자주 생긴다. 반대로 아내는 퇴직한 남편을 돌보는 일이 부담스럽다. 젊은 시절에 같이 시간을 보내달라고 할 때는 일 핑계로 외면하다가 이제는 어디 가서 무엇을 하는지 사사건건 간섭하고 하루 세끼도 챙겨달라고 한다. 남편이 회사 일에 몰두하는 동안 혼자 지내야 했던 아내는 이웃, 친구들과 어울려 지내는 법을 익히고 취미 생활도 열심히 해왔다. 그런데 이제는 외출할 때마다 남편의 눈치를 봐야 하니 마음이 불편하다. 게다가 갱년기가 시작되면서 몸도 마음도 힘들어졌는데 남편한테 위로를 받기는커녕 집안일만 두 배로 늘었다. 이처럼 은퇴와 더불어 부부는 많은 변화를 겪는다. 따라서 역지사지, 즉 서로의 입장을 바꾸어서 배려해 주지 않으면 갈등관계가 될 가능성이 커지게 된다. 상처 주는 언행은 피하고 상대방의 노고를 칭찬하며 자존감을 높여주는 표현을 자주 해야 한다. 아내는 퇴직한 남편이 자녀와의 소통, 이웃과의 관계, 가정에서의 역할에 대처할 수 있도록 적극적으로 도와줘야 한다. 반대로 남편은 오랫동안 조직형 인간으로 살면서 가정에 소홀했음을 인정하고 아내와 상의해서 집안일을 분담하는 것이 바람직하다. 매일 30분이라도 같이 앉아서 각자 느끼는 변화와 생각을 얘기하고 서로 도울 방법을 의논해 보는 것이 하나의 좋은 방법이다.

둘째, 부부간에 여가를 함께 보내는 연습도 필요하다. 취미생활을 공유한다든지, 아니면 종교생활을 함께 하는 것도 좋은 방법이다. 부부가 함께 즐거워지기 위한 공통의 취미생활로는 배드민턴, 등산, 사교댄스, 수영, 걷기 등 다양하다. 다만 취미생활은 부부 한쪽만이 즐기면서 다른 한쪽은 소외감을 느끼지 않도록 배려해야 한다.

셋째, 부부갈등 시 대처하는 기술을 향상시키려는 노력도 필요하다. 실제 부부갈등은 간단히 해결될 수 없는 근본적인 성격 차이나 서로 다른 기본욕구로 인해 생기는 경우가 많다. 이에 효과적으로 대처해야 관계가 악화되는 것을 막을 수 있다. 따라서 부부교육 및 상담이나 부부훈련 등에 적극 참여할 것을 권한다.

넷째, 은퇴 후 함께 시간을 보내는 만큼, 각자의 시간을 갖는 일도 중요하다. 따라서 상대방의 스케줄을 간섭하는 것은 금물이다. 남편은 가사일에 참견하는 것 역시 삼가야 한다. 그리고 은퇴했다면 가사를 돕는 것은 자연스러운 것이다.

은퇴 이후의 삶을 즐겁고 보람차게 보내기 위해서는 가만히 있기보다는 뭔가를 배우고, 새로운 것에 도전하는 것도 중요하다. 평균 수명이 길어져 은퇴 후 30년 이상을 살아야 하는 현재는 인생 2모작이 가능하다. 요즘의 은퇴는 죽음을 기다리면 인생을 조용히 정리하는 것이 아니다. 은퇴 후 무의미하게 보낸 시간을 후회하는 아래 기사를 보면 느끼는 점이 있을 것이다.

"나는 젊었을 때 정말 열심히 일했습니다. 그 결과 나는 실력을 인정받았고 존경을 받았습니다. 그 덕에 65세 때 당당한 은퇴를 할 수 있었죠. 그런 내가 30년 후인 95살 생일 때 얼마나 후회의 눈물을 흘렸는지 모릅니다. 내 65년의 생애는 자랑스럽고 떳떳했지만, 이후 30년의 삶은 부끄럽고 후회되고 비통한 삶이었습니다. '이제 다 살았다. 남은 인생은 그냥 덤이다'라는 생각으로 그저 고통 없이 죽기만을 기다렸습니다. 덧없고 희망이 없는 삶. 그런 삶을 무려 30년이나 살았습니다. 30년의 시간은 지금 내 나이 95세로 보면 3분의 1에 해당하는 기나긴 시간입니다. 만일 내가 퇴직할 때 앞으로 30년을 더 살 수 있다고 생각했다면 난 정말 그렇게 살지는 않았을 것입니다. 그때 나 스스로가 늙었다고, 뭔가를 시작하기엔 늦었다고 생각했던 것이 큰 잘못이었습니다. 나는 지금 95살이지만 정신이 또렷합니다. 앞으로 10년, 20년을 더 살 수 있을 지 모릅니다. 이제 나는 하고 싶었던 어학 공부를 시작하려 합니다. 그 이유는 단 한 가지입니다. 10년 후 맞이하게 될 105번째 생일에 '95살 때 왜 아무것도 시작하지 않았는지 후회하지 않기' 위해서입니다."

은퇴 후의 삶은 그저 덤이 아니며 제대로 계획해서 알차게 보내야 나중에 후회하지 않는다. 이런 점에서 길어진 인생을 활용하여 그동안 시간에 쫓겨서 못했던 새로운 일에 도전해 보고 새로운 것을 만들어 나가는 삶을 살 필요가 있다.

KBS '사람과 사람들'이라는 프로그램에서 이혼은 아니지만 서로가 그리던 삶을 위해 떨어져 살며 왕래하는 부부를 소개한 적이 있다.

결혼 30년 차 부부는 성격도 취향도 극과 극이다. 감정표현에 솔직한 아내와 달리 남편은 무뚝뚝함 그 자체다. 남편은 테니스, 탁구 등 스포츠광이지만 아내는 나무, 풀, 꽃에 파묻혀 지내는 것을 좋아한다. 하나에서 열 가지 너무 다른 부부. 그렇다면 방법은 단 한 가지, 서로에게 강요하지 않고 각자 원하는 곳에서 하고 싶은 것을 하며 사는 것이다. 도시 탈출을 꿈꾸던 아내는 귀촌을 감행했고, 남편은 도시에서 여전히 왕성하게 일하며 자신만의 라이프 스타일을 즐긴다. 그렇게 이혼도 별거도 아닌 중년 부부의 홀로서기가 시작됐다. 떨어져 살기 시작하면서 부부는 자신을 위해 더 알차게 시간을 보낸다. 서로의 빈자리가 조금은 아쉽고 불편하지만 간섭받지 않는 생활이 나쁘지 않다. 남편은 운동 모임, 동창 모임 등으로 사람들과 어울리며 늘 바쁘게 지낸다. 아내는 자신만의 농장을 일궈가는 하루하루가 행복하다. 두 사람의 낯선 삶의 방식에 선입견을 품는 이들도 있지만 부부는 따로 살며 서로를 더욱 존중하고 이해하게 됐다. 부부가 떨어져 사는 집은 차로 1시간 거리로 필요할 땐 수시로 왕래한다. 집안의 대소사나 부부 동반 모임이 있을 때도 함께 참석한다. 각자 생활하지만 중요한 일은 의논한다. 젊은 날은 뜨겁게 사랑했고, 자식을 낳고 키우며 삼십여 년을 동고동락하며 살아온 부부는 이제는 인생의 동반자로, 친구로 서로의 삶을 이해하고 응원하며 백년해로를 꿈꾼다는 내용이다.

자식들 모두 공부시켜 출가시킨 은퇴 즈음에 부부의 형태가 반드시 함께 묶여 있을 필요는 없을 것 같다. 동고동락하며 함께 사는 것이 좋은 부부는 계속 그렇게 살면 된다. 위 부부의 예처럼 원하는 삶과 즐거워하는 일이 서로 다른 경우에는 각자 삶의 방식을 존중해 주며 더 이상 간섭하지 않고 서로 떨어져 지내는 것도 괜찮다고 생각한다. 서로 맞지 않은데 자식 때문에 마지못해 맞춰 살다가 결국 감당할 수 없어 황혼 이혼하는 것 보다는 낫다고 생각한다. 부부 사이에 아픔이 있고 시련이 있을 때 남편이 원하는 것, 아내가 원하는 것을 하게 하면서 숨을 고르는 것도 좋다고 생각한다. 부부 사이에도 쉼표가 필요한 시점이 있기 마련이다. 한 공간에 같이 묶여 있을 필요 없이 각자 좋아하고 즐거워하는 일을 하면서, 다른 생각도 하며 떨어져 지내다 보면, 자연스럽게 많은 부분이 치유되고 해결되기 마련이다. 개인적으로 이혼도 별거도 아닌 이들 30년 차 부부의 홀로서기를 진심으로 응원한다.

이탈리아 사람들은 인생을 후회 없이 즐기며 유산을 남기지 않고 죽는 것을 멋진 인생으로 생각한다. 자식을 위해 사교육비, 유학 자금, 결혼 자금을 무리하게 마련하거나 자산을 물려주려 하지 말자. '지금 여기(Now & Here)' 부부의 즐거운 인생을 위해 먹고, 노래하고, 사랑하자. 은퇴 후 행복한 부부관계는 은퇴라는 인생의 한 사건을 두 사람이 어떻게 해석하고 받아들이는가에 달렸다. 살면서 꼭 한번 해 보고 싶었지만 포기했던 것들, 그리고 접었던 꿈이 있다면 이때 도전해 보자.